Datenrecht und neue Technologien

Herausgegeben von
Prof. Dr. Matthias Cornils
Prof. Dr. Martin Ebers
Prof. Dr. Mario Martini
Prof. Dr. Dr. Frauke Rostalski
Prof. Dr. Giesela Rühl
Prof. Dr. Björn Steinrötter

Band 8

Hannah Ruschemeier | Björn Steinrötter (Hrsg.)

Der Einsatz von KI & Robotik in der Medizin

Interdisziplinäre Fragen

 Nomos

Die Open-Access-Veröffentlichung dieses Titels wurde durch die Dachinitiative „Hochschule.digital Niedersachsen" des Landes Niedersachsen ermöglicht.

Die Deutsche Nationalbibliothek verzeichnet diese Publikation in der Deutschen Nationalbibliografie; detaillierte bibliografische Daten sind im Internet über http://dnb.d-nb.de abrufbar.

1. Auflage 2024

© Die Autor:innen

Publiziert von
Nomos Verlagsgesellschaft mbH & Co. KG
Waldseestraße 3–5 | 76530 Baden-Baden
www.nomos.de

Gesamtherstellung:
Nomos Verlagsgesellschaft mbH & Co. KG
Waldseestraße 3–5 | 76530 Baden-Baden

ISBN (Print): 978-3-7560-0476-8
ISBN (ePDF): 978-3-7489-3972-6

DOI: https://doi.org/10.5771/9783748939726

Onlineversion
Nomos eLibrary

Dieses Werk ist lizenziert unter einer Creative Commons Namensnennung 4.0 International Lizenz.

Vorwort

Dieser Band geht auf eine Konferenz zurück, die von der Robotics & AI Law Society (RAILS) in Kooperation mit der Fernuniversität Hagen im März 2023 ausgerichtet wurde.

Für die Organisation der Tagung sowie für die Erstellung dieses Buches haben wir zahlreiche Unterstützung erhalten. Unser herzlicher Dank gilt an erster Stelle den Mitarbeiterinnen und Mitarbeitern von RAILS, namentlich Alessandra von Krause, Dr. Lisa Käde, Dr. Julius Remmers und Johannes Brückmann. Dank schulden wir auch den Sponsoren der diesjährigen Tagung: lexICT, R & P LEGAL sowie dem Nomos Verlag.

Für die – wie immer – ganz wunderbare verlagsseitige Betreuung bedanken wir uns bei Dr. Marco Ganzhorn, der es zudem ermöglicht hat, dass dieses Werk auch als Open Access-Version verfügbar sein wird.

Hannah Ruschemeier & Björn Steinrötter, im Oktober 2023

Inhaltsverzeichnis

Hannah Ruschemeier & Björn Steinrötter
KI und Robotik in der Medizin – interdisziplinäre Fragen.
Einführung   9

Susanne Hahn
Algorithmische „Entscheidungen" in der Medizin? Eine Reflexion zu
einem handlungsbezogenen Ausdruck   13

Rainer Mühlhoff
Das Risiko der Sekundärnutzung trainierter Modelle als zentrales
Problem von Datenschutz und KI-Regulierung im Medizinbereich   27

Michael Schirner und Petra Ritter
Virtuelle Forschungsumgebung für Gesundheitsdaten: Virtual
Research Environment (VRE) und Health Data Cloud (HDC)   53

Tobias Herbst
Herausforderungen an das Datenschutzrecht durch den Einsatz von
Künstlicher Intelligenz in der Medizin   77

Jan Eichelberger
Arzthaftung im Kontext von KI und Robotik   97

Jonas Botta
(K)ein Recht auf Behandlung mit KI? Der Zugang zu
intelligenten Medizinprodukten im Lichte des Medizin-, Sozial- und
Verfassungsrechts   115

Svenja Behrendt
Smartes Entscheiden in Konstellationen der Triage   135

Alexandra Jorzig und Luis Kemter
Regulierung im Bereich KI-Medizin (AI Act)   161

Autorenverzeichnis   171

KI und Robotik in der Medizin – interdisziplinäre Fragen. Einführung

Hannah Ruschemeier & Björn Steinrötter

Die rasante Entwicklung von Künstlicher Intelligenz (KI) und Robotik hat bereits jetzt einen beträchtlichen Einfluss auf die Medizin. Von assistierenden Robotern in Operationssälen bis hin zur datengetriebenen Diagnostik und personalisierten Therapieplanung haben diese Technologien das Potenzial, die medizinische Versorgung grundlegend zu verbessern, die Patient:innenversorgung zu optimieren und gar Menschenleben zu retten. Jedoch werfen diese Entwicklungen auch komplexe rechtliche[1] und gesellschaftliche Fragen sowie ethische[2] Dilemmata auf, die es zu analysieren und zu adressieren gilt. Die Spannbreite zwischen den Extremen des "KI-Hypes"[3] auf der einen und einer Dystopie auf der anderen Seite ist groß. Unser Ziel ist es, mit diesem Band realistische und unterschiedliche Perspektiven auf das viel diskutierte Thema von KI und Robotik in der Medizin zusammenzubringen.

Anlass des Buches ist die 5. RAILS-Jahrestagung, welche am 31.3.2023 stattgefunden hat[4] und die sich jenen Fragen aus verschiedenen fachlichen Perspektiven gewidmet hat. Die Tagung fand mit rund 70 Teilnehmenden als Präsenzveranstaltung am Campusstandort Berlin der FernUniversität in Hagen statt.[5] Wir haben uns bewusst dafür entschieden, eine bisher primär juristisch ausgerichtete Tagung mit einem nicht-juristischen Panel zu

---

[1] Überblick z.B. bei Beck/Faber/Gerndt, Rechtliche Aspekte des Einsatzes von KI und Robotik in Medizin und Pflege, Ethik in der Medizin (2023) 35:247; Rammos/Lange/Clausen, Medizin, in: Ebers/Heinze/Krügel/Steinrötter (Hrsg.), Künstliche Intelligenz und Robotik, 2020, § 28.
[2] Dazu nur Wagner, KI in der Medizin: Ethische Aspekte, Zeitschrift für medizinische Ethik, 69(1), 145; Zuchowski/Zuchowski, Ethische Aspekte von KI-Anwendungen in der Medizin, in: Pfannstiel (Hrsg.), Künstliche Intelligenz im Gesundheitswesen, 2022, S. 285 ff.
[3] Kritisch dazu Berisha/Liss, AI in Medicine Is Overhyped, Scientific American v. 19.10.2022, abrufbar unter https://lmy.de/sGf.
[4] Zur Robotics & AI Law Society (RAILS): www.ai-laws.org.
[5] Siehe die Tagungsberichte von Bastians/Mohr CR 2023, R76-R78 und Schauer MMR-Aktuell 2023, 01017.

starten. Den Auftakt machte daher Prof. Dr. *Rania Rayes* vom Karlsruher Institut für Technologie (KIT) mit ihrer Präsentation zu Deep Learning for Real Medical Applications. Im Anschluss widmete sich Prof. Dr. *Erwin Keeve* von der Charité Berlin aus der praktischen Perspektive dem Stand der Robotik in der Medizin. Von diesen beiden Vorträgen abgesehen, finden sich sämtliche der weiteren Referate verschriftlicht in diesem Buch.

Prof. Dr. *Susanne Hahn* von der Heinrich-Heine-Universität Düsseldorf sprach aus philosophischer Sicht über algorithmische Entscheidungen in der Medizin und fügte ihrem Vortrags- und nun auch Beitragstitel explizit ein Fragezeichen an. In ihrem Beitrag ab S. 13 untersucht sie das Kriterium der Entscheidung als handlungsbezogenes Element. Darin skizziert sie die Elemente einer Entscheidung und prüft daran, ob Algorithmen überhaupt "entscheiden" können. Gerade im Medizinbereich sind oft "empathische" Entscheidungen erforderlich, die nicht bruchlos auf Algorithmen transformiert werden können. Denn Algorithmen entscheiden nicht, vielmehr verlagert sich das Entscheidungselement auf die Personen, die über den Einsatz der Systeme zu befinden haben.

Prof. Dr. *Rainer Mühlhoff* von der Universität Osnabrück befasste sich in seinem Vortrag mit der Nutzung von medizinischen Daten und ihren Auswirkungen auf prädiktives Wissen und prädiktiver Privatheit. In seinem Beitrag ab S. 27 fokussiert er das Risiko der Sekundärnutzung trainierter Modelle im Medizinbereich aus ethischer Sicht. Anhand von zwei Beispielen aus dem medizinischen Bereich erarbeitet der Beitrag die Problematik der freien Weiterverbreitung anhand von Gesundheitsdaten trainierter Modelle. Unregulierte Sekundärnutzung führt danach zu einer Vertiefung informationeller Machtasymmetrien gegenüber den betroffenen Datensubjekten. Abschließend werden erste Lösungsansätze skizziert.

Im zweiten Panel, moderiert von Prof. Dr. *Paulina Pesch*, ging es um Praxis, Datenschutz und Haftung.

Prof. Dr. Petra Ritter von der Universitätsmedizin Berlin stellte das eBRAIN-Health Projekt vor, das die Kreation einer dezentralen, datenschutzkonformen Forschungsplattform zum Ziel hat, welche die Simulation komplexer neurobiologischer Phänomene des menschlichen Gehirns ermögliche. So ermöglichen die auf diesem Wege entstehenden „Gehirn-Zwillinge" z.B. die Berechnung von Medikamentenauswirkungen anhand der digitalen Avatare. Gemeinsam mit Dr. Michael Schirner befasst sich Ritter ab S. 53 mit der Konstruktion einer entsprechenden Plattform.

Prof. Dr. *Tobias Herbst* von der Hochschule für Polizei und öffentliche Verwaltung NRW brachte den Teilnehmenden der Konferenz die datenschutzrechtlichen Implikationen des Einsatzes von KI und Robotik in der Medizin nahe. In seinem Beitrag ab S. 77 identifiziert er insbesondere die mangelnde Transparenz des Datenverarbeitungsprozesses sowie die für manche KI-Anwendungen erforderliche Datenhypertrophie als neuralgische Aspekte. Plastisch macht er Kollisionen des Datenschutzrechts mit KI-Systemen anhand von konkreten Anwendungsbeispielen aus den Bereichen der medizinischen Versorgung und Forschung.

Prof. Dr. *Jan Eichelberger* von der Leibniz Universität Hannover referierte zur Arzthaftung beim Einsatz von KI und Robotik. In seinem Beitrag[6] ab S. 97 befasst *Eichelberger* sich zunächst grundlegend mit der Frage, inwiefern das geltende Arzthaftungsrecht es überhaupt zulässt, robotische oder KI-Systeme einzusetzen. Hier finden zunächst die Grundsätze der „Neulandmethode" Anwendung, bevor derartige Systeme, wenn sie sich als medizinischer Standard etabliert haben, von der ärztlichen Therapiefreiheit erfasst sein können. Des Weiteren wendet sich *Eichelberger* der wichtigen Frage der spezifischen Haftung für Fehlfunktionen der verwendeten Technik zu.

Prof. Dr. *Juliane Mendelsohn* von der TU Ilmenau führte durch das letzte Panel zum Thema Regulierung. Dr. *Jonas Botta* vom FÖV Speyer sprach über das Recht auf medizinische Behandlung durch KI. In seinem Beitrag ab S. 115 beleuchtet er den Zugang zu intelligenten Medizinprodukten aus der Perspektive des Medizin-, Sozial- und Verfassungsrechts. *Botta* prüft verschiedene Anspruchsgrundlagen eines Rechts auf KI gegenüber unterschiedlichen Adressat:innen. Dabei stehen sich das Selbstbestimmungsrecht von Patient:innen und die ärztliche Therapiefreiheit sowie die Begrenzungen der Leistungen der Krankenkassen gegenüber. Anschließend werden verfassungsrechtliche Leistungsansprüche geprüft.

Dr. *Svenja Behrendt* vom MPI zur Erforschung von Kriminalität, Sicherheit und Recht widmete sich dem Einsatz von KI bei Entscheidungen in der Triage. In ihrem Beitrag in diesem Band (S. 135) analysiert sie zunächst den Begriff der Triage und differenziert verschiedene Triage-Konstellationen nach der Intensität der Allokationsentscheidung. Sie legt sodann die Komponenten des Diskriminierungsschutzes nach Art. 3 Abs. 3 S. 2 GG unter Berücksichtigung der neueren Rechtsprechung des Bundesverfassungsgerichts dar. Abschließend skizziert sie konkrete Möglichkeiten des KI-Einsatzes bei Triage-Entscheidungen.

---

6 Vorabdruck in ZfPC 2023, 209.

Schließlich widmete sich Frau Prof. Dr. *Alexandra Jorzig*, Rechtsanwältin bei Jorzig Rechtsanwälte, in ihrem Vortrag dem Spannungsfeld zwischen dem spezifischen Produktsicherheitsrecht im Bereich Medizin und dem bald geltenden AI Act[7]. In ihrem gemeinsam mit *Luis Kemter* verfassten Beitrag[8] (S. 161) erfolgt zunächst eine Subsumtion von KI-basierten Medizinprodukten unter die Vorgaben des zuletzt genannten europäischen Regelungsentwurfs. Sodann beleuchten die Autoren das diffizile Verhältnis von AI Act und der EU-Medizinprodukte-VO[9]. Dabei identifizieren sie gewisse Doppelungen und erwägen, die EU-Medizinprodukte-VO in diesen Fällen im Zweifel als vorrangig anzusehen.

Verschiedene Rechtsfragen mussten leider schon aus Kapazitätsgründen unbearbeitet bleiben. Dies betrifft etwa das ärztliche Berufs- und das Krankenversicherungsrecht. Dessen ungeachtet hoffen wir, dass dieses Werk seinen Beitrag in der andauernden Diskussion um das „Ob" und „Wie" des Einsatzes von smarter Robotik und KI in der Medizin leistet.

---

7 COM/2021/206 final.
8 Vorabdruck in ZfPC 2023, 172.
9 Verordnung (EU) 2017/745 des Europäischen Parlaments und des Rates vom 5. April 2017 über Medizinprodukte, zur Änderung der Richtlinie 2001/83/EG, der Verordnung (EG) Nr. 178/2002 und der Verordnung (EG) Nr. 1223/2009 und zur Aufhebung der Richtlinien 90/385/EWG und 93/42/EWG des Rates, ABl. EU Nr. L 117, S. 1.

Algorithmische „Entscheidungen" in der Medizin? Eine Reflexion zu einem handlungsbezogenen Ausdruck

Susanne Hahn

I. Vorklärung: Handlungsbezogene Ausdrücke in unterschiedlichen Kontexten

„Entscheidung", „entscheiden" und benachbarte Vokabeln gehören zu einem begrifflichen Feld, das mit dem *Handeln* zu tun hat. Wenn davon die Rede ist, dass „Algorithmen entscheiden" oder „künstliche Intelligenz bzw. Maschinen entscheiden", dann werden handlungsbezogene Ausdrücke, die üblicherweise in Kontexten menschlichen Handelns Verwendung finden, auf einen anderen Bereich, nämlich Algorithmen oder Maschinen, übertragen. Eine solche Übertragung findet derzeit nicht nur mit der Entscheidungsrede statt. Die Rede von „autonomen Akteuren" in Bezug auf künstliche Intelligenz, vom „Vertrauen in künstliche Intelligenz" oder Zusammenfügungen wie „Algorithmenethik" oder „Mensch-Maschine-Interaktion" illustrieren diesen Umstand.

Diese und weitere Fälle geben Anlass zu Fragen: Welche Präsuppositionen, Konnotationen und Bedeutungsnetze werden übertragen, wenn ein Ausdruck, der in menschlichen Handlungszusammenhängen verwendet wird, auf den Bereich der künstlichen Intelligenz[1] übertragen wird? Welche Irreführungen ergeben sich möglicherweise daraus?

Mit dem vorliegenden Beitrag soll – eher beispielhaft und als Anfang einer noch anzustellenden umfassenderen Betrachtung – erprobt werden, wie eine Analyse der Begrifflichkeiten im üblichen menschlichen Handlungskontext ausfällt, welche Präsuppositionen ein Gebrauch im Bereich von KI enthält und welche Verwendungen im KI-Bereich plausibel sind. Dies soll am Beispiel der Entscheidungsrede dargelegt werden. Eine solche begriffliche Analyse ist auch als Wegbereitung und Grundlage für eine konstruktiv ausgerichtete Position zur künstlichen Intelligenz zu sehen:

---

[1] Mit „künstlicher Intelligenz" ist hier und im Folgenden stets das derzeit realisierbare und auch realisierte maschinelle Lernen, d.h. die Mustererkennung durch Algorithmen und ihre Nutzung als Voraussagemodelle gemeint.

Statt einzelne Anwendungen in ihren potenziellen Auswirkungen zum Gegenstand von Kritik zu machen, ließe sich positiv gewendet fragen: Welche Ziele lassen sich sinnvoll mit dem Einsatz maschinellen Lernens verfolgen und welche eher nicht? Welche Beschränkungen sind zu beachten?

Kandidaten für algorithmische „Entscheidungen", die Anlass zur Analyse bieten, könnten beispielsweise der Einsatz von Modellen maschinellen Lernens bei der Kreditvergabe sein, aber auch bei der Einladung zu Folgeuntersuchungen beim Brustkrebsscreening oder bei der Aufforderung zur Durchführung einer Darmspiegelung nach Einreichen eines Stuhltests. In diesen Fällen würde „automatisch" eine Maßnahme an ein algorithmisch ermitteltes Ergebnis geknüpft.[2] Die (Nicht-)Vergabe eines Kredits kann für Menschen durchaus schwerwiegende Konsequenzen haben. In medizinischen Kontexten ist die (Nicht-)Einladung zu weiteren Untersuchungen folgenreich. Insbesondere Falsch-Negativ-Ergebnisse – jemand wird nicht als untersuchungsbedürftig eingeschätzt, nicht eingeladen und entwickelt im weiteren Verlauf z.B. eine Krebserkrankung –, aber in geringerem Maße auch Falsch-Positiv-Ergebnisse – jemand wird fälschlicherweise zu weiteren Untersuchungen eingeladen, gerät aufgrund langer Wartezeiten für Untersuchungstermine unter psychischen Druck und wird womöglich durch weitere Diagnostik geschädigt –, haben für die Betroffenen erhebliche Konsequenzen.[3]

Die (potentiellen) Einsätze haben entsprechende Kritik auf den Plan gerufen. Die Beschreibungen des Wirkens von Algorithmen enthalten eben jene erwähnten handlungsbezogenen Ausdrücke, darunter prominent das Vokabular des Entscheidens. Ein Zitat aus dem für Laien sehr hilfreichen Sachbuch von Hannah Fry zur Künstlichen Intelligenz illustriert dieses Vorgehen:

---

[2] Hier und an weiteren Stellen (s. Abschnitt II) lassen sich bereits im Fall menschlichen Handelns Fragen zur Abgrenzung von Überlegung, Entscheidung und Handlung aufwerfen. Vgl. zu diesem Aspekt und weiteren Unterscheidungen *S. McCall*, Decision, Canadian Journal of Philosophy, 1987, 17, 261 (261ff.).

[3] Weitere, prominent gewordene Beispiele sind der Einsatz des COMPAS-Algorithmus in einigen Bundesstaaten der USA bei der Frage, ob potenzielle Straftäter bis zur Hauptverhandlung auf freien Fuß gesetzt werden oder – deutlich weniger brisant, aber vermutlich häufiger vorkommend – der Einsatz von Algorithmen bei der gezielten Werbung. Vgl. *H. Fry*, Hello World. How to Be Human in the Age of the Machine, London 2018, C. Rudin, Stop explaining black box machine learning models for high stakes decisions and use interpretable models instead, Nature Machine Intelligence 1(5), 2019, 206.

„Besides, all the hype over AI is a distraction from much more pressing concerns and – I think – much more interesting stories. Forget about omnipotent artificially intelligent machines for a moment and turn your thought from the far distant future to the here and now – because there are already **algorithms** with free rein to act as **autonomous decision-makers**. To **decide** prison terms, treatments for cancer patients and what to do in a car crash. They're already making life-changing **choices** on our behalf at every turn.
The question ist, if we're handing over all that **power** – are they deserving of our **trust**?"[4]

Algorithmen werden als **autonome Entscheider** angesprochen, die **entscheiden**, ob jemand inhaftiert wird, ob Personen bestimmte Krebsbehandlungen bekommen etc., die somit über existentielle Zustände entscheiden. Ihnen wird **Macht** und **Handlungsbefugnis** zugeschrieben und es wird die Frage aufgeworfen, ob sie unser **Vertrauen** verdienen.

Im Folgenden sollen zunächst Verständnisse von Entscheidung dargestellt werden, um darauf aufbauend zu fragen, ob und wenn ja in welchem Sinn, Algorithmen entscheiden.

II. Was ist eine Entscheidung?

Um diese Frage umfassend zu beantworten, wäre eine umfangreichere Bestandsaufnahme angezeigt. Für die hier verfolgten Zwecke – Anregung zum Nachdenken darüber, wozu sich Algorithmen (nicht) einsetzen lassen und Sensibilisierung für eine Übertragung handlungsbezogenen Vokabulars auf informationstechnische Kontexte – wird eine sehr reduzierte Skizze erstellt. Dazu erfolgt zunächst ein Rückgriff auf ein klassisches begriffshistorisches Nachschlagewerk der Philosophie. Eine dort gelegte begriffliche „Spur" wird weiterverfolgt, um das vorgeschlagene Verständnis von Entscheidung in eine Standardeinteilung der Entscheidungstheorie einzuordnen. In diesem Rahmen wird wiederum der Einsatz von Algorithmen betrachtet.

Der Artikel „Entscheidung" des „Historische[n] Wörterbuch[s] der Philosophie" liefert die folgende allgemeine Charakterisierung einer Entscheidung: „Der Begriff ‹E.› wird am häufigsten im Zusammenhang von rechtlichen und ethisch-politischen Fragen gebraucht und meint dort insgesamt,

---

4 H. Fry, Hello World (Fn. 3), S. 15. – Hervorhebungen S.H.

daß *etwas Ungewisses, Zweifelhaftes zur Klärung kommt* [...]."[5] Dieses Verständnis, das die Nicht-Eindeutigkeit des Entscheidungsausgangs und die Determinierung des weiteren Verlaufs eines Geschehens durch die Entscheidung als spezifische Merkmale hervorhebt,[6] findet weitere Illustration in einem Aufsatz von Hermann Lübbe: „Die Entscheidung überspringt einen Mangel an rationalen Bestimmungsgründen des Handelns. Sie ist deswegen nicht irrational. Die Vernunft der Entscheidungssituation besteht gerade darin, sich zum Handeln zu bestimmen, obwohl ausreichende Gründe, so und nicht anders zu handeln, fehlen."[7] Als Beispiel erwähnt Lübbe die Entscheidung über eine Invasion angesichts einer nicht gesicherten Wetterlage: „Die Antwort der Meteorologen hat keinen anderen Gewißheitsgrad, als ihre Wissenschaft ihn nach aller Erfahrung erreichen kann. Dennoch muß die Entscheidung heute fallen, und sie fällt als Entscheidung, sofern sie einen Abgrund von Ungewißheit überspringt."[8]

Insgesamt lässt sich damit ein Verständnis von Entscheidung skizzieren, das die folgenden Merkmale aufweist: ein Akteur hat mehrere Handlungsoptionen, die Entscheidungssituation zeichnet sich durch einen gewissen Druck aus, es gibt einen Zwang zum Handeln, es ist nicht eindeutig, welche Konsequenzen jede Handlungsoption hat und es gibt keine zwingenden oder ausreichenden Gründe für eine Handlungsoption. – Diese Bedeutung von Entscheidung lässt sich durchaus als eine „emphatische" bezeichnen, die wenig mit Entscheidungssituationen wie sie alltäglich an der Theke in der Bäckerei, im Restaurant oder auch bei der Wahl des Abendprogramms anfallen, zu tun hat. Zum emphatischen Verständnis von Entscheidung passen Vokabeln wie Entscheidungsbefugnis, Ermächtigung, autonome Akteure, diskretionäre Spielräume, Abwägung, Ziele, situative Notwendigkeiten, etc.

---

5 *C. von Bormann*, «Entscheidung», in: *J. Ritter* (Hrsg.): Historisches Wörterbuch der Philosophie, Basel 1972ff, DOI: 10.24894/HWPh.876 – Hervorhebung S.H.
6 Die erwähnte Ungewissheit und Zweifelhaftigkeit wird auf den Handlungsverlauf bezogen. Durch die Entscheidung wird die in ihrem Verlauf offene Handlungssituation geschlossen. Auf welche Faktoren sich die Offenheit bezieht – hier kommen die epistemische (Un-)Gewissheit bezüglich der Handlungskonsequenzen sowie die Bewertung derselben ins Spiel – wird, anders als in der weiter unten behandelten Entscheidungstheorie nicht thematisiert.
7 *H. Lübbe*, Zur Theorie der Entscheidung, in: Collegium Philosophicum. Studien. Joachim Ritter zum 60. Geburtstag, Basel/Stuttgart 1965, 118, (131f.)
8 *H. Lübbe*, Entscheidung (Fn. 7), 132.

Beispiele für passende Handlungsszenarien aus dem Bereich der Medizin sind: Jemand trifft für sich selbst eine weitreichende Entscheidung, z.B. eine Chemotherapie nicht durchführen zu lassen. Eine Ärztin entscheidet, einem bestimmten Patienten eine konkrete Therapie nicht zukommen zu lassen.[9] Das oben angeführte Beispiel einer Kreditentscheidung lässt sich ebenfalls als Beispiel für eine solches Entscheidungsverständnis anführen.

In diesen Fällen sind *ex post* Fragen an die entscheidende Person denkbar wie: Warst Du befugt zur Entscheidung? Welchen Wissensstand hattest Du zum Zeitpunkt der Entscheidung? Welche Verantwortlichkeiten bzw. Pflichten hattest Du zum Zeitpunkt der Entscheidung? Welche Zwänge gab es zum Zeitpunkt der Entscheidung? War die Entscheidung wohlüberlegt?

Die Theorie der Entscheidungen ist ein Gebiet, das sowohl in der Ökonomik als auch in einem Zweig der formal orientierten analytischen Philosophie verortet ist und die Rationalität von Entscheidungen in das Zentrum der deskriptiven und normativen Überlegungen stellt. Aus der Entscheidungstheorie ist eine Klassifikation von Entscheidungen geläufig, die auf den Wissensstand zum Zeitpunkt der Entscheidung abhebt. Es werden unterschieden: Entscheidungen unter Sicherheit, Entscheidungen unter Risiko und Entscheidungen unter Unsicherheit.[10] Bei Entscheidungen unter Sicherheit ist bekannt, dass eine Handlung sicher zu einem bestimmten Resultat führt. Bei Entscheidungen unter Risiko führt jede Handlung zu einer Menge von Konsequenzen, bei denen jeweils die Wahrscheinlichkeiten, mit denen sie eintreten, bekannt sind. Dies unterscheidet sie von Entscheidungen unter Unsicherheit, bei denen sich zwar angeben lässt, welche Konsequenzen sich einstellen können, denen man jedoch keine Wahrscheinlichkeiten zuordnen kann.

---

9 Hier – wie an vielen anderen Stellen – ließen sich weitere Unterscheidungen anführen und Fragen aufwerfen. Genannt seien hier die Unterscheidung von Entscheidungen, die nur die entscheidende Person betreffen und solchen, die (auch mit entsprechender Befugnis) andere Personen betreffen. Weiter ließen sich Einzelentscheidungen und Entscheidungen über eine Klasse von Handlungssituationen unterscheiden. – Vgl. zu diesen und weiteren Aspekten aus philosophischer Sicht die immer noch sehr instruktive Analyse von *Nicholas Rescher*, Risk. A Philosophical Introduction to the Theory of Risk Evaluation and Management, Washington 1983. Zur Einordnung des Verhältnisses zwischen Entscheidung, Überlegung und Handlung vgl. *C. Budnik*, Überlegen und Entscheiden, in: *M. Kühler/M. Rüther* (Hrsg.), Handbuch Handlungstheorie, DOI 10.1007/978-3-476-05359-6_19.

10 In klarer Darstellung: *R.D. Luce/H. Raiffa*, Games and Decisions. Introduction and Critical Survey, New York 1957, chapt. 2.

Das oben geschilderte „emphatische" Verständnis von Entscheidung zeichnet sich insbesondere dadurch aus, dass „sie einen Abgrund von Ungewissheit überspringt". Bezogen auf die Klassifikation von Entscheidungssituationen könnte man dieses Verständnis dem Typ „Entscheidung unter Unsicherheit" zuordnen. Viele Bemühungen in den Wissenschaften lassen sich als Bestreben deuten, Entscheidungen unter Unsicherheit zu Entscheidungen unter Risiko zu transformieren. So versucht beispielsweise die klinische Forschung, Zusammenhänge zwischen einer medizinischen Maßnahme und dem Eintreten von Konsequenzen statistisch oder anhand klinischer Studien zu etablieren. Die Gewinnung von Wahrscheinlichkeiten ist ein zentrales Anliegen empirischer Forschung.

Anhand der folgenden Darstellung eines Standardbeispiels lassen sich die Unterscheidungen erläutern:

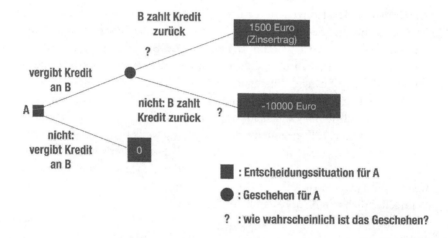

Die handelnde Person A kann sich zwischen zwei Handlungsoptionen entscheiden, nämlich den Kredit an B zu vergeben oder dies nicht zu tun. Im letzteren Fall ist die Konsequenz für die handelnde Person klar, sie hat weder einen Zinsertrag noch einen Verlust. Im anderen Fall ist das Handeln von B für A ein Geschehnis, d.h. ein Verlauf der Welt, der nicht mehr der eigenen Kontrolle unterliegt. Zwei mögliche Verläufe werden angenommen, die komplette Rückzahlung, einschließlich der Zinsen, und die vollständige Unterlassung der Rückzahlung. Die Einschätzung der Konsequenzen für A hängt von zwei Faktoren ab, der Einschätzung bzw. Angabe, wie wahrscheinlich der Kreditausfall ist und der Bewertung der möglichen Konsequenzen. Je nachdem als wie gravierend der Kreditausfall gewertet wird und wie stark gewünscht der Zinsertrag ist, wird die Bewertung ausfallen. Im Falle einer Risikoentscheidung, d.h. dann, wenn Wahrscheinlichkeiten zum Kreditausfall bekannt sind, berechnen Theorien rationalen Handelns eine Erwartungswert der Handlungsoptionen. Dazu werden die bewerteten möglichen Konsequenzen mit den Wahrscheinlichkeiten gewichtet und aufsummiert. Rational handeln Personen, wenn sie ihren Erwartungswert maximieren.[11]

Dieses Vorgehen lässt sich als Ausweg aus der Situation deuten, die oben geschildert wurde: Man möchte Entscheidungssituationen vermeiden, in denen es keine hinreichenden Gründe für die eine oder andere Handlungsoption gibt. Daher versucht man, die epistemischen Unsicherheiten durch statistische und/oder experimentelle Forschung zu überwinden, um Wahrscheinlichkeiten für das Eintreten von Konsequenzen zu gewinnen. – Daneben kann ein Kern der Rationalwahltheorien in dem Bemühen gesehen werden, die Bewertungskomponente ebenfalls methodisch zu behandeln, indem den Präferenzen der Akteure bestimmte Konsistenzbedingungen auferlegt werden. – Wenn man das Kreditszenario durch eines aus dem medizinischen Kontext ersetzt, wird noch deutlicher, dass auch der Umgang mit dem Bewertungselement der Entscheidung mit gravierenden spezifischen Schwierigkeiten einhergeht. In diesen Fällen sind nicht lediglich monetäre Konsequenzen zu betrachten, sondern Zustände, die das Wohlbefinden von Menschen möglicherweise tiefgreifend beeinflussen und die zudem von unterschiedlichen Individuen unterschiedlich bewertet werden.

Insgesamt spricht einiges dafür, Entscheidungen im obigen „emphatischen" Sinn als Entscheidungen unter Unsicherheit in der Klassifikation der Entscheidungstheorie anzusprechen. Für Entscheidungen unter Unsicherheit sehen die Rationalwahltheorien unterschiedliche, durchaus miteinander konfligierende Empfehlungen vor: Die Maximin-Strategie empfiehlt die Handlungsoptionen jeweils hinsichtlich ihres schlechtestmöglichen Verlaufs zu betrachten und dann diejenige zu wählen, die im Vergleich der schlechtest möglichen Konsequenzen am besten abschneidet. Die optimistische Maximax-Strategie zielt auf das bestmögliche Ergebnis ab. Die Theorie der Maximierung des subjektiven Erwartungsnutzens, als dritte

---

11 C. Bicchieri, Rationality and Game Theory, in: A.R. Mele/P. Rawling, The Oxford Handbook of Rationality, DOI: 10.1093/oxfordhb/9780195145397.003.0010, 183f.

Variante, entwickelt ein Konzept, um die fehlenden objektiven Wahrscheinlichkeiten durch subjektive Wahrscheinlichkeiten zu kompensieren.[12]

Ein Verständnis von Entscheidung, das den Entscheidungsakt als eine unvermeidliche Überwindung von Unsicherheit betrachtet, wird dieses Vorgehen anhand verschiedener Strategien vermutlich als pseudo-objektiv ablehnen und die Betrachtung des Einzelfalls und die Nutzung diskretionärer Spielräume und somit das individuelle Ermessen als notwendig betrachten. Dazu passt die Auffassung, dass es nicht die eine richtige Entscheidung gibt, sondern dass man in der jeweiligen Entscheidungssituation zu unterschiedlichen plausiblen Entscheidungen kommen kann, da die Bedingungen gerade nicht zu eindeutigen Schlüssen führen. So können Entscheidungen, von denen man ex post weiß, dass sie zu schlechten Konsequenzen geführt haben, im Nachhinein gerechtfertigt werden durch die Überlegungen in der jeweiligen Situation.

III. Entscheiden Algorithmen?

Algorithmen maschinellen Lernens – dasjenige, was derzeit als Künstliche Intelligenz verfügbar ist –, sind im Kern Verfahren der Mustererkennung. Aus vorhandenen Daten werden Muster extrahiert, wie z.B., dass Kreditnehmer, die jung, männlich und ohne Immobilienbesitz sind, ihren Kredit mit der-und-der Häufigkeit nicht zurückzahlen, und auf neue Fälle angewendet. Es handelt sich um eine statistische Nachbildung des Lernens aus Erfahrung.[13] Der Prozess der Entwicklung und Anwendung von Algorithmen, die als „Entscheidungsalgorithmen" angesprochen werden, lässt sich in fünf Schritten erfassen:

- Generierung des Daten-Inputs,
- Datenaufbereitung,
- Erstellung des Voraussagemodells,

---

12 *C.G. Hempel*, Rationales Handeln, in: *G. Meggle*, Analytische Handlungstheorie, Frankfurt a. M. 1985, 388 (392ff.).
13 Hier und an anderen Stellen bestehen Anknüpfungspunkte für wissenschaftsphilosophische Überlegungen zur Generierung von allgemeinen Zusammenhängen. Vgl. dazu allgemein z.B. *G. Schurz*, Einführung in die Wissenschaftstheorie, Darmstadt 2006, Kap. 3.6 – 3.9 und 4.

– Erstellung von Entscheidungsregeln und
– Generierung des Outputs.[14]

Die ersten beiden Schritte sind nicht spezifisch für die Algorithmen maschinellen Lernens, sondern gehören standardmäßig zu statistischen Verfahren.[15] Im dritten Schritt wird die Erstellung eines Voraussagemodells vollzogen, z.B. durch künstliche neuronale Netze oder – eher klassisch – durch logistische Regression.[16] Mit einem solchen Voraussagemodell können neue Fälle, z.B. eine neue Anfrage für einen Kredit oder eine Patientin, die Kandidatin für eine Untersuchung oder Therapie ist, eingeschätzt werden. Resultat der Einschätzung ist ein Wahrscheinlichkeitswert für eine bestimmte Konsequenz, z.B. die vollständige Rückzahlung eines Kredits oder die Zugehörigkeit zu einer gefährdeten Patientengruppe. Bis zu diesem Schritt ist „noch nichts passiert", d.h. es wurden lediglich Prognosen erstellt oder Klassifikationsaussagen getroffen.

Erst mit der Aufstellung besonderer Wenn-Dann-Verknüpfungen werden Maßnahmen eingeleitet (in der obigen Aufstellung von Finlay wird dieser Schritt als „Erstellung von Entscheidungsregeln" bezeichnet): *Wenn* eine Person einen Score von so-und-so-viel hat, d.h. wenn die Wahrscheinlichkeit für die Kreditrückzahlung im Beispiel der Kreditvergabe oder die Wahrscheinlichkeit, von einer Untersuchung oder einer Therapie zu profitieren, wenigstens ein bestimmtes Maß hat, *dann* wird eine Maßnahme durchgeführt. In den Beispielen wäre der Output eine Finanzierungszusage bzw. eine Einladung zu einer Untersuchung oder ein Schreiben für die Vergabe einer Therapie.

Die Wenn-Dann-Verknüpfungen sind keine Regeln im Sinne handlungsanleitender Regeln für menschliche Akteure. Handlungsregeln unterscheiden sich von Wenn-dann-Verknüpfungen der Algorithmen dadurch, dass sie deontische Anteile enthalten, die sich an die Regeladressaten richten:

---

14 *S. Finlay*, Artificial Intelligence and Machine Learning for Business: A No-Nonsense Guide to Data Driven Technologies, Preston 2017, chap. 2.
15 *B. Baesens*, Analytics in a Big Data World: The Essential Guide to Data Science and its Applications. Minneapolis 2014, chapt. 2.
16 Nicht alle Einsätze erfordern künstliche neuronale Netze oder ähnliche Verfahren, die wegen ihrer Nicht-Nachvollziehbarkeit besonderer Kritik ausgesetzt sind. Für die Einschätzung der Kreditwürdigkeit ist beispielsweise eine klassische logistische Regression, umgesetzt in ein Verfahren maschinellen Lernens, ausreichend. Vgl. *Finlay*, Artificial Intelligence (Fußn. 14), chapt. 7.

Akteuren sind Handlungen *geboten, verboten* oder *erlaubt*.[17] Klassische Beispiele für soziale Handlungsregeln sind rechtliche oder moralische allgemeine Normen. Für diese ist charakteristisch, dass im Fall des Verstoßes gegen eine Verbots- oder Gebotsregel Sanktionen vorgesehen sind. Wer gegen das Diebstahlverbot agiert und ertappt wird, muss mit einer Sanktion rechnen. Wer einer Lüge überführt wird, muss mit Missbilligung oder Ächtung rechnen. Wenn es um soziale Regeln geht, ist die Möglichkeit der Zuwiderhandlung von vornherein mitbedacht. Menschen können sich gegen Handlungsverbote oder -gebote entscheiden. Sie sind zudem in der Lage, Handlungsermächtigungen (eine bestimmte Form von Erlaubnissen) zu nutzen, um in einer Situation entsprechend ihrer Beurteilung zu agieren.

All dies ist bei den Wenn-dann-Verknüpfungen von Algorithmen nicht der Fall. Hier ist die Maßnahme an das Erfüllen einer Voraussetzung, letztlich an einen bestimmten Wahrscheinlichkeitswert, geknüpft. Auch wenn ein Bereich von Wahrscheinlichkeiten bestimmt würde, innerhalb dessen die Durchführung der Maßnahme an einen Zufallsgenerator gebunden würde, unterscheidet sich dieses Vorgehen von einer Erwägung wie sie beispielsweise bei ermächtigten Personen vorkommt. Bei der Einräumung und Nutzung diskretionärer Spielräume wird man von den Personen erwarten, dass sie auch *ex post* Gründe für ihre Entscheidung vorbringen können, und sich nicht auf Zufall oder Beliebigkeit berufen.

Was bedeutet das für die Frage, ob Algorithmen entscheiden? Wenn man ein emphatisches Verständnis von Entscheidung unterstellt, wie es oben dargestellt wurde, dann passen dazu Konzepte wie „Entscheidungsmacht", „autonome Akteure", „Handlungsbefugnis"; „diskretionäre Spielräume", „Ziele" usf. Die einzelnen Sortierungsfälle, die durch Algorithmen vorgenommen werden, sind *keine Entscheidungen in diesem Sinne*. „Der Algorithmus" ist kein autonomer Akteur, der unter Ausnutzung diskretionärer Spielräume Entscheidungen trifft und dem man auch prima facie „unsinnige" Entscheidungen nachsehen würde, wenn er sie situativ erklärt. Übertragen in eine „mechanische" Maschine: Wenn man nur noch Äpfel einer bestimmten Größe verkaufen will, dann kann man zur Sortierung größerer Apfelmengen ein Förderband konstruieren, bei dem nur Äpfel

---

17 Zu Regeln (hier synonym zu allgemeinen Normen) vgl. *N. Hoerster*, Ethik und Interesse, Stuttgart 2003, Kap.2; *G. Siegwart*, Regel, in: *P. Kolmer/G. Wildfeuer* (Hrsg.), Neues Handbuch philosophischer Grundbegriffe, Freiburg 2011, 1864; *S. Hahn*, Regeln und Normen, in: L. Heidbrink/A. Lorch/V. Rauen (Hrsg.), Handbuch Wirtschaftsphilosophie III, Praktische Wirtschaftsphilosophie, https://doi.org/10.1007/978-3-658-22107-2_9.

ab einer bestimmten Größe zur Verpackungsstation weitergeleitet werden. Äpfel, die zu klein sind, fallen durch eine Öffnung hindurch. Die Maschine sortiert kleine Äpfel heraus, im geschilderten emphatischen Sinn entscheidet sie nicht. Analog kann man sagen, dass der Algorithmus Fälle sortiert.

Ausgangspunkt für die vorgebrachten Überlegungen war ein gegenteiliges Verständnis von Algorithmen, das diese als Träger von Autonomie und Macht sieht, somit ein emphatisches Verständnis von Entscheidung unterstellt und dementsprechend die Frage aufwirft: „The question is, if we're handing over all that **power** - are they deserving of our **trust**?[18] – Dieses Verständnis – diese These soll hier vertreten werden – verstellt den Blick auf den Umstand, dass mit der *Herstellung* einer Wenn-Dann-Verknüpfung eine Entscheidung gefällt wird, die die Sortierung der zukünftigen Fälle festlegt. *Ex ante* wird über die Annahme eines Voraussagemodells und – insofern ein output automatisiert verknüpft wird – über diese Verknüpfung entschieden.[19] Hier handelt es sich um eine Entscheidung im emphatischen Sinn: Wenn man einen Wahrscheinlichkeitswert festlegt, unterhalb dessen keine Kreditvergabe erfolgt oder keine Einladung zu einer Untersuchung, dann weiß man nicht, welche Einzelfälle, die man bei einer Einzelfallbetrachtung vielleicht noch gerade zu den positiv beschiedenen Fällen gezählt hätte, der Grenzziehung zum Opfer fallen; bzw. wer noch zu den positiv beschiedenen Fällen zählt, aber besser in die andere Gruppe gefallen wäre. Die Situation ähnelt derjenigen, in der über die Empfindlichkeit eines Testverfahrens in der Medizin entschieden wird. Hier sind stets die in Kauf genommenen falsch-negativen Ergebnisse gegen die falsch-positiven Ergebnisse abzuwägen. Typischerweise lassen sich hier für verschiedene Entscheidungen, d.h. verschiedene Verhältnisse dieser Ergebnisse, Gründe angeben, das Verhältnis ist nicht vorgegeben.

Der Einsatz eines Algorithmus mit einer Maßnahmenverknüpfung stellt somit eine Entscheidung dar, für die die entscheidende(n) Person(en) auch verantwortlich ist (sind). Eine Sicht auf Algorithmen als Sortierungsverfahren, über deren Einsatz ex ante entschieden wird, ermöglicht somit eine differenzierte Sicht auf die Zuschreibung von Verantwortung. Die Vorentscheidung über den Einsatz eines Sortierungsalgorithmus bedeutet

---

18 *Fry*, Hello World (Fn. 3), 15.
19 Hier ließe sich einwenden, dass sich die Sachlage durch sich verändernde Algorithmen ändert, wie dies bei nicht- überwachtem maschinellen Lernen der Fall ist. Allerdings sind in diesen Fällen Zielvorgaben zu machen, und der Ort der Entscheidung könnte wiederum in dieser Festlegung gesehen werden.

nicht, dass damit auch keine Verantwortungszuschreibung mehr möglich ist. Allerdings liegt diese nicht mehr in der jeweiligen Einsortierung des Einzelfalls, sondern in der Entscheidung über ganze Klassen von Fällen. Werden Algorithmen als Sortierungsmechanismen eingesetzt, werden Einzelfallentscheidungen durch ex ante-Entscheidungen über Klassen von Fällen ersetzt. – Zwei Vergleichsbeispiele sollen die Besonderheit dieser Entscheidung über künftige Sortierungen verdeutlichen: In der sogenannten evidenzbasierten Medizin sollen Leitlinien der Fachgesellschaften den besten medizinischen Kenntnisstand in die vielen einzelnen Therapieentscheidungen bringen. Anders als bei den Sortierungsalgorithmen mit ihren Wenn-Dann-Verknüpfungen handelt es sich jedoch in diesen Fällen wiederum um allgemeine Handlungsnormen, denen (s.o.) zuwidergehandelt werden kann und die insgesamt unter dem Vorbehalt der individuellen Prüfung der behandelnden Ärztinnen stehen.[20] Bei der Kreditvergabe wird ebenfalls versucht, die Parameter, die sich in der Vergangenheit als relevant für die Rückzahlung ergeben haben, in die Formulierung von Richtlinien zur künftigen Vergabe fließen zu lassen. Die Personen, die diese Richtlinien umsetzen, könnten als analoge Algorithmen zur Sortierung von Kreditanträgen betrachtet werden. Insofern jedoch Ermessensspielräume bestehen und Sachbearbeiterinnen von den Vorgaben abweichen können, handelt es sich nicht um bloße, vorgegebene Sortierungen.

Die eingangs zum Ausdruck gebrachte Anregung, in konstruktiver Weise über den Einsatz von Algorithmen nachzudenken, kann auf diesem Hintergrund mit einigen Fragen vorangebracht werden: Welche Entscheidungen eignen sich dazu, von Einzelfallentscheidungen mit Ermessensspielraum zu Sortierfällen aufgrund vorgängiger Entscheidungen über Muster-Maßnahme-Verknüpfungen transformiert zu werden? Welche Qualitätsanforderungen sind an die Entscheidung über diese Einsetzung von Voraussagemodellen und die Wenn-dann-Verknüpfung zu stellen?[21] Wie ist das Problem der Bewertung von Konsequenzen zu behandeln? Welche Entscheidungen sollen möglicherweise von vornherein als Kandidaten für Sortierungsverfah-

---

20 „Leitlinien sind als „Handlungs- und Entscheidungskorridore" zu verstehen, von denen in begründeten Fällen abgewichen werden kann oder sogar muss." AWFM-Regelwerk Leitlinien, Arbeitsgemeinschaft der wissenschaftlichen medizinischen Fachgesellschaften, https://www.awmf.org/regelwerk/; Abrufdatum 28.09.2023.
21 Die Möglichkeit, Korridore von Wahrscheinlichkeitswerten einzurichten, in denen Fälle von der Sortierung ausgenommen, um einer menschlichen Einzelfallbeurteilung zugeführt zu werden, könnte das Spektrum der in Frage kommenden Entscheidungen erweitern.

ren ausgeschlossen werden? Welche institutionellen Arrangements könnten einen fruchtbaren Einsatz von Algorithmen begleiten?

Die Analyseskizze zur Verwendung der Entscheidungsrede sollte zeigen, dass eine unreflektierte Übertragung auf Algorithmen ein emphatisches Verständnis von Entscheidung präsupponiert, das nicht der tatsächlichen Arbeitsweise von Algorithmen als nachgeordneten Sortierungsmechanismen entspricht. Damit wird zudem der Blick auf den Umstand erschwert, dass die Entscheidung über den Einsatz eines Algorithmus eine folgenreiche Entscheidung darstellt, die mit Verantwortlichkeiten einhergeht. Die – bestenfalls von informatischer Expertise begleitete – Sicht auf die Arbeitsweise von Algorithmen und ihre Leistungsfähigkeit und Limitationen einerseits und die Analyse unterschiedlicher Entscheidungstypen andererseits eröffnen den Raum für die Frage nach konstruktiven Einsätzen für algorithmische Sortierungen.[22]

---

22 Insofern solche Überlegungen unter der Perspektive *de lege ferenda* erfolgen (angesichts bestehender Regulierung hieße das konkret unter einer *Änderungs*perspektive) ließe sich auch fragen, für welche Einsätze sich das Verbot komplett „automatisierter Entscheidungen" durch eine Öffnung für stark routinisierte Vorgänge, flankiert durch ein institutionelles Arrangement leicht zu erhebender Einsprüche modifizieren ließe.

Das Risiko der Sekundärnutzung trainierter Modelle
als zentrales Problem von Datenschutz und KI-Regulierung
im Medizinbereich

Rainer Mühlhoff

I. Einleitung

In diesem pointierten Beitrag möchte ich aus philosophischer und ethischer Perspektive ausführen,[1] was aus meiner Sicht das zur Zeit vielleicht gravierendste Datenschutzrisiko im Kontext von künstlicher Intelligenz (KI) darstellt: die zu wenig regulierte Gefahr missbräuchlicher Sekundärnutzung trainierter KI-Modelle. Während dieses Problem sektorübergreifend besteht, werde ich es am Beispiel von maschinellem Lernen (ML) in der medizinischen Forschung ausführen, weil in diesen Anwendungsfällen der Kontrast einer potentiellen Gefährdung des Gemeinwohls durch sekundäre zweckentfremdende Nutzung der resultierenden Modelle gegenüber der eigentlich im Sinne des Gemeinwohls verfahrenden Forschung besonders deutlich wird.

In der Debatte um Datenethik und Datenschutz im Zusammenhang mit maschinellem Lernen und Big Data liegt der Fokus überwiegend auf der Datenverarbeitung im Input-Stadium: Welche Daten werden als Trainingsdaten erhoben, liegt hierfür eine Rechtsgrundlage (z.B. Einwilligung von Patient:innen und Proband:innen) vor und werden die Daten ausreichend anonymisiert. Dies *sind* enorm wichtige Punkte zum Schutz der Privatsphäre und der Grundrechte der Datensubjekte, die in den Trainingsdaten repräsentiert sind. Dennoch verfehlt die Verengung dieser Debatte auf das Erfassungsstadium der Datenverarbeitungskette ein gravierenderes, weil potenziell sehr viel mehr Menschen betreffendes Datenschutzproblem, welches nicht die Trainingsdaten, sondern die trainierten Modelle und ihre spätere Verwendung betrifft. Denn unter bestimmten, jedoch realistischen Bedingungen können trainierte Modelle ohne nennenswerte Datenschutzhürden den Kontext ihres ursprünglichen Einsatzzwecks verlassen und für

---

1 Ich danke Hannah Ruschemeier für unsere intensive, interdisziplinäre Zusammenarbeit zu diesen Themen und ihre detaillierten Kommentare zu diesem Beitrag.

missbräuchliche, diskriminierende, politisch fragwürdige Zwecke zweitverwendet werden (Sekundärdatennutzung).

So könnte zum Beispiel ein Modell zur Einschätzung eines Krankheitsrisikos anhand von Verhaltensdaten, das zu erstrebenswerten Zwecken im Rahmen der medizinischen Forschung entwickelt wurde, von der Versicherungsbranche zur Preisdiskriminierung weiterverwendet (oder an diese weiterverkauft) werden. Medizinische Forschung, die solche Modelle herstellt, umfasst in vielen Fällen die Verarbeitung besonders sensibler Daten. Typischerweise werden diese Daten zum Training von ML-Modellen anonymisiert und – wenn dies mit geeigneten technischen Mitteln geschieht – sind auch die resultierenden Modelle anonyme Daten. In diesen Fällen greifen die Schutzmechanismen des Datenschutzes in Bezug auf diese Modelle nicht mehr. Wer in den Besitz eines solchen Modells gelangt, ist jedoch in der Lage, über beliebige Individuen anhand „wenig" sensibler Daten (z.B. die Verhaltensdaten) die sensiblen medizinischen Information über Individuen abzuschätzen, woraus eine erhebliche Akkumulation von Wissen und Macht resultiert (siehe Beispiele in Abschnitt II).

Wenn der Zweck des Datenschutzes darin besteht, Machtasymmetrien zwischen Datenverarbeitern und Einzelpersonen/Gesellschaften auszugleichen,[2] ist das Missbrauchsrisiko in Bezug auf trainierte Modelle der größte blinde Fleck in den derzeitigen Regulierungsprojekten. Denn wie ich in Abschnitt IV ausführen werde, sind ML-Modelle breit skalierbar, sie ermöglichen eine unbemerkte Eskalation der Sensibilität von Daten und neben strukturellen Effekten durch massenhafte Abschätzung sensibler oder persönlicher Informationen für große Menschenmengen (Diskriminierung, soziale Stratifizierung) tritt noch das individuelle Risiko *falscher* Schätzungen durch das Modell, also das Risiko einer individuell „fehlerhaften" Behandlung von Individuen, hinzu. Der bloße *Besitz* eines trainierten Modells bedeutet deshalb eine Akkumulation eines neuen Typs der Infor-

---

2 Vgl. *Lewinski, K. von*, Geschichte des Datenschutzrechts von 1600 bis 1977, in: Freiheit – Sicherheit – Öffentlichkeit: 48. Assistententagung Öffentliches Recht, Heidelberg 2008, Geschichte des Datenschutzrechts von 1600 bis 1977, Baden-Baden 2009; *Rehak, R.*, When ethics demands the already present: How ethics undermines effective data protection in the case of the Corona-Warn-App in Germany, in: Krämer, D./Haltaufderheide, J./Vollmann, J. (Hrsg.), Technologien der Krise: Die Covid-19-Pandemie als Katalysator neuer Formen der Vernetzung, When ethics demands the already present: How ethics undermines effective data protection in the case of the Corona-Warn-App in Germany, Bielefeld 2022; *Rost, M.*, Risiken im Datenschutz, Vorgänge – Zeitschrift für Bürgerrechte und Gesellschaftspolitik 2018, S. 79.

mationsmacht, die noch vor der *Anwendung* des Modells auf konkrete Fälle das Ziel von Regulierung und Kontrolle sein sollte. Die derzeitige Fokussierung des Datenschutzes auf das Input-Stadium spielt im öffentlichen Diskurs eine doppelt problematische Rolle: Betroffene lenkt das Versprechen von Anonymisierung und die informierte Einwilligung von der Gefahr der missbräuchlichen *Sekundärnutzung* trainierter Modelle ab. Für Praktiker:innen und Forscher:innen zum Beispiel im Medizinapparat geht die auf das Input-Stadium fokussierte Praxis des Datenschutzes oft mit enormen bürokratischen Auflagen einher, die leicht zur Verunglimpfung des Datenschutzes in der öffentlichen Diskussion als Innovationshemmnis angeführt werden.³

Ich werde im Folgenden das Problem der Sekundärnutzung von ML-Modellen zuerst anhand von zwei Beispielen (Abschnitt II) und danach allgemein (Abschnitt III) formulieren. Ich werde sodann argumentieren, dass das zu regulierende Problem den Ausgleich einer spezifischen Spielart informationeller Machtasymmetrie bedeutet („Vorhersagemacht"), auf die Grenzen des Datenschutzes angesichts dieses Risikos hinweisen und das Prinzip der Risikoprävention ins Spiel bringen (Abschnitt IV). Danach werde ich zwei zusammenhängende Lösungsansätze andeuten (Abschnitt V): der erste betrifft die ethische Debatte um prädiktive Privatheit, der zweite, darauf aufbauende, betrifft die regulatorische Idee einer Zweckbindung für Modelle.

II. Missbräuchliche Sekundärnutzung: Zwei Beispiele

Um auf das Problem der missbräuchlichen Sekundärnutzung trainierter Modelle zu führen, seien hier zwei fiktive, jedoch realistische Beispielszenarien gegeben.

---

3 *Müller-Jung, J.*, „Bürokratie kann tödlich wirken" (Interview mit Michael Hallek, Axel Ockenfels, Wiebke Rösler), Frankfurter Allgemeine Zeitung 2023, Nr. 2; *Nida-Rümelin, J./Hilgendorf, E.*, Grundrechte: Unser Datenschutz verhindert eine wirksame Corona-Warn-App, https://www.welt.de/debatte/kommentare/plus224695267/Grundrechte-Unser-Datenschutz-verhindert-eine-wirksame-Corona-Warn-App.html (besucht am 14.10.2023).

Szenario A

Eine psychotherapeutische Forschungsgruppe eines Universitätsklinikums verfolgt die Forschungsfrage, ob sich die psychiatrische Diagnosestellung verbessern lässt, indem Audiodaten (Audio-Mitschnitte von Therapiesitzungen) der Patient:innen mittels KI auf Marker für bestimmte psychische Leiden hin ausgewertet werden. Es geht hierbei nicht darum, den Inhalt gesprochener Sprache, sondern die phonetischen und tonalen Aspekte der Sprache auszuwerten („wie" gesprochen wird), um auf psychische Krankheiten zu schließen.[4] Der Zweck dieses Projektes ist, dass Behandelnde durch ein solches KI-Tool in ihrer Diagnosefindung unterstützt werden können. Es handelt sich hierbei um ein Forschungsprojekt mit offener Erfolgsaussicht. Einige Patient:innen willigen ein, dass für dieses Forschungsprojekt Audiomitschnitte ihrer Therapiesitzungen sowie ihre Krankenakten verwendet werden dürfen. Mit diesen Trainingsdaten trainiert das Universitätsklinikum ein ML-Modell, welches anhand der Audiodaten die in den Krankenakten verzeichneten psychiatrischen Diagnosen vorherzusagen lernen soll. Bei diesem Training des Modells werden Anonymisierungsverfahren nach dem aktuellen Stand der Technik eingesetzt[5], und wir wollen davon ausgehen, dass das in dem spezifischen Fall so gut gelingt, dass das trainierte Modell keinerlei Rückschlüsse mehr auf die in den Trainingsda-

---

4 Zur Plausibilisierung dieses gänzlich fiktiven Szenarios siehe: *Tian, H./Zhu, Z./Jing, X.,* Deep learning for Depression Recognition from Speech, Mobile Netw Appl 2023, https://doi.org/10.1007/s11036-022-02086-3; *Ma, X./Yang, H./Chen, Q./Huang, D./Wang, Y.,* DepAudioNet: An Efficient Deep Model for Audio based Depression Classification, Proceedings of the 6th International Workshop on Audio/Visual Emotion Challenge 2016, S. 35; https://www.psychologytoday.com/intl/blog/different-kind-therapy/202211/ai-can-use-your-voice-detect-depression; https://www.npr.org/2022/10/10/1127181418/ai-app-voice-diagnose-disease.

5 Siehe dazu insbesondere differential privacy in machine learning, das ggf. mit federated learning kombiniert werden kann, was besonders im Medizinkontext von Interesse ist: *Abadi, M./Chu, A./Goodfellow, I./McMahan, H. B./Mironov, I./Talwar, K./Zhang, L.,* Deep Learning with Differential Privacy, Proceedings of the 2016 ACM SIGSAC Conference on Computer and Communications Security - CCS'16 2016, S. 308; *Dwork, C.,* Differential Privacy, in: Buglesi, M./Preneel, B./Sassone, V./Wegener, I. (Hrsg.), Automata, Languages and Programming: 33rd International Colloquium, ICALP 2006, Venice, Italy, July 10–14, 2006, Proceedings, Part II, Berlin and Heidelberg 2006, S. 4052; *Kaissis, G. A./Makowski, M. R./Rückert, D./Braren, R. F.,* Secure, privacy-preserving and federated machine learning in medical imaging, Nature Machine Intelligence 2020, S. 305.

ten enthaltenen individuellen Fälle erlaubt.⁶ Die Trainingsdaten werden überdies direkt nach der Verwendung wieder gelöscht, so dass am Ende nur ein trainiertes Modell übrig bleibt.

Angenommen, das Forschungsprojekt wäre erfolgreich und die Forschungsgruppe hätte dann ein trainiertes ML-Modell, welches anhand von Audiodaten beliebiger Menschen Prognosen über deren potentielle psychiatrische Krankheiten ableiten könnte. Das trainierte Modell selbst kann als ein Datensatz aufgefasst werden, der aus den internen Parametern des

---

6 Das bedeutet also, dass wir hier annehmen, dass zum Beispiel membership inference attacks und model inversion attacks ausgeschlossen sind, vgl. *Shokri, R./Stronati, M./Song, C./Shmatikov, V.*, Membership Inference Attacks against Machine Learning Models, arXiv:1610.05820 [cs, stat] 2017, http://arxiv.org/abs/1610.05820; *Fredrikson, M./Jha, S./Ristenpart, T.*, Model Inversion Attacks that Exploit Confidence Information and Basic Countermeasures, Proceedings of the 22nd ACM SIGSAC Conference on Computer and Communications Security 2015, S. 1322.
Obwohl die in Fußnote 5 erwähnten Differential-Privacy-Verfahren mathematisch betrachtet eine rigorose Form der Anonymisierung (innerhalb eines gegebenen „privacy budget") gewähren (vgl. *Dwork, C.*, A firm foundation for private data analysis, Commun. ACM 2011, S. 86 ; *Nissim, K./Steinke, T./Wood, A./Altman, M./Bembenek, A./Bun, M./Gaboardi, M./O'Brien, D./Honaker, J./Vadhan, S.*, Differential Privacy: A Primer for a Non-Technical Audience, SSRN Journal 2018), sind technische Anonymisierungsverfahren grundsätzlich mit Vorsicht zu betrachten, weil die Geschichte der Informatik zahlreiche Beispiele für das rückwirkende Durchbrechen von Anonymisierungsverfahren kennt, vgl. exemplarisch: *Sweeney, L.*, Weaving Technology and Policy Together to Maintain Confidentiality, J Law Med Ethics 1997, S. 98 ; *Ohm, P.*, Broken Promises of Privacy: Responding to the Surprising Failure of Anonymization, UCLA Law Review 2010, S. 1701; *Narayanan, A./Shmatikov, V.*, Robust De-anonymization of Large Sparse Datasets, 2008 IEEE Symposium on Security and Privacy 2008, S. 111; *Gymrek, M./McGuire, A. L./Golan, D./Halperin, E./Erlich, Y.*, Identifying Personal Genomes by Surname Inference, Science 2013, S. 321.
Daher sollte die Verwendung technischer Anonymisierungsverfahren nur in speziellen Situationen zur *normativen* Beurteilung eines Zusammenhangs belastet werden. In dem *hier* vorliegenden Kontext ist die Situation jedoch genau umgekehrt – und dies birgt Potenzial für Missverständnisse: Wenn die Anonymisierung mittels technischer Verfahren wirklich gelingt (wie hier angenommen), dann stellt dies den hinsichtlich des Risikos der Sekundärnutzung trainierter Modelle rechtlich weniger gut abgedeckten und somit gesellschaftlich riskanteren Fall dar, gerade *weil* für die Verbreitung solcher Modelle dann nicht die DSGVO greift. Um genau diese Konstellation fehlender regulatorischer Auflagen zu adressieren, fokussiere ich in diesem Beitrag auf diesen Fall. Sollten die Modelldaten in einem konkreten Fall keine anonymen Daten sein, handelt es sich um einen Mischfall: Möglicherweise greift dann die DSGVO in Bezug auf die Verarbeitung der Modelldaten; die hier vorgeschlagenen Regulierungsansätze würden ebenso greifen. Zu betonen ist, dass es das Ideal jeder technischen Vorgehensweise ist, anonyme Modelldaten herzustellen; fehlende Anonymisierung wäre also kaum im Interesse der Betreiber und würde auf fragwürdige Arbeitsweise hindeuten.

Modells besteht (z.B. die Gewichte der Synapsen im Fall eines simulierten neuronalen Netzes etc.); ich verwende fortan hierfür die Bezeichnung *Modelldaten*. Wenn beim Training geeignete Anonymisierungstechniken verwendet wurden, haben die Modelldaten keinen Personenbezug mehr; sie würden als anonyme Daten gelten. Weil die Verarbeitung anonymer Daten nicht in den Geltungsbereich der DSGVO fällt, wäre die Forschungsgruppe nun datenschutzrechtlich in der Lage, eine Kopie des trainierten Modells frei zu zirkulieren.

Angenommen, ein Unternehmen, welches KI-Software für die Unterstützung von Job-Auswahlverfahren entwickelt, interessiert sich für dieses trainierte Modell.[7] Das Unternehmen verwendet bereits KI-Verfahren zur Auswertung der Stimme der Bewerber:innen in digital durchgeführten Bewerbungsverfahren. Das trainierte Modell der Forschungsgruppe würde es dem Unternehmen ermöglichen, die automatisierte Auswertung der Audiodaten von Bewerber:innen noch um eine Bewertung des Risikos psychischer Erkrankungen der Bewerber:innen zu ergänzen.

Diese Zweitverwendung des psychodiagnostischen Modells birgt ein erhebliches Risiko der Diskriminierung von Bewerber:innen mit psychiatrischen Krankheiten. Es gibt zur Zeit keine datenschutzrechtlichen Hürden, die verhindern, dass die Modelldaten, also das trainierte Modell, dieser Sekundärnutzung zugeführt werden kann (siehe genauer Abschnitt III). Da der Primärzweck des Modells ein gesellschaftlich wünschenswerter ist, insofern er die medizinische Behandlung verbessern soll, steht diesem Vorhaben dennoch das erhebliche Risiko missbräuchlicher Sekundärnutzung der entstehenden Modelle entgegen. Bisher bestehen keine Hindernisse, entsprechende Modelle zu anderen Zwecken zu kommerzialisieren oder aus anderen Gründen anderen Akteuren und Zwecken zugänglich zu machen. Es wäre die Aufgabe effektiver Regulierung, die Bindung des entstehenden Modells an den Primärzweck sicherzustellen, damit Innovationen durch KI in der medizinischen Diagnostik vorbehaltlos gefördert werden können.

---

7 Zur Plausibilisierung dieses rein fiktiven Vorschlags: https://www.audeering.com/technology/health-ai/, https://www.peakprofiling.com/medical-voice-analytics/, https://arstechnica.com/gadgets/2018/10/amazon-patents-alexa-tech-to-tell-if-youre-sick-depressed-and-sell-you-meds/.

Szenario B

Während wir es im ersten Szenario mit einer öffentlich-rechtlichen Forschungseinrichtung (Universitätsklinikum) zu tun hatten, betrachten wir nun ein Szenario, welches einen privatwirtschaftlichen Primärakteur betrifft.[8]

Eine medizinische Forschungseinrichtung (egal ob öffentlich-rechtlich oder privatwirtschaftlich) entwickelt ein neues Therapieverfahren für Typ 2 Diabetes (fortan: T2D) und sucht für eine klinische Studie Proband:innen mit dieser Krankheit. Um die Zielgruppe effizient zu erreichen, setzt es dazu Werbung auf Social Media ein, z.B. auf Facebook. Eine Facebook-Werbeanzeige bewirbt den neuen Therapieansatz und enthält einen Button „Sign Up", mit dem man sich als T2D-Patient:in direkt für die Studie anmelden kann.[9]

Der Auftraggeber versieht die Facebook-Anzeige, wie im Bereich der Online-Werbung üblich, zunächst mit bestimmten targeting-Kriterien, von denen er sich verspricht, möglichst genau die Zielgruppe zu erreichen. Die Plattform (hier: Facebook) verwendet einen targeting-Algorithmus, der, z.B. auf Grundlage eines ML-Modells und unter Berücksichtigung der targeting-Kriterien des Auftraggebers, entscheidet, welche Nutzer:innen diese Anzeige zu sehen bekommen. Der Algorithmus berechnet dazu für jede Nutzer:in der Plattform die Wahrscheinlichkeit, dass die betreffende Werbung für sie „relevant ist"; aus wirtschaftlichen Gründen wird die Anzeige dann genau den Nutzer:innen gezeigt, bei denen diese Wahrscheinlichkeit am größten ist.

Um das targeting-Verfahren zu optimieren, wird im Bereich der Online-Werbung die Reaktion der einzelnen Nutzer:innen auf gesehene Anzeigen mittels Tracking-Technologien ausgemessen. Insbesondere registrieren Plattformen, ob die Nutzer:in eine Anzeige zum Beispiel anklickt, abspeichert oder weiterleitet. Diese Daten sind Signale dafür, dass die Anzeige für die Nutzer:in interessant und relevant ist. Diese Daten können als Trainingsdaten für die fortlaufende Verfeinerung des targeting-Modells ein-

---

8 Das folgende Szenario wurde ausführlicher in dieser Studie besprochen und wird hier nur rekapituliert: *Mühlhoff, R./Willem, T.*, Social Media Advertising for Clinical Studies: Ethical and Data Protection Implications of Online Targeting, Big Data & Society 2023, *https://journals.sagepub.com/doi/epdf/10.1177/20539517231156127.*
9 Siehe hier für den Screenshot einer solchen im Jahr 2018 gelaufenen Facebook-Anzeige der Firma Trialfacts: https://trialfacts.com/case-study/effective-clinical-trial-recruitment-plan-narrowing-field-from-500-to-24/

gesetzt werden. So beobachteten Forscher:innen im Gesundheitsbereich, dass sich die Genauigkeit des Targetings einer bestimmen Anzeige über die ersten Tage der Laufzeit gravierend verbessert – mutmaßlich durch die Lernkurve des targeting-Algorithmus, der anhand der Feedback-Daten (tracking des enagements mit der Anzeige) treffsicherer die Nutzer:innen-Profile detektieren kann, für die die Anzeige „relevant" ist.[10]

Nach einigen Tagen Laufzeit besitzt Facebook also ein stark verbessertes ML-Modell für das Targeting der T2D-Anzeige. Dieses Modell stellt anhand der Facebook-Profildaten beliebiger Nutzer:innen eine Prognose darüber aus, ob die Nutzer:in die T2D-Anzeige anklicken wird oder nicht; dieses Modell dient primär dem Zweck, die Werbung besonders effizient an die Zielgruppe zu vermitteln. Das Modell ist aber zugleich ein Modell, welches direkt oder indirekt medizinische Informationen über beliebige Facebook-Nutzer:innen abschätzen kann – nämlich, ob sie an T2D leiden. Es ist davon auszugehen, dass nur die wenigsten von T2D betroffenen Nutzer:innen diese Information freiwillig auf der Plattform angeben würden. Das als Beiprodukt des Werbe-Targetings trainierte Modell erlaubt es der Plattform jedoch, eine Schätzung dieser Information über beliebige Nutzer:innen anzufertigen, auch über jene, die die Anzeige gar nicht gesehen haben, oder jene, die sich erst zukünftig auf Facebook anmelden werden.

Nehmen wir wie in Szenario A an, dass das Targeting-Modell mit Anonymisierungstechniken trainiert wurde und die Modelldaten somit anonyme Daten sind. Dann gibt es keine datenschutzrechtlichen Hürden für Facebook, das trainierte targeting-Modell anderweitig zu zirkulieren oder zu verkaufen. Auf hier kommen zahlreiche missbräuchliche und gesellschaftliche schädliche Sekundärnutzungsanliegen in Betracht. Für solche Modelle könnten sich zum Beispiel Unternehmen interessieren, die KI-Tools für Auswahlverfahren entwickeln, um Kandidat:innen, von denen Social Media Daten vorliegen (das ist bei Job-Bewerbungsverfahren nicht ungewöhnlich) hinsichtlich ihres Gesundheitsrisikos zu klassifizieren. Auch hier wäre die Diskriminierung von mutmaßlich kranken Patient:innen die Folge der missbräuchlichen Sekundärnutzung des trainierten Modells.

---

10 *Borodovsky, J. T./Marsch, L. A./Budney, A. J.*, Studying Cannabis Use Behaviors With Facebook and Web Surveys: Methods and Insights, JMIR Public Health Surveill 2018, e48; *Mühlhoff R./Willem T.* (Fn. 8).

Das Risiko der Sekundärnutzung trainierter Modelle

III. Missbräuchliche Sekundärnutzung: allgemeine Problembeschreibung

Szenarien A und B stellen Beispiele für das Risiko einer Sekundärnutzung trainierter ML-Modelle dar. Mit diesem Risiko ist eine Konstellation adressiert, die allgemein durch folgende grundsätzliche Merkmale charakterisiert ist:

1. Aus Trainingsdaten einer bestimmten Anzahl von Personen P_1 bis P_n, die in einem bestimmten Datenverarbeitungskontext gewonnen werden (z.B. klinische Forschung und Behandlung), wird ein ML-Modell erstellt. Dieses Modell kann, sobald es trainiert ist, mit einer bestimmten Genauigkeit über beliebige Fälle unbekannte Informationen (Szenario A: psychiatrische Diagnose; Szenario B: ob eine Person an T2D erkrankt ist) anhand von verfügbaren Informationen (Szenario A: Audiomitschnitt; Szenario B: Social Media Nutzungsdaten) abschätzen.
2. Die Herstellung des Modells ist datenschutzrechtlich unbedenklich, da die Verarbeitung der Trainingsdaten (Erhebung) auf einer geeigneten Rechtsgrundlage erfolgt (häufig: informierte Einwilligung der Datensubjekte oder „berechtigtes Interesse" der datenverarbeitenden Organisation).
3. Um für unsere Diskussion den Fall mit größtmöglichem Risiko ins Auge zu fassen, sollten wir ferner von der Annahme ausgehen, dass die Modelldaten selbst anonym sind und daher nicht in den Anwendungsbereich der DSGVO fallen. Dass Modelldaten anonym sind, ist eine realistische Annahme, wenn aktuelle Anonymisierungstechniken im Kontext des Maschinellen Lernens verwendet werden (Annahme 3 ist daher ein technischer Punkt, vgl. Fußnoten 5 und 6).
4. Im primären/ursprünglichen Datenverarbeitungskontext verfolgt die Herstellung des ML-Modells einen vertretbaren oder sogar förderungswürdigen Zweck, zum Beispiel die Verbesserung der medizinischen Diagnostik (Szenario A) oder die Erforschung neuer Medikamente (Szenario B).
5. Es sind jedoch Sekundärnutzungen der einmal erstellten Modelle denkbar, die mit erheblichen Risiken für Individuen und die Gesellschaft einhergehen. Solche Sekundärnutzungen können zum Beispiel die Diskriminierung oder soziale Sortierung beliebiger Individuen (Szenarien A und B: aufgrund von Krankheitsprognosen) ermöglichen. Man denke etwa an die Sekundärnutzung zu Scoring- und Klassifikationszwecken

beim Zugang zu Ressourcen wie Arbeit, Kredit, Bildung, Immobilien.[11] Insbesondere denke man an Sekundärnutzungsbereiche wie die KI-gestützte Durchführung von Auswahlverfahren oder die Kreditvergabe, in der häufig eine Einwilligung der Bewerber:innen für die Anwendung von KI-Verfahren auf ihren Fall vorliegt.

Konstellationen dieser Art treten bei der Anwendung von ML-Verfahren *sehr häufig* auf. Charakteristischerweise steht bei der Beurteilung und Thematisierung des Einsatzes von KI der primäre Zweck der Anwendung (Punkt 4) diskursiv im Mittelpunkt. Zum Beispiel werden in der Debatte um den Einsatz von KI in der medizinischen Forschung die wünschenswerten Verbesserungspotenziale von Diagnostik und Therapie betont sowie die Risiken falscher Diagnosen oder von Biases in den Trainingsdatensätzen. Das mutmaßlich deutlich gravierendere Risiko einer missbräuchlichen Zweitnutzung der resultierenden Modelle wird hingegen nicht thematisiert. Auch bei der Information von Patient:innen, die in die Verarbeitung ihrer Daten als Trainingsdaten einwilligen, wird es nicht erwähnt und bei der ethischen oder politischen Bewertung des Vorhabens nur selten einbezogen.

Differenzierung der Verarbeitungsschritte und Datentypen

Die möglicherweise missbräuchliche Sekundärnutzung trainierter Modelle ist nicht nur diskursiv randständig (fehlende öffentliche Diskussion und fehlendes Bewusstsein der Stakeholder), sondern zugleich stehen ihr keine wirksamen regulatorischen Hürden entgegen. Dies wurde ausführlich in Bezug auf die DSGVO argumentiert.[12] Kurz gefasst lässt sich diese Regulierungslücke durch einen Blick auf die unterschiedlichen beteiligten Datenverarbeitungsschritte und Datentypen plausibilisieren, die in Szenarien einer missbräuchlichen Zweitverwendung involviert sind. Die folgende Tabelle zeigt eine schematische Übersicht:

---

11 *O'Neil, C.*, Weapons of math destruction: how big data increases inequality and threatens democracy, New York 2016.
12 *Mühlhoff, R./Ruschemeier, H.*, Predictive Analytics und DSGVO: Ethische und rechtliche Implikationen, in: Gräfe, H.-C./Telemedicus e.V. (Hrsg.), Telemedicus – Recht der Informationsgesellschaft, Tagungsband zur Sommerkonferenz 2022, Predictive Analytics und DSGVO: Ethische und rechtliche Implikationen, Frankfurt am Main 2022.

Das Risiko der Sekundärnutzung trainierter Modelle

Schritt	verarbeitete Daten	regulatorische Beschränkung
1: Training des Modells	Daten einer bestimmten Personen- oder Fallgruppe werden als **Trainingsdaten** erfasst. Z.B. Szenario A: Patientendaten, Szenario B: Tracking-Daten der Social Media Nutzer:innen, die die Anzeige gesehen haben. Als Produkt von Schritt 1 entsteht ein trainiertes Modell, repräsentiert durch die **Modelldaten**. Im riskantesten Fall[13] sind die Modelldaten anonym.	DSGVO greift, wenn die Trainingsdaten personenbezogen sind. In geläufiger Vorgehensweise wird als Rechtsgrundlage zur Verarbeitung der Trainingsdaten eine Einwilligung eingeholt, auf „berechtigtes Interesse" abgestellt und/oder eine Anonymisierung der Daten vorgenommen.
2: Zirkulation des trainierten Modells	Die **Modelldaten** werden in den Bereich einer Sekundärnutzung kopiert oder transferiert. Die Modelldaten können dort ggf. zum Bestandteil eines größeren Modells werden, so dass sie nicht in identischer Form zweitverwendet werden, sondern in ein umfassenderes Vorhersage- oder Scoring-Modell des Sekundärnutzungsakteurs integriert werden.[14]	Hier greift keine Regulierung, sofern die Modelldaten anonym sind.[15]
3: Anwendung des Modells	Nutzung des trainierten Modells im Kontext der Zweitverwendung, um über einen neuen Fall eine Prognose zu stellen. Über den neuen Fall liegen **Hilfsdaten** vor (Szenario A: Audiodaten, Szenario B: Social Media Nutzungsdaten). Diese dienen als Eingabedatum des trainierten Modells; das Ausgabedatum ist eine **Prognose, Klassifikation,**	Hier greift die DSGVO, wenn sich die erstellten Prognosen, Klassifikation oder Scorings auf Personen beziehen. In typischen Kontexten (z.B. Bewerbungsverfahren oder Versicherungsbewerbungen) wird als Rechtsgrundlage die Einwil-

---

13 Wären die Trainingsdaten nicht anonym sondern personenbezogen, würde in Schritt 2 mitunter die DSGVO greifen. Da es technische Methoden gibt, die Trainingsdaten vor dem Training oder während des Trainings des Modells zu anonymisieren, müssen wir, um von einem maximal potenten Angriffsszenario auszugehen und den vollen Umfang des Risikos einer Regulierungslücke zu erkennen, davon ausgehen, dass diese Techniken im Allgemeinen verwendet werden. Das Risiko ist bei anonymen Modelldaten deshalb maximal, weil dann in Schritt 2 keine Verarbeitung personenbezogener Daten vorliegt, die in den Geltungsbereich der DSGVO fällt.

14 Zum Beispiel in Szenario A könnte das Unternehmen, welches anhand von Audioaufnahmen über die Eignung von Bewerber:innen entscheidet, nicht explizit anhand des erworbenen Modells für psychiatrische Diagnosen eine Krankheitsprognose berechnen, sondern dieses erworbene Modelle als Teilkomponente in ein größeres Modell einbetten, welches insgesamt direkt eine Auswahlempfehlung ausgibt, die dann nur implizit die Prognose über psychische Leiden berücksichtigt.

15 Ob für den Vorgang der Anonymisierung der Daten selbst eine rechtliche Grundlage erforderlich ist, ist umstritten, weil die DSGVO selbst keine Anwendung auf anonymisierte Daten findet. In vielen Fällen willigen Datensubjekte allerdings in die Anonymisierung ihrer Daten ein, da sie vermeintlich das Datenschutzniveau erhöht. Dazu vertiefend: *Mühlhoff R./Ruschemeier H.*, Predictive Analytics (Fn. 12).

Schritt	verarbeitete Daten	regulatorische Beschränkung
	oder ein **Scoring** über den zu beurteilenden Fall. Zu beachten ist, dass das Modell hier auf beliebige Dritte angewendet wird, also auf Personen, die i.A. nicht in den Trainingsdaten von Schritt 1 enthalten sind.	ligung des zu beurteilenden Individuums eingeholt. In vielen dieser Kontexte hat das beurteilte Individuum kaum realistischen Spielraum, die Einwilligung zu verweigern.

Diese Kette von drei Datenverarbeitungsschritten zeigt regelmäßig eine regulatorische Lücke in Schritt 2. Modelle, die anhand von sensiblen Trainingsdaten legal erstellt werden und somit auch potenziell sensible Informationen über beliebige Dritte abschätzen können, unterliegen als anonyme Modelldaten keinen rechtlichen Beschränkung hinsichtlich ihrer Zirkulation in andere Anwendungsbereiche. Während die Modelle im primären Nutzungskontext häufig einem wünschenswerten „guten" Zweck dienen (z.B. Verbesserung der Gesundheitsversorgung), unterliegen sie einem hohen Risiko, in anderen Anwendungsbereichen missbräuchlich verwendet zu werden, zum Beispiel in Anwendungen, durch die es zu Diskriminierung, social sorting, Manipulation kommt. Die bloße Existenz der Modelle, kombiniert mit dem Zustand fehlender Regulierung und Kontrolle über ihre weitere Zirkulation, stellt daher ein enormes gesellschaftliches Risiko dar.

IV. Datenschutz, Datenmacht und Risikoprävention

Das Risiko der Sekundärnutzung trainierter Modelle ist erheblich und sollte einen Hauptfokus der Regulierung von künstlicher Intelligenz bilden. Die Gravität des Problems geht auf das Zusammenspiel zweier Umstände zurück: Erstens können Vorhersagemodelle, die schwer zugängliche, sensible oder persönliche Informationen aus leichter zugänglichen Daten wie zum Beispiel Verhaltensdaten, Trackingdaten, Audiodaten oder sozioökonomischen Daten abzuschätzen erlauben, in zahlreichen Kontexten zur Diskriminierung (Preisdiskriminierung z.B. bei Versicherungen), sozialen Sortierung (z.B. Vorabauswahl bei Bewerbungsprozessen, im Bildungssystem, im Sicherheitsapparat) oder Manipulation (z.B. personalisierte politische Wahlwerbung mit demokratieverzerrenden Effekten) verwendet werden.[16] Zweitens ist die Zirkulation und Sekundärnutzung trainierter Modelle aktuell nicht reguliert. Dies führt zu einer Vertiefung bestehender informationeller Machtasymmetrien in zweifacher Hinsicht. Zum einen haben Akteure, die über die notwendigen Datengrundlagen und die technischen Möglichkeiten verfügen, nicht nur die Möglichkeit, Vorhersagemodelle für ihre Zwecke zu erstellen, sondern diese auch an Dritte weiterzuverkaufen, was die Nutzungs- und Verwertungsmöglichkeiten multipliziert. Zum anderen vertieft sich die Machtasymmetrie zwischen den Akteuren, welche die Modelle zu Sekundärzwecken nutzen, und den betroffenen Datensubjekten. Denn letztere sind in Bewerbungsverfahren, bei Kreditanträgen und als Nutzer:innen digitaler Medien ohnehin in der Situation, dass ihnen viel weniger Informationen zur Verfügung stehen als den entscheidenden Akteuren.

Zahnloser Datenschutz

Der paradoxale Charakter dieser Konstellation zeigt sich besonders wenn man bedenkt, dass die Anwendung von KI-Methoden, zum Beispiel in der klinischen Forschung mit Patientendaten, bereits jetzt erheblichen Datenschutzhürden unterliegt und von vielen Akteuren in der Praxis als überreguliert empfunden wird.[17] Wir haben es in der Umsetzungspraxis der DSGVO mit einem Datenschutz zu tun, der mit erheblichen prozeduralen Auflagen bei der Behandlung der „Input"-Daten von Verarbeitungsschritt 1 (also der Trainingsdaten) einhergeht, jedoch zahnlos in Bezug auf ein deutlich schwerwiegenderes Datenschutzproblem ist, nämlich das Risiko der (evtl. gar nicht intendierten) Zweitverwendung der resultierenden Modelle (Schritt 2).

---

16 Vgl. *Barocas, S./Selbst, A. D.*, Big data's disparate impact, Calif. L. Rev. 2016, S. 671; Hildebrandt, M./Gutwirth, S. (Hrsg.), Profiling the European citizen: cross-disciplinary perspectives, New York 2008; *O'Neil, C.* (Fn. 11); *Bozdag, E.*, Bias in algorithmic filtering and personalization, Ethics Inf Technol 2013, S. 209; *Zarsky, T. Z.*, Incompatible: the GDPR in the age of big data, Seton Hall L. Rev. 2016, S. 995; *Eubanks, V.*, Automating inequality: how high-tech tools profile, police, and punish the poor, New York, 2017; *Mann, M./Matzner, T.*, Challenging algorithmic profiling: The limits of data protection and anti-discrimination in responding to emergent discrimination, Big Data & Society 2019.; *Mühlhoff, R.*, Automatisierte Ungleichheit: Ethik der Künstlichen Intelligenz in der biopolitischen Wende des Digitalen Kapitalismus, Deutsche Zeitschrift für Philosophie 2020, S. 867.
17 Vgl.: *Müller-Jung, J.* (Fn. 3);https://www.cr-online.de/blog/2019/05/21/datenschutz-das-zuegellose-recht-teil-ii-der-datenpaternalismus/.

Ich bezeichne dieses Risiko als *schwerwiegender,* weil alle mit der Verarbeitung der Trainingsdaten verbundenen Risiken für die Grundrechte der darin enthaltenen Subjekte weiterhin vorliegen und zusätzlich die folgenden drei Risiken einbezogen werden müssten: (1) Breite Skalierbarkeit: Die resultierenden Modelle lassen sich auf beliebig viele Individuen anwenden (und insbesondere auf *deutlich mehr* Individuen, als in den Trainingsdaten abgebildet sind). (2) Eskalation der Sensibilität: Die Anwendung des Modells erlaubt es, über *beliebige Dritte* ähnlich sensible Informationen abzuschätzen, wie über die Trainingsdatensubjekte hineingesteckt wurden. (3) Probabilistische Behandlung: Zu den strukturellen Effekten durch massenhafte Abschätzung sensibler oder persönlicher Informationen für große Menschenmengen (Diskriminierung, soziale Stratifizierung) tritt noch das individuelle Risiko *falscher* Schätzungen durch das Modell, also das Risiko einer individuell „fehlerhaften" Behandlung der Individuen in Schritt 3.[18]

Das Ziel im Umgang mit dem Risiko missbräuchlicher Sekundärnutzung muss eine Regulierung sein, die trennscharf die wünschenswerten, intendierten Datenverarbeitungsvorgänge von den missbräuchlichen unterscheiden kann, um die „guten" zu ermöglichen und die „schlechten" zu verhindern. Hierzu ist es erstens erforderlich, das regulatorische Vorgehen nicht auf das Input-Stadium (Trainingsdaten, die in Schritt 1 hineingesteckt werden) zu fokussieren, sondern auf die in Schritt 2 verarbeiteten anonymen Modelldaten, die aus den Input-Daten (vermittels der Trainingsprozedur) lediglich abgeleitet wurden. Zweitens ist es erforderlich, den Zweck der Herstellung oder Anwendung trainierter Modelle selbst ins Auge zu fassen, ihn ethisch zu bewerten und einer Abweichung von diesem Zweck vorzubeugen. Was wünschenswerte Zwecke sind, kann im Rahmen *dieses* Beitrags nicht geklärt werden, vielmehr ist es mein Anliegen, dass überhaupt eine regulatorische Struktur geschaffen werden muss, die bei den Zwecken trainierter Modelle (und nicht allein der Trainingsdaten) ansetzt –

---

18 Für das Risiko der missbräuchlichen Zweitverwendung ist es unerheblich, ob abgeschätzte Informationen korrekt oder nicht korrekt sind. Denn eine unfaire Diskriminierung, Manipulation oder soziale Sortierung ist politisch und ethisch bedenklich, ob sie auf richtigen oder falschen Informationen beruht. Mein Argument an dieser Stelle ist somit, dass neben den strukturellen Risiken bei missbräuchlicher Zweitverwendung trainierter Modelle (z.B. Diskriminierung *vieler* Individuen, soziale Sortierung ganzer Kohorten, Manipulation des Wahlverhaltens *Vieler*, etc.) noch das Risiko der individuellen Fehlbehandlung aufgrund von falsch abgeschätzten Informationen hinzutritt. Vgl. *Mühlhoff, R.,* Predictive privacy: towards an applied ethics of data analytics, Ethics Inf Technol 2021, S. 675.

auf diesen Punkt gehe ich weiter unten im Kontext von „Zweckbindung für Modelle" noch einmal ein.

Weil die Notwendigkeit von Regulierung aus der der Aufgabe des Staates resultiert, Machtungleichheiten zu begrenzen, werde ich nun die These ausführen, dass mit der Herstellung von Vorhersage-, Scoring- und Klassifikationsmodellen eine spezifische Form der informationellen Machtasymmetrie einhergeht.

Vorhersagemacht als aktuellste Form der Datenmacht

Um den Umfang des Risikos der missbräuchlichen Zweitnutzung trainierter Modelle theoretisch und philosophisch zu begründen, ist es sinnvoll, den Besitz solcher Modelle als einen *Machtfaktor* aufzufassen.[19] Wer über Vorhersagemodelle verfügt, besitzt das, was ich als „Vorhersagemacht" bezeichne, nämlich das Vermögen, Vorhersagen über beliebige Individuen erstellen zu können.[20] Vorhersagemacht konzentriert sich meist dort, wo Daten aggregiert werden. Die Akkumulation von Vorhersagemacht ist deshalb eng mit der Macht von Plattformunternehmen verknüpft und bildet eine globale Struktur, die es erfordert, die strukturellen Auswirkungen von KI sozialtheoretisch zu beleuchten.

Der Begriff „Macht" ist vielseitig und in Sozialtheorie und Sozialphilosophie umfochten. Es ist im vorliegenden Rahmen weder möglich noch erforderlich, hier ins Detail zu gehen,[21] statt dessen genügt es, ein begriffliches Spektrum abzustecken. Nach einer klassischen Definition von Max Weber bedeutet Macht „jede Chance, innerhalb einer sozialen Beziehung den eigenen Willen auch gegen Widerstreben durchzusetzen, gleichviel worauf diese Chance beruht".[22] Nach einer anderen klassischen, auf Michel Michel Foucault zurückgehenden und dem Weber'schen Verständnis oft

---

19 *Lynskey, O.,* Grappling with "Data Power": Normative Nudges from Data Protection and Privacy, Theoretical Inquiries in Law 2019, S. 189.
20 *Mühlhoff, R.,* Predictive Privacy: Collective Data Protection in Times of AI and Big Data, Big Data & Society 2023, S. 1; vgl. *Mühlhoff R./Ruschemeier H.,* Predictive Analytics (Fn. 12).
21 Vgl. *D'Ignazio, C./Klein, L. F.,* Data feminism, Cambridge, Massachusetts 2020; *Mühlhoff, R.,* Automatisierte Ungleichheit (Fn. 16); *Mühlhoff, R.,* Die Macht der Daten: Warum künstliche Intelligenz eine Frage der Ethik ist, VR Unipress 2023, https://doi.org/10.14220/9783737015523.
22 *Weber, M.,* Wirtschaft und Gesellschaft: Grundriss der verstehenden Soziologie, Tübingen 1990 (28).

entgegengestellten Definition bedeutet Macht „handelndes Einwirken auf Handeln".[23] Ein Hauptunterschied besteht darin, dass die erste Definition Macht bei bestimmten Akteuren lokalisiert, während sie anderen fehlt (man kann Macht also besitzen). Die zweite Definition hingegen ist die Vorlage für einen strukturellen Machtbegriff, nach dem Macht im (mitunter nicht intendierten und geplanten) Zusammenspiel vieler Akteure liegt und sich auf die subtile Rahmung individueller Handlungshorizonte in multifaktoriellen sozio-technologischen Kontexten (Handlungsnetzwerken) bezieht.[24]

Beide Elemente sind im Fall der Vorhersagemacht gegeben. Erstens ermöglicht es Vorhersagemacht, persönliche Informationen auch gegen den Willen und Widerstand der Betroffenen über sie abzuschätzen. Solche Vorhersagen können zum Beispiel der Kandidat:in in einem Bewerbungsverfahren die Möglichkeit nehmen, ihren Disposition zu depressiven Verstimmungen zu verbergen (Szenario A). Zweitens können Vorhersagemodelle dazu benutzt werden, den Handlungshorizont großer Menschenmengen unterschwellig zu strukturieren. Facebook beispielsweise könnte das Modell zur Abschätzung von Typ 2 Diabetes (Szenario B) auch beim Targeting weiterer Werbeanzeigen verwenden, etwa für Stellenanzeigen oder Lebensversicherungen, die Menschen mit einem (vorhergesagten und den Betroffenen vielleicht selbst unbekannten) Diabetes-Risiko dann nicht angezeigt werden. In diesem Fall wird also anhand abgeschätzter Informationen der Informations- und Handlungshorizont zahlreicher Nutzer:innen manipuliert.

Aufgrund der enormen Verbreitung und wirtschaftlichen Bedeutung von prädiktiven KI-Anwendungen (prädiktiver Analytik) im Zusammenhang mit Konsumenten- und Nutzungsdaten stellt Vorhersagemacht aktuell eine der wichtigsten Spielarten informationeller Machtasymmetrie zwischen datenverarbeitenden Akteuren und Individuen dar. Durch die Konzeptualisierung des Problems als ein Machtphänomen kommt eine entscheidende Eigenschaft des damit verbundenen Regulierungsanliegens

---

23 „In Wirklichkeit sind Machtbeziehungen definiert durch eine Form von Handeln, die nicht direkt und unmittelbar auf andere, sondern auf deren Handeln einwirkt. Eine handelnde Einwirkung auf Handeln, auf mögliches oder tatsächliches, zukünftiges oder gegenwärtiges Handeln." *Foucault, M.*, Subjekt und Macht, in: Defert, D./Ewald, F. (Hrsg.), Ästhetik der Existenz: Schriften zur Lebenskunst, Subjekt und Macht, Frankfurt am Main 2007 (S. 96).

24 Zur Netzwerk-Semantik in Bezug auf Macht bei Foucault vgl. *Foucault, M.*, Der Wille zum Wissen: Sexualität und Wahrheit 1, Frankfurt am Main 1983 (S. 95ff.).

zum Vorschein: Was reguliert werden muss, ist ein *Potenzial,* ein *Vermögen* zu bestimmten (missbräuchlichen) Handlungen oder Handlungseffekten.[25] Eine Regulierung die, wie die DSGVO, erst in Schritt 3 greift, wenn das zweckentfremdete Modell auf eine *bestimmte* Bewerber:in eines Job-Auswahlverfahrens angewendet wird, greift zu spät. Denn bereits das Potenzial des Missbrauchs, das durch den Besitz des Vorhersagemodells gegeben ist, und nicht erst der vollzogene Missbrauch, sollte unter Kontrolle gebracht werden. Das ist in der vorliegenden Konstellation deshalb so entscheidend, weil von dem bloßen Besitz eines Vorhersagemodells in den falschen Händen ein *breit gestreutes* Diskriminierungspotenzial ausgeht, also ein Potenzial der sekundären Verwendung, das eine Vielzahl nicht näher bestimmbarer Individuen treffen könnte und mit den Zwecken der ursprünglichen Herstellung des Modells nicht mehr viel gemein hat. Diese latente allgemeine Gefahr, die mehr ist als die Summe der einzelnen tatsächlich vollzogenen Diskriminierungshandlungen, konstituiert die Machtposition der Akteure, die das fragliche Modell in einem bestimmten Kontext zu einem bestimmten Zweck zur Anwendung bringen könnten. Macht ist hier also stets als ein *Vermögen* gegeben, unabhängig von seiner Aktualisierung in manifesten Taten oder Handlungen. Regulierung muss direkt bei der Kontrolle und Beschränkung dieser Macht-als-Vermögen einsetzen, denn unreguliert und unkontrolliert wirkt sich Vorhersagemacht – selbst, wenn sie latent bleibt oder es bei der „Androhung" bleibt – erheblich auf das soziale und gesellschaftliche Feld aus.

Risikoprävention jenseits des Datenschutzes

In der Geschichte des Datenschutzes wurde gelegentlich der Begriff der „Datenmacht" herangezogen, um das Regulierungsanliegen des Datenschutzes zu formulieren:[26] Der Datenschutz dient dem Ausgleich informationeller Machtasymmetrie zwischen datenverarbeitenden Organisationen und Individuen bzw. Gesellschaft. Vorhersagemacht, können wir nun anfügen, ist eine aktuell besonders relevante Spielart von Datenmacht. Deshalb liegt es nahe, in Bezug auf die Regulierung von Vorhersagemacht an den Datenschutz zu denken und darauf zu sinnen, den Datenschutz zu

---

25 Vgl. *Mühlhoff R./Ruschemeier H.,* Predictive Analytics (Fn. 12), S. 43.
26 *Lewinski, K. von,* Die Matrix des Datenschutzes Besichtigung und Ordnung eines Begriffsfeldes., Tübingen 2014. (S. 56 ff.); *Lewinski, K. von,* Geschichte (Fn. 2).

erweitern, so dass er auch in Schritt 2 (also bei der Zirkulation trainierter Modelle mit anonymen Modelldaten) greift.

Allerdings kommen wesentliche architektonische Grundstrukturen deutscher und europäischer Datenschutzregulierung (nicht nur der DSGVO, sondern auch ihre historischen Vorläufer wie das BDSG und die europäischen Datenschutzrichtlinie) angesichts dieses Problems an prinzipielle Grenzen: die *eigenen* Daten als Anknüpfungspunkt der informationellen Selbstbestimmung (mit der Rechtsgrundlage der Einwilligung als markantestem Auswuchs); die Orientierung am Personenbezug der Daten und die Unterscheidung zwischen personenbezogenen, anonymen und sensiblen[27] Daten; die individuellen Betroffenenrechte.[28] All dies sind Grundpfeiler des Datenschutzes als Regulierungsansatz, sie lassen sich nicht einfach „korrigieren" und sind zugleich mit der wirksamen Regulierung des Risikos der Zweitverwendung trainierter Modelle inkompatibel.[29]

Da es somit unklar ist, ob und wie weit der Bogen des Datenschutzes noch gespannt werden kann, um immer weitere, seinem ursprünglichen Konzept unbekannte Gefahren wirksam einzubeziehen, ist es geboten, disziplin- und paradigmenübergreifend nach (neuen) Regulierungsansätzen zu suchen. Unserem[30] Vorschlag nach sollte hierbei insbesondere Ansätze der Risiko- und Gefahrenprävention eine größere Rolle spielen, wie sie aus dem Umweltrecht bekannt sind.[31] Diese Ansätze machen das Prinzip der Risikoprävention stark, um den Staat in die Pflicht zu nehmen, die Eintrittswahrscheinlichkeit von Gefahren zu reduzieren. So ist insbesondere im EU-Recht das „precautionary principle" bekannt, welches ursprünglich im *Vertrag über die Arbeitsweise der Europäischen Union* (AEUV) in

---

27 Gemeint sind die besonderen Kategorien personenbezogener Daten nach Art. 9 DSGVO.
28 Siehe ausführlich *Mühlhoff R./Ruschemeier H.,* Predictive Analytics (Fn. 12); *Purtova, N.,* The law of everything. Broad concept of personal data and future of EU data protection law, Law, Innovation and Technology 2018, S. 40; *Wachter, S.,* Data protection in the age of big data, Nat Electron 2019, S. 6.
29 Zur Unvereinbarkeit des Datenschutzes mit Big Data siehe weiterhin *Zarsky, T. Z.,* Privacy and Manipulation in the Digital Age, Theoretical Inquiries in Law 2019, S. 157.; *Hildebrandt, M.,* Slaves to Big Data. Or Are We?, IDP. REVISTA DE INTERNET, DERECHO Y POLÍTICA 2013, S. 7.
30 Dieses Argument verdanke ich der intensiven Zusammenarbeit mit Hannah Ruschemeier, es soll daher hier nur in aller kürze angedeutet werden, siehe ausführlicher *Mühlhoff, R./Ruschemeier, H.,* Democratising AI via Purpose Limitation for Models, SSRN Preprint 2023, https://dx.doi.org/10.2139/ssrn.4599869.
31 Siehe https://www.umweltbundesamt.de/vorsorgeprinzip

Das Risiko der Sekundärnutzung trainierter Modelle

Bezug auf Umweltschutz veranschlagt wird (siehe 191(2) AEUV). Über die letzten Jahrzehnte ist das Vorsorgeprinzip jedoch verstärkt als ein allgemeines Prinzip des EU-Rechts interpretiert und auch in anderen Bereichen angewandt worden.[32]

Gerade weil die Gefahr durch missbräuchliche Zweitverwendung trainierter Modelle breit gestreut ist (sie betrifft prinzipiell große Kohorten von Individuen) und bereits gegeben ist, *bevor* sie sich in der Diskriminierung einzelner Individuen oder in der Hervorbringung sozialer Sortierungsmuster oder gesellschaftlicher Ungleichheiten manifestiert, ist Risikoprävention ein vielversprechender Ansatz im vorliegenden Kontext.

Drei Rückfragen mit Antworten

1. Warum hängt das spezifische Risiko, das hier Gegenstand von Regulierung werden soll, mit ML-Modellen zusammen? Warum sind Modelldaten der Anknüpfungspunkt für die Analyse und Regulierung dieses Risikos? Man könnte ja auch mittels weniger zuverlässigen Methoden, z.B. simpler Heuristiken, Stereotypen und manueller Verfahren, Vorhersagen erstellen und Menschen unterschiedlich behandeln; hier wären dann keine Modelldaten im Spiel. Man denke an Bankberater:innen, die über Kreditvergabe entscheiden, oder Mitarbeiter:innen von Personalabteilungen bei der Bewerberauswahl.

Grundsätzlich geht das Gefährdungsrisiko von der *Skalierungsfähigkeit* des Verfahrens in seinem Verwendungskontext aus. Wird ein – wie auch immer geartetes – Vorhersageverfahren in einen Bereich transferiert, in dem es zum Beispiel überhaupt nur für *eine* Zielperson angewendet werden kann (z.B. die private Kopie eines Modells wird von einer Privatperson eingesetzt, die nicht systematisch Zugriff auf die nötigen Hilfsdaten vieler anderer Individuen hat), dann ist das Risiko klein. Skaliert die Anwendbarkeit eines Verfahrens sehr stark, zum Beispiel weil es ein rechnergestütztes Verfahren ist, das in die Hände von Unternehmen fällt, die über die Daten großer Menschenmengen verfügen oder ihre Dienste an zahlreiche Abnehmer verkaufen, dann ist das Risiko sehr groß. Digitale Verfahren, insbesondere ML-Modelle, stellen unter dem Aspekt der Skalierbarkeit grundsätzlich ein erheblich höheres Risiko dar als manuelle Verfahren (z.B. die erfahrene

---

32 *Girela, M. A. R.*, Risk and Reason in the European Union Law, Eur. Food & Feed L. Rev. 2006, S. 270.

Ärzt:in, die viele Fälle gesehen hat und daher gut einschätzen kann, ist ein geringes Risiko). Auch Datensicherheitsaspekte – eine sichere Speicherung des trainierten Modells, die vor unautorisierten Zugriffen schützt – sind Faktoren, die das Risiko bestimmen.

2. Besteht das diagnostizierte Risiko auch bei Modellen, die in ihren Vorhersagen nur wenig Genauigkeit aufweisen? Hängt die Dringlichkeit einer Regulierung nicht davon ab, wie genau ein Modell ist?

Tatsächlich dürfte von *sehr* ungenauen Modellen ein geringeres Risiko ausgehen, wenn es aufgrund ihrer Ungenauigkeit nicht wirtschaftlich ist, sie einzusetzen. Umgekehrt stellen jedoch bereits Modelle mit einer „mittleren" Genauigkeit in hochskalierungsfähigen Anwendungen ein hohes Risiko dar. Denn ab einer bestimmten Genauigkeit ist der Einsatz automatisierter Verfahren wirtschaftlich, auch wenn zahlreiche falsch eingeschätzte Fälle einen Kollateralschaden bilden, der aber aus Sicht der Betreiber nicht ausreichend ins Gewicht fällt.[33] Deshalb ist es bei einer Regulierung entscheidend, dass sie in der Konzeption des Risikos der missbräuchlichen Zweitverwendung trainierter Modelle nicht auf die Genauigkeit des Modells abhebt.

3. Die Kategorie des „Risikos" ist auch in der geplanten KI-Verordnung der Europäischen Union („AI Act") ein zentrales Konzept. KI-Systeme werden dort in verschiedene Risikogruppen eingeteilt und ihr Betrieb entsprechend mit regulatorischen Auflagen versehen.[34] Schließt die KI-Verordnung somit die hier herausgestellte Regulierungslücke?

Das Risiko einer missbräuchlichen Zweitverwendung trainierter Modelle wird durch die KI-Verordnung nach dem aktuellen Stand nicht adressiert und nicht wirksam bekämpft. Denn Gegenstand der Klassifikation nach Risikogruppen der KI-Verordnung ist bisher der Primärzweck des Sys-

---

33 Zum Beispiel haben die Entwickler:innen von KI-Systemen zur Bewerberauswahl bei Jobs mit hohen Bewerberzahlen Anreize dazu, die Quote retrospektiv betrachtet fälschlich angenommener Bewerber:innen zu minimieren, während die eine höhere Quote fälschlich abgelehnter Bewerber:innen nicht so sehr ins Gewicht fällt (*Mühlhoff, R.*, Predictive privacy (Fn. 18)). Diese „Auf Sicherheit spielen"-Strategie kann hohe Diskriminierungsfolgen für Individuen haben, die als unklare Kandidat:innen eingestuft werden.

34 Zur Problematik von KI als Regulierungsobjekt im Kontext der KI-Verordnung im Zusammenhang mit der Risikoklassifikation: *Ruschemeier, H.*, AI as a challenge for legal regulation – the scope of application of the artificial intelligence act proposal, ERA Forum 2023, S. 361.

tems.[35] Der Parlamentsvorschlag hingegen möchte unabhängig vom Einsatzzweck auf die Einsatzmöglichkeiten des KI-Systems abstellen, vgl. Art. 7 Abs. 2 KI-VO-EP.[36] Die Gefahr der missbräuchlichen Zweitverwertung bedeutet jedoch den Transfer eines Systembestandteils – der Modelldaten – in einen anderen Anwendungskontext – dieser kann auch zukünftig, nach einer Firmenübernahme, oder aufgrund eines unauthorisierten Datenzugriffs geschehen. Das Risiko des Transfers in einen anderen Anwendungskontext ist in der Bewertung durch die KI-Verordnung nicht berücksichtigt. So bezieht sich die Hochrisikoliste des Annex III des KI-VO-E auf einen bestimmten Anwendungskontext, der Transfer in andere Kontexte ist selbst kein Risikofaktor. Dass dabei ein Modell trainiert werden könnte, das medizinische Informationen in einem anderen Kontext als dem der Erstellung des Modells abzuschätzen erlaubt (siehe Szenario B), ist ein Nebeneffekt, der bei der Risikobewertung zurzeit nicht einbezogen wird. Allerdings kann die sekundäre Anwendung des Modells, z.B. im Bereich von targeted adverstisements für Jobs, selbst eine Hochrisiko Anwendung darstellen.[37] Inwieweit der KI-VO-E effektiv vor Grundrechtsgefährdungen wie Diskriminierung schützen wird, ist Gegenstand laufender Diskussionen.[38]

V. Lösungsansätze und Ideen für Regulierung

Ausgehend von der vorausgegangenen Bestimmung des regulatorischen Problems und der Begründung, warum aktuelle Regulierungsansätze nicht ausreichen, möchte ich im Folgenden zwei Denkansätze in Richtung einer Lösung vorstellen. Beide sind Gegenstand aktueller Forschung und stellen nur erste Ansätze dar. Die potenziellen Machtungleichheiten und die damit verbundenen Risiken, die von der unkontrollierten Zweitnutzung trainierter KI-Modelle ausgehen, sind gravierend und zugleich im Schema beste-

---

35 So der Vorschlag von Kommission und Rat, Art. 7 Abs. 2 a) KI-VO-E, COM 2021/206 final; 2021/0106(COD).
36 Ich beziehe mich auf die folgende Version: Abänderungen des Europäischen Parlaments vom 14. Juni 2023 zu dem Vorschlag für eine Verordnung des Europäischen Parlaments und des Rates zur Festlegung harmonisierter Vorschriften für künstliche Intelligenz (Gesetz über künstliche Intelligenz) und zur Änderung bestimmter Rechtsakte der Union (COM(2021)0206 – C9-0146/2021 – 2021/0106(COD))(1)
37 Vgl. Annex III Nr. 4 KI-VO-EP.
38 *Smuha, N. A./Ahmed-Rengers, E./Harkens, A./Li, W./MacLaren, J./Piselli, R./Yeung, K.*, How the EU Can Achieve Legally Trustworthy AI: A Response to the European Commission's Proposal for an Artificial Intelligence Act, 2021.

hender Ansätze in Ethik, Recht und Politik schwer zu fassen. Deshalb bedarf es neuer Denkbewegungen auf mehreren Ebenen zur Behandlung des Problems. Ich werde im Folgenden zuerst unter dem Stichwort „prädiktive Privatheit" eine *ethische* Perspektive skizzieren, die auf eine gesellschaftliche Wertedebatte abhebt, die dringend zur allgemeinen Bewusstseinsbildung und öffentlichen Positionierung gegenüber dieses Problems vonnöten ist. Zweitens werde ich unter dem Titel „Zweckbindung für Modelle" einen regulatorischen Denkansatz anführen.

1. Prädiktive Privatheit als Schutzgut

Es ist grundsätzlich die Frage, welche ethischen Argumente gegen die Zweitverwendung trainierter Modelle in Anschlag gebracht werden können, oder anders formuliert: Was steht ethisch dabei auf dem Spiel? Um die bereits genannten strukturellen Argumente (Diskriminierung, soziale Ungleichheit) durch ein Argument zu ergänzen, das aus individueller Perspektive zugänglich ist, habe ich anderswo unter dem Begriff der „prädiktiven Privatheit" argumentiert, dass die breite Verwendung von Vorhersagetechnologie in zahlreichen wirtschaftlichen und gesellschaftlichen Bereichen zu einer Konstellation führt, in der *Privatheit* auf neue Weise gefährdet ist.[39] Es kommt durch die Anwendung prädiktiver Analytik zu einer neuen Form der Verletzbarkeit von Privatheit, die darin besteht, dass Informationen über Individuen *abgeschätzt* werden. Das heißt, im Sinne eines normativen Vorschlags sollten wir Privatsphäre so verstehen, dass sie auch durch Vorhersage und Abschätzung von Informationen unterwandert werden kann, nicht nur durch den missbräuchlichen Umgang mit Informationen, die das Individuum explizit bereitgestellt hat. Im Sinne einer zunächst *negativen* Definition von prädiktiver Privatheit lässt sich somit festhalten, dass die prädiktive Privatheit einer Person oder Gruppe *verletzt* ist,

> „wenn [persönliche oder gar] sensible Informationen über diese Person oder Gruppe gegen ihren Willen oder ohne ihr Wissen auf der Grundlage von Daten vieler anderer Personen vorhergesagt werden, sofern diese Vorhersagen zu Entscheidungen führen [könnten], die das soziale,

---

39 *Mühlhoff, R.*, Predictive privacy (Fn. 18); *Mühlhoff, R.*, Collective Data Protection (Fn. 20).

wirtschaftliche, psychologische, physische, ... Wohlbefinden oder die Autonomie einer Person beeinträchtigen".[40]

Während die Übersetzbarkeit des Prinzips prädiktiver Privatheit in Regulierungsansätze nicht unmittelbar evident ist, besteht das Ziel dieser ethischen Debatte primär in einer gesellschaftlichen Wertediskussion. Die Verletzung der Privatsphäre durch Vorhersagen, insbesondere solche, die auf Trainingsdaten *anderer* Menschen basieren, wird bisher kaum öffentlich diskutiert. Für viele Menschen ist dies kein Bestandteil ihres moralischen Bewusstseins bezüglich Datenschutz und Privatsphäre im Internet und auch akademisch wurde dieses Thema kaum ethisch untersucht. Übrigens ist es für eine Verletzungen prädiktiver Privatheit unerheblich, ob die vorhergesagten Informationen korrekt sind; denn auch falsche Vorhersagen über persönliche Attribute können zu nachteiligen Handlungsfolgen führen.[41]

Die genannten Vorarbeiten stellen heraus, dass ein besonderes ethisches Problem prädiktiver Privatheit in der „prediction gap" besteht: Zu diesem Problem kommt es, wenn algorithmische Vorhersagen in Handlungsentscheidungen umgesetzt werden. Das Ausgabedatum eines Vorhersagemodells ist im Allgemeinen keine eindeutige Zuordnung oder Entscheidung, sondern stets eine Wahrscheinlichkeitsaussage (z.B. „70% Wahrscheinlichkeit, an Depression zu leiden", „40% an Angststörungen" in Szenario A). Eine Handlungsroutine, die auf solchen Vorhersagen basiert, muss sich für eine der möglichen Merkmale entscheiden (z. B. den mit dem höchsten Wahrscheinlichkeitsgewicht) und behandelt dann die Person so, als ob sie diese Eigenschaft *sicher* besitzt. Dieser Prozess beinhaltet die Umwandlung einer statistischen Inferenz, die immer auf populationsbezogenem Wahrscheinlichkeitswissen beruht (bezieht sich auf die Gesamtheit aller Individuen in den Trainingsdaten), in eine Vorhersage für einen Einzelfall (Punkt-Prädiktion). Dieser Sprung vom Gruppenbezug zum Individualbezug geht über die klassische statistische Argumentationsweise hinaus und

---

40 *Mühlhoff, R.*, Predictive privacy (Fn. 18), S. 5.
41 Vgl *Mann, M./Matzner, T.* (Fn. 16); *Noble, S. U.*, Algorithms of oppression: how search engines reinforce racism, New York 2018; *Viljoen, S.*, A Relational Theory of Data Governance, Yale Law Journal 2021, S. 573; *Wachter, S./Mittelstadt, B.*, A Right to Reasonable Inferences: Re-Thinking Data Protection Law in the Age of Big Data and AI, Columbia Business Law Review 2019, S. 1.

bedeutet, dass eine Wette über das Individuum eingegangen wird.[42] Dieses „Festnageln" des Individuums auf die Vorhersage mit dem höchsten Wahrscheinlichkeitswert stellt ein für Vorhersagewissen spezifisches ethisches Problem dar, da in einem Kontext von Möglichkeiten und Unsicherheiten die Behandlungsweise des Individuums vereindeutigt und seine Zukunft vorausgefasst wird.[43]

Die negative Definition prädiktiver Privatheit taugt gewiss dazu, eine öffentliche Debatte zu befruchten und auf eine spezifische Gefahr hinzuweisen. Doch ihr haftet dasselbe Problem an wie der bisherigen Datenschutzregelung: Sie greift erst in Verarbeitungsschritt 3, wenn das Vorhersagemodell auf ein konkretes Individuum angewendet wurde, und nicht, wie für das regulatorische Projekt nötig, bereits in Schritt 2. Um einen präventiven Regulierungsansatz ethisch zu untermauern, muss das ethische Problem von der individualistischen Perspektive der möglichen prädiktiven Verletzung der eigenen Privatsphäre deshalb auf das kollektive ethische Problem der *potenziellen* Verletzung prädiktiver Privatheit beliebiger (und beliebig vieler) Individuen ausgeweitet werden. Eine *positive* Definition prädiktiver Privatheit ermöglicht es dann, ein *Schutzgut* zu artikulieren, welches der Gefahrenlage durch Vorhersagemacht entgegengestellt werden kann. Mühlhoff und Ruschemeier definieren deshalb:

> „Prädiktive Privatheit als gesellschaftliches Schutzgut bezeichnet den Schutz des Gemeinwesens vor negativen Auswirkungen von Vorhersagemacht großer datenverarbeitender Organisationen. Prädiktive Privatheit formuliert somit den – zunächst ethisch begründeten – Anspruch, Individuen und die Gesellschaft im Ganzen gegen die unkontrollierte Akkumulation von Vorhersagemacht als Ausformung informationeller Machtasymmetrie zu schützen."[44]

Diese positive Definition von prädiktiver Privatheit als ein Schutzgut im kollektiven Interesse bietet das ethische Fundament für die Regulierung missbräuchlicher Anwendungen einer Technologie, die vielen Individuen und damit der Gesellschaft im Allgemeinen strukturell schaden können. Eine Bedrohung prädiktiver Privatheit in diesem kollektiven und nicht

---

42 Hier steht ein Übergang von einem frequentistischen zu einem subjektiven Wahrscheinlichkeitsbegriff im Hintergrund, wie ihn die Bayes'sche Statistik stark macht, vgl. Joque, J., Revolutionary mathematics: artificial intelligence, statistics and the logic of capitalism, London New York 2022.
43 *Mühlhoff, R.*, Predictive privacy (Fn. 18).
44 *Mühlhoff, R./Ruschemeier, H.*, Predictive Analytics (Fn. 12), S. 46.

individuellen Sinn bezieht sich auf eine politisch, wirtschaftlich und technologisch fundierte Machtasymmetrie, die soziale Ungleichheit, automatisierte Ausnutzung individueller Schwachstellen und die datenbasierte sozioökonomische Selektion auf struktureller Ebene durch den Einsatz von Vorhersagemodellen fördert.

2. Zweckbindung für Modelle

Wie in Abschnitt III ausgeführt, sollte eine Regulierung, die auf das Risiko der missbräuchlichen Zweitnutzung trainierter KI-Modelle abstellt, insbesondere *trennscharf* die gesellschaftlich und politisch für wünschenswert erachteten Anwendungszwecke von den für „schlecht" oder „missbräuchlich" erachteten trennen. Die Idee ist, dass der Schutz der Gesellschaft vor der Zweckentfremdung trainierter Modelle die Durchführung nützlicher Maßnahmen – z.B. in der medizinischen Forschung – sogar fördern könnte, da man aktuell eigentlich wegen des schlecht regulierten Zweitnutzungsrisikos vor der Durchführung einiger Maßnahmen (wie z.B. den Szenarien A und B) zurückschrecken sollte. Aktuell ist wegen mangelnden öffentlichen Bewusstseins der politische und moralische Druck in diese Richtung noch nicht besonders hoch und die Regulierung der Sekundärnutzung von Modellen und Modelldaten wird bisher nur vereinzelt diskutiert.[45] In der Debatte um KI-Regulierung stehen primär das Konzept „künstliche Intelligenz" und der primäre Einsatzzweck im Zentrum.

Heuristisch betrachtet sind mindestens zwei verschiedene Regulierungsansätze, die bei den Modelldaten anknüpfen, denkbar: Erstens könnte man eine Positiv- und Negativliste von erlaubten und verbotenen Zwecken für den Einsatz von KI-Modellen erstellen. Diese Vorgehensweise, die ich im folgenden als „statisch" bezeichne, ist zum Beispiel in dem Entwurf einer Regulierung des European Health Data Space (EHDS – Com2022/197-final) erkennbar, die in Art. 34/35 erlaubte und verbotene Sekundärnutzungsweisen von Gesundheitsdaten definiert.[46] Ein zweiter, damit ggf. kombinierbarer Ansatz besteht in unserem Vorschlag einer *Zweckbindung für Modelle*.[47] Damit ist gemeint, dass „[d]ie Erstellung und Verwendung

---

45 *Mühlhoff, R./Ruschemeier, H.,* Democratising (Fn. 30); *Ruschemeier, H.* (Fn. 34).
46 Ich verdanke den Hinweise Hannah Ruschemeier, vgl. *Mühlhoff, R./Ruschemeier, H.,* Democratising (Fn. 30), S. 15.
47 Vgl. *Mühlhoff, R./Ruschemeier, H.,* Democratising (Fn. 30).

von KI-Modellen auf bestimmte Zwecke beschränkt sein muss, die im Voraus festgelegt und während des gesamten Lebenszyklus eines KI-Modells durchgesetzt werden".[48] Dies könnte zum Beispiel durch Einführung einer Aufsichtsinstanz umgesetzt werden, gegenüber der die Organisationen, die ML-Modelle trainieren, *vorher* den Anwendungszweck dieses Modells definieren und genehmigen lassen müssen. Des Weiteren müsste das Modell bei dieser Kontrollinstanz registriert werden und eine Zweitverwendung zu anderem Zwecke wäre unter Androhung von Sanktionen (z.B. analog den Bußgeldern nach DSGVO) untersagt.

Anders als der statische Regulierungsvorschlag direkten Festsetzung einer Positiv-/Negativliste stellt Zweckbindung für Modelle zunächst nur eine Kontrollprozedur bereit, die eine *Beschränkung* bzw. *Bindung* an den Primärzweck vorschreibt, um eine schleichende Ausweitung des Zwecks zu verhindern. In Bezug auf die Entscheidung, welche Primärzwecke überhaupt zulässig sein sollten, wäre dieser Vorschlag noch weiter auszubauen. Um der Komplexität der anstehenden Entscheidungssituationen gerecht zu werden, wäre ein partizipatives und dynamisches Verfahren wünschenswert, indem die Kontrollinstanz etwa verschiedene gesellschaftliche Gruppen und Stakeholder anhören muss, um ggf. Einzelfallentscheidungen zu treffen. Natürlich ist der Vorschlag zugleich mit einer Positiv-/Negativliste kombinierbar, und *sollte* im Sinne einer schnellen Bearbeitung von Standardfällen mit einer solche kombiniert werden. Selbst dann besteht jedoch der Unterschied zur bloß statischen Liste der erlaubten vs. verbotenen Zwecke darin, dass Zweckbindung für Modelle vor allem die Festsetzung auf den *einen* vorab benannten Zweck festschreibt. So wird etwa eine schleichende Ausweitung des Zweckes innerhalb der Positivliste unterbunden, ohne die Kontrollinstanz dabei einzubeziehen.

---

48 Vgl. *Mühlhoff, R./Ruschemeier, H.*, Democratising (Fn. 30), S. 2.

Virtuelle Forschungsumgebung für Gesundheitsdaten: Virtual Research Environment (VRE) und Health Data Cloud (HDC)

Michael Schirner[1,2,3,4,5] *und Petra Ritter*[1,2,3,4,5]

[1]Berlin Institute of Health at Charité, Universitätsmedizin Berlin, Charitéplatz 1, Berlin 10117, Germany

[2]Department of Neurology with Experimental Neurology, Charité, Universitätsmedizin Berlin, Corporate member of Freie Universität Berlin and Humboldt Universität zu Berlin, Charitéplatz 1, Berlin 10117, Germany

[3]Bernstein Focus State Dependencies of Learning and Bernstein Center for Computational Neuroscience, Berlin, Germany

[4]Einstein Center for Neuroscience Berlin, Charitéplatz 1, Berlin 10117, Germany

[5]Einstein Center Digital Future, Wilhelmstraße 67, Berlin 10117, Germany

I. Einleitung

Die zunehmende Nutzung digitaler Daten erfordert die Entwicklung robuster und kollaborativer digitaler Plattformen, die Datensicherheit, Datenschutz und die Einhaltung rechtlicher Rahmenbedingungen gewährleisten.[1] Medizinische Forschung und insbesondere die Entwicklung von künstlicher Intelligenz für Diagnose und Therapie macht die Verarbeitung von Gesundheitsdaten zwingend erforderlich. Auf ähnliche Weise ist beispielsweise das Feld Robotik im Kontext der Entwicklung sogenannter Digital Twins betroffen: um simulierte Ebenbilder von Menschen zu entwickeln, müssen Daten verarbeitet werden die die Gesundheit der abgebildeten Menschen charakterisieren. Das Virtual Research Environment (VRE)[2] bil-

---

1 https://www.eneuro.org/content/10/2/ENEURO.0215-22.2023/tab-article-info.
2 vre.charite.de.

det die Grundlage der Health Data Cloud (HDC)[3] und ist eine digitale Forschungsplattform, die den Prinzipien des European Health Data Space (EHDS)[4] und der Datenschutzgrundverordnung (DSGVO)[5] zum Schutz persönlicher Daten folgt, aber Forschern gleichzeitig die nötige Flexibilität für die Implementierung eigener Verfahrensabläufe einschließlich experimenteller Verarbeitungsverfahren bietet. Die VRE/HDC unterstützt Verantwortliche und Auftragsverarbeitende Datenschutz durch Technikgestaltung und durch datenschutzfreundliche Voreinstellungen zu praktizieren und Compliance mit Datenschutzvorgaben zu demonstrieren. Die VRE/HDC ist vollständig quelloffen und basiert auf weitläufig benutzten Open-Source-Paketen, um sichere und interoperable Gesundheitsforschung zu ermöglichen. Die VRE/HDC bietet optimierte technische und organisatorische Maßnahmen (TOMs) für die geschützte Verarbeitung und kontrollierte gemeinsame Nutzung großer Datensätze, einschließlich biomedizinischer Bildgebungsdaten und digitaler Zwillingsmodelle (digital twins) des Menschen.

In diesem Artikel skizzieren wir einige Maßnahmen, wie VRE/HDC die Einhaltung der DSGVO Prinzipien umsetzen. Wir skizzieren auch den Ansatz von VRE/HDC zur Datenstandardisierung, Reproduzierbarkeit für die Umsetzung der FAIR-Datengrundsätze, einschließlich der Versionierung von Datensätzen, der Annotation von Metadaten und der Registrierung in einem durchsuchbaren Knowledge Graph, standardisierter Formate für Daten und Metadaten mit interoperabler ontologischer Darstellung des in Datensätzen enthaltenen Wissens.

Forschende arbeiten häufig in einer abgetrennten digitalen Umgebung, zum Beispiel an einem Laptop mit einem eigenen Dateisystem, was den kontrollierten Austausch sensibler Daten erschwert. Ein weiteres Problem ist, dass die verfügbaren Ressourcen eines persönlichen Computers im Vergleich zu Hochleistungsrechnern nicht nach Bedarf skaliert werden können. Dies ist häufig nötig, beispielsweise nachdem ein experimentelles Verarbeitungsverfahren fertig gestellt wurde, um es danach automatisiert auf einen großen Datensatz anzuwenden. Ein weiterer Nachteil ist, dass mit solchen privaten Datenräumen die Daten nicht leicht mit anderen gemein-

---

3 https://www.healthdatacloud.eu/.
4 Vorschlag für eine Verordnung über den europäischen Raum für Gesundheitsdaten, COM/2022/197 final.
5 Verordnung (EU) 2016/679 vom 27. April 2016 zum Schutz natürlicher Personen bei der Verarbeitung personenbezogener Daten, zum freien Datenverkehr und zur Aufhebung der Richtlinie 95/46/EG (Datenschutz-Grundverordnung), Abl. EU Nr. L 119, S. 1.

sam verarbeitet werden können. Forschungsdatensätze enthalten oft tausende von Teilnehmer:innen und Terabytes von Daten, die eine parallele Verarbeitung und große Speicherblöcke erfordern, damit Algorithmen sie effizient und rechtzeitig verarbeiten können. Darüber hinaus erfolgt der Forschungsprozess oft iterativ in einem Team, bei dem verschiedene Fachkräfte ineinander verzahnte oder unabhängige Schritte in Richtung des Projektziels liefern. Die Möglichkeit, mit dem Team in einem geschützten, gemeinsamen, skalierbaren Datei- und Betriebssystem zu arbeiten, hat mehrere Vorteile: das Team kann direkt an derselben Software und denselben Daten arbeiten, ohne umständliches und zeitraubendes Exportieren und Importieren der Daten in den beteiligten Systemen. Zu diesem Zweck bietet VRE/HDC ihren Nutzenden sowohl interaktive Prozessierung innerhalb von Containern oder Virtuellen Maschinen, aber auch sogenannte batch Prozessierung in Hochleistungsrechnern. In der VRE/HDC können Verarbeitungsabläufe mittels der gewohnten Linux und Windows graphischen und interaktiven Benutzeroberflächen entwickelt werden und nach erfolgreicher Testung auf größere Datensätze automatisch parallel auf eigens bereit gestellten Hochleistungsrechnern angewandt werden. Über grafische (GUI) und Befehlszeilen-Schnittstellen (CLI) können Forscherteams bereits bestehende oder eigens entwickelte Datenverarbeitungs-Workflows auf dedizierten virtuellen Maschinen (VM) und hochleistungsfähigen Rechnern bequem und gemeinsam ausführen. Derartig gemeinsam genutzte Systeme bringen jedoch Sicherheitsrisiken mit sich, da die verschiedenen Nutzer des Systems hauptsächlich durch Software-Isolationsmechanismen logisch getrennt sind, aber gemeinsam dieselbe Hardware benutzt wird. Bei solcher logischen Isolierung können Schwachstellen nicht ausgeschlossen werden. In der VRE/HDC ermöglicht ein rollenbasiertes Berechtigungskonzept mit abgetrennten Datenzonen die kontrollierte und überprüfbare Verarbeitung sensibler Daten über klar definierte Schnittstellen mit strenger Zugriffskontrolle. Interoperable Datenräume zielen darauf ab, rechtliche und technische Hindernisse für die gemeinsame Nutzung von Daten und die kollaborative Datenverarbeitung zu überwinden. Der Schutz der Privatsphäre sensibler Daten und die Bereitstellung von Computing-Diensten für die biomedizinische Forschung, die den nationalen und internationalen Datenschutzbestimmungen entsprechen, sind die zentralen Anwendungsfälle, für die das VRE/HDC entwickelt wurde, und diesen Zielen wurde im Entwicklungsprozess von Anfang an höchste Priorität eingeräumt. Neben Sicherheit spielen in der VRE/HDC Auffindbarkeit, Erreichbarkeit, Interoperabilität und Wiederverwendbarkeit eine große Rolle, abgekürzt durch

Michael Schirner und Petra Ritter

das Akronym FAIR (findable, accessible, interoperability and reusability). Zu diesem Zweck stellen VRE/HDC Dienste bereit, um Informationen, die die Datenherkunft betreffen, eindeutig festzuhalten, Daten zu versionieren und durch Metadaten Annotation interpretierbarer und wiederverwendbarer zu machen. Damit fungieren VRE/HDC als Referenzplattform und Orchestrierer von Rechendiensten auf gemeinsam genutzten Ressourcen die lokal, in der Cloud oder in einem hybriden Modus sicher und wiederverwendbar eingesetzt werden können. Der gesamte Quelltext und die damit verbundenen konzertierten TOMs können von anderen Forschungsgemeinschaften übernommen werden und fördern so die Entwicklung eines interoperablen Ökosystems aus Datenplattformen und Plattform-Diensten, aufgebaut von und genutzt durch eine aktive Gemeinschaft von Forschenden, wodurch Barrieren für biomedizinische Forschung und Innovation abgebaut werden.

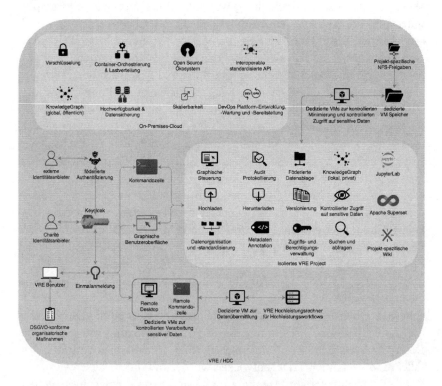

Eine Übersicht verschiedener VRE/HDC-Funktionalitäten aus Benutzersicht ist in Abbildung 1 dargestellt. Die VRE/HDC bietet grafische Webanwendungen für den Zugriff und die Verwaltung von Ressourcen und Daten. Die Projektansicht bietet Dateiexplorer-Funktionen wie erweiterte Dateisuche, Hochladen und Herunterladen von Dateien, Metadaten Annotation durch Dateiattribute oder Metadaten-Schemata, sowie die Erstellung und Anzeige von Daten Herkunftsinformationen (Datenprovenienz). Die Projektansicht ermöglicht die Verwaltung von Nutzenden, Konfiguration von Projekteinstellungen sowie Zugang zu Verarbeitungsdiensten wie Remote Desktops und Terminals auf privaten Virtual Machines (VMs), isolierte JupyterHub container und XWiki zur erweiterten Dokumentation. Das Dateisystem eines VRE/HDC-Projektes ist in zwei Bereiche unterteilt: dem Green Room für das kontrollierte Hochladen von Daten und der Kernzone, in der die hochgeladenen Daten mit Rechenressourcen und Cloud-Diensten wie Remote Desktop und Kommandozeile auf privaten VMs verarbeitet werden können. Die separierten Datenzonen ermöglichen das kontrollierte und nachvollziehbare Hochladen, Verarbeiten und Teilen sensibler Daten. Durch Protokollierung (logging) kritischer Transaktionen und Verarbeitungsschritte kann Compliance mit der DSGVO demonstriert werden.

Die Funktionen von VRE/HDC sind durch ein Ökosystem interoperabler "Microservices" implementiert, also in Form plattformunabhängiger Container, die dynamisch mit Ressourcen ausgestattet werden können in Abhängigkeit des Nutzungsaufkommens. Dies ermöglicht, dass datenschutzrelevante Kernfunktionen wie die graphische Web-Ansicht zur Steuerung und Kontrolle der Datenflüsse, Datenzonen, projekt- und rollenbasierte Zugriffskontrollen, föderiertes Identitätsmanagement, automatische Aufnahme von Daten aus Krankenhaus-Datenquellen, sowie projektspezifische Data Warehouses für die Aufnahme und Abfrage strukturierter Datensätze und der Erfassung und Annotation von Metadaten für verschiedene Anwendungen und Infrastrukturen kombiniert und wiederverwendet werden können.

II. Datenverarbeitung in der VRE/HDC

Die Verarbeitung von Daten innerhalb der VRE/HDC verläuft ausschließlich innerhalb von Containern und VMs, die durch Zugangskontrolle geschützt sind, was es Forschenden ermöglicht, eigene, auf ihre spezifischen

Forschungsanforderungen zugeschnittene Workflows, zu erstellen und zu benutzen. VMs ermöglichen es dem Team aus Verantwortlichen und Auftragsverarbeitenden sensible Daten gemeinsam und vertraulich in einem eigenen isolierten Dateisystem zu verarbeiten. Jedes VRE/HDC-Projekt hat eigene isolierte Instanzen verschiedener Workbench-Tools einschließlich der genannten VMs, aber auch JupyterHub, Apache SuperSet und XWiki. Über Remote-Desktop- und Kommandozeilenschnittstellen können Teams effizient auf die verfügbaren Rechen- und Speicherressourcen zugreifen und so die Arbeitsabläufe flexibel an die Anforderungen des Projekts anpassen. JupyterHub ist ein Workbench Tool für die interaktive Entwicklung und Prozessierung. Nutzende können einfach Code implementieren und testen (Python, R, Julia) oder interaktive Notebooks erstellen, in denen Live-Code mit wissenschaftlichen Analysen, Abbildungen und Text integriert wird, um komplexe Analyse-Workflows zu dokumentieren. Jede:r Nutzer:in hat eine eigene private JupyterHub-Instanz, die nach eigenen Bedürfnissen angepasst werden kann, indem zum Beispiel weitere Python-Pakete installiert werden. Darüber hinaus können die Nutzer ein Terminal starten, um direkt in ihrem JupyterHub Container zu arbeiten und auf die CLI von VRE/HDC zuzugreifen, die für den Datentransfer zwischen der Kernzone des Projekts und dem JupyterHub-Container verwendet werden kann. Apache Superset ist ein Business-Intelligence-Tool zur Untersuchung und Visualisierung großer Datensätze bis in den Petabyte-Bereich. Kernzonen Daten können direkt geöffnet werden, und zusammenfassende Statistiken können erstellt und mit konfigurierbaren Dashboards visualisiert werden. VRE/HDC bietet eine vielseitige Befehlszeilenschnittstelle, genannt VRE-CLI, mit der Nutzende ihre Verarbeitung programmatisch steuern und automatisieren können. VRECLI kann beliebig mit den typischen Funktionalitäten eines Linux-Terminals kombiniert werden und bietet Funktionen, die zur Unterstützung kollaborativer wissenschaftlicher Verarbeitung entwickelt wurden. VRECLI ist eine ausführbare Binärdatei, die über das Guacamole VM-Terminal und das JupyterHub-Terminal verfügbar ist, aber auch für die lokale Nutzung heruntergeladen werden kann. VRECLI Benutzerbefehle ermöglichen das An- und Abmelden bei der Plattform. Projektbefehle listen die Projekte auf, auf Nutzende zugreifen können. Dateibefehle ermöglichen das Auflisten und Exportieren von Attributvorlagen (Metadatenschemata) eines Projekts und sie ermöglichen auch die Auflistung der Dateien und Ordner eines Projekts und das Hoch- und Herunterladen von Dateien oder Ordnern.

III. FAIRness

Neben dem Schutz der Privatsphäre ist das zweite Hauptanliegen des VRE/HDC die FAIR-ness: Daten auffindbar, zugänglich, interoperabel und wiederverwendbar zu machen. Die FAIR-Datengrundsätze[6] sind ein weithin akzeptierter Satz von Leitprinzipien für wissenschaftliches Datenmanagement, die Datenproduzenten und -herausgeber dazu auffordern, die maximale Nutzbarkeit von Forschungsdaten zu ermöglichen. Die VRE/HDC unterstützt Forschende bei der Einhaltung der FAIR-Prinzipien durch Werkzeuge zum Festhalten der digitalen Provenienz, zur Standardisierung und zur Versionierung mit dem Ziel, die Reproduzierbarkeit des Forschungsergebnisses zu erhöhen. Über benutzerfreundliche Schnittstellen können Ursprung und Verarbeitungsweg der Daten nachverfolgt werden, was transparente und nachvollziehbare Forschungspraktiken ermöglicht. VRE/HDC ermöglicht die Strukturierung und Validierung von Datensätzen anhand von vordefinierten Datenformaten und deren Annotation mit Metadaten auf der Grundlage von bestehenden oder benutzerdefinierten maschinenlesbaren Metadaten-Schemata. Durch Versionsverwaltung können präzise definierte und strukturierte Datenpakete archiviert, mit Zeitstempel und der Historie der Verarbeitungsschritte versehen werden und Änderungen zwischen Versionen nachvollzogen werden.

Dateien, die auf VMs produziert oder verändert wurden, können anschließend wieder in der Kernzone mit anderen Projektdaten integriert und versioniert werden. Um die Ergebnisse besser reproduzierbar und nutzbar zu machen, können die Projektdaten während der Integration in das Dateisystem des Projekts mit Provenienzinformationen versehen werden. Dies ermöglicht jede Datei mit ihren spezifischen Quell- und Ergebnisdateien sowohl den Pipelines, die zu ihrer Erstellung verwendet wurden, zu verknüpfen, was die Rekonstruktion und Visualisierung des Verlauf der Dateientwicklung mit dem Data Lineage Graph von VRE/HDC ermöglicht. Um Daten auffindbar und wiederverwendbar zu machen, bietet VRE/HDC mehrere Methoden, um Datensätze mit Metadaten zu annotieren. VRE/HDC-Nutzende können bereits bestehende, domänenrelevante, standardisierte Metadatenschemata im JSON-Format auswählen oder per Mausklick in der Benutzeroberfläche eigene Schemata erstellen. Zusätzlich zu bereits vorgegebene Metadatenschemata können Dateien und ganze Datensätze mit einem beliebigen JSON-formatierten Metadatenschema nach Wahl der

---

6 Wilkinson et al., 2016.

Nutzenden annotiert werden. Metadaten-Annotationen vereinfachen die Interoperabilität der Daten, da sie kontextbezogene Informationen über die Herkunft und Transformation der Daten sowie deren interne Beziehungen enthalten. Existierende Metadatensäte können leicht in den EBRAINS Knowledge Graph importiert werden, um die Sichtbarkeit, Auffindbarkeit und Wiederverwendung zu erhöhen.

IV. Informationssicherheit und Compliance

Ein wesentliches Merkmal von VRE/HDC zur Unterstützung von Informationssicherheit und Compliance ist, dass Verantwortliche und Auftragsverarbeitende sensible Daten mittels skalierbarer On-Premise Cloud Software gemeinsam, aber dennoch geschützt vor externen Zugriff, in VMs verarbeiten können. Die Hardware auf der die sensiblen Daten verarbeitet werden ist dabei durch die Virtualisierung der VMs und durch die Fernsteuerung mittels graphischen Benutzeroberflächen und Kommandozeilen-Eingaben vor direktem Zugriff geschützt. Alle datenschutzrelevanten Prozessschritte, wie das Hochladen, Herunterladen oder Teilen von Daten, werden mit Anmeldename und Zeitstempel protokolliert, um Compliance nachzuweisen. Die VRE/HDC Plattform verhindert den direkten Zugriff auf darunter liegende Ressourcen wie Speicher, Prozessoren, Datenbanken oder andere Infrastruktur-Dienste. Nutzende können nur über das grafische Webportal oder die Befehlszeilen-Tools mit Daten oder anderen Plattforminhalten interagieren. Die VMs und ihre Schnittstellen geben den Projektmitgliedern einen virtuellen Computer, auf dem sie eigene Software installieren und eigene wissenschaftlichen Arbeitsabläufe ausführen können. Die VMs können von allen Teammitgliedern gemeinschaftlich über ein persönliches Linux- oder Windows-Nutzerkonto genutzt werden. Software kann global in der VM genutzt werden und Daten können direkt im internen Dateisystem gemeinschaftlich verarbeitet werden, was manuelle Austauschvorgänge erübrigt. Die VRE/HDC wird in einer demilitarisierten Zone hinter der Firewall der Charité gehostet. Der ein- und ausgehende Datenverkehr der VMs wird durch IP-Filterung eingeschränkt: nur Verbindungen mit vorab genehmigten IP-Adressen, die zum VRE/HDC gehören, sind erlaubt, alle anderen werden abgelehnt. VMs können auch auf einzelne Nutzergruppen und die Green Room Zone beschränkt werden, um Daten, die von außerhalb importiert werden, entsprechend dem Projektziel zu minimieren bevor sie mit anderen in der Kernzone geteilt werden. Im Kubernetes Cluster wird Isolierung zwischen den VRE/HDC Zonen und Projekten durch sogenannte Kubernetes-Namensräume und dedizierte VMs für die verschiedenen Zonen erreicht. Da die Plattformdienste mit dem Open-Source-System Kubernetes (kubernetes.io) orchestriert werden, wird Datenisolierung unter anderem mithilfe sogenannter Kubernetes-Namensräumen erreicht: zusätzlich zu Green-Room-Zone und VRE-Kernzone sorgt die Utility-Zone für die Steuerung von Datenflüsses zwischen Green Room und Kernzone. Die mit jedem Namespace verbundenen Netzwerkrichtlinien stellen sicher, dass nur autorisierter Zugriff und Datenfluss zwischen den Zonen erlaubt sind. Darüber hinaus werden die Zonen auf verschiedenen VMs gehostet und der Datenverkehr zwischen diesen VMs wird auf Netzwerkebene durch Paketfilter eingeschränkt. Die Daten jedes Projektes werden dabei in verschlüsselten Objektspeichern in dedizierten NFS-Freigaben gehalten und nur durch protokollierte Transferoperationen in der Utility-Zone gesteuert. Da der Green Room die erste Landezone für den Datenimport ist, ist die direkte Kommunikation zwischen den Diensten und der Datenfluss zwischen dem Green Room und den Kernzonen eingeschränkt und kann nur von den Projektadministratoren genehmigt werden. Die Utility-Zone enthält Backend-Dienste zur Unterstützung der Frontend-Dienste und zur Weiterleitung von Anfragen zwischen dem Green Room und der Kernzone. In der Utility Zone werden keine persönlichen Daten gespeichert, und sie kann weder auf den Green Room noch auf den VRE/HDC-Kernspeicher zugreifen. Die Dienste der Utility-Zone steuern und aggregieren den Datenfluss zwischen dem VRE/HDC und der Charité-Firewall sowie zwischen der Anwendungsprogrammierschnittstelle (API) des VRE/HDC und seinen Backend-Diensten. Darüber hinaus bietet sie Funktionen für die Verwaltung und Anpassung von Metadaten, Benachrichtigungsdienste, Projektkonfiguration und -verlauf, Benutzerkontenverwaltung und Protokollierung. Darüber hinaus werden in der Utility-Zone Kubernetes-Masterknoten bereitgestellt, die die Ausführung von Kubernetes-Pods (Gruppen von Docker-Containern mit gemeinsamem Speicher, Netzwerkressourcen und Ausführungsanweisungen) auf den Worker-Knoten verwalten und orchestrieren. Ein wesentliches sicherheitsrelevantes Merkmal der VRE/HDC ist, dass die VRE/HDC unter der EUPL 1.2 Lizenz als Open-Source Softwarepaket frei zugänglich ist und alle benutzte Software von Drittanbietern unter Open-Source Lizenzen frei im Internet zugänglich und evaluierbar ist. In Open-Source Code werden Schwachstellen durch Begutachtung durch die Entwicklergemeinschaft häufig schneller gefunden und gelöst als bei proprietärer Software.

V. Datenminimierung im Green Room

Der Green Room dient als sogenannte Staging-Area für den kontrollierten Import und die sichere Vorverarbeitung sensibler Daten. Daten können nur über den Green Room in den VRE/HDC gelangen und sind danach zunächst nur für den Uploader zugreifbar. VRE/HDC verwenden ein schrittweises Genehmigungsverfahren für die Übermittlung von Daten an die Kernzone, um zu verhindern, dass sensible Daten versehentlich an unbefugte Projektmitglieder übermittelt werden. Der Zweck des Green Rooms ist es, einen isolierten Bereich zur Verfügung zu stellen, in dem personenbezogene Daten sicher von einzelnen Nutzenden *minimiert* und vorbereitet werden können, bevor sie dem gesamten Team zur Weiterverarbeitung zugänglich gemacht werden. Nur Nutzende mit der höchsten Benutzerrolle, der Rolle "Projektadministrator", haben nach Freigabe durch den Uploader die Möglichkeit, Daten in die Kernzone zu kopieren und sie damit anderen Projektmitgliedern zur Bearbeitung zur Verfügung zu stellen. Durch die Verarbeitung von in der DSGVO definierten besonderen Kategorien von Gesundheitsdaten übernehmen diejenigen Projektmitglieder die die Zwecke und Mittel der Verarbeitung festlegen die Rolle der Verantwortlichen im Sinne von DSGVO mit den damit einhergehenden rechtlichen Verpflichtungen wie der Beachtung der Grundsätze der Zweckbindung und der Datenminimierung (Art. 5 DSGVO). Zu diesen Grundsätzen gehört beispielsweise, dass alle Informationen, die für die Zwecke der Verarbeitung nicht benötigt werden - und insbesondere direkt identifizierende Informationen wie Namen, Adressen oder Geburtsdaten - entfernt werden müssen, bevor die Daten in die Kernzone kopiert werden. Der Zugang zum Green Room ist so begrenzt, dass nur die Nutzenden, die die Daten hochgeladen haben, sowie Projektadministratoren, auf die Daten zugreifen können. Der dem Green Room zugewiesene dedizierte Speicher ist von anderen VRE/HDC-Zonen isoliert, so dass sichergestellt ist, dass nur autorisierte Dienste, die im Green Room selbst eingesetzt werden, auf die Green Room-Daten zugreifen können, nicht aber Dienste, die in anderen Zonen oder in anderen IT-Umgebungen der Charité eingesetzt werden. Es liegt in der Verantwortung der Verantwortlichen, die Daten im Green Room Zone entsprechend ihrem Zweck zu minimieren, bevor sie dem gesamten Projektteam in der VRE/HDC-Kernzone zugänglich gemacht werden. Der Green Room dient als isolierter Bereich, in dem personenbezogene Daten auf die kleinste Teilmenge reduziert (minimiert) werden, die für die Durchführungsziele erforderlich sind. Dies ermöglicht Verantwortlichen und Auftragsverarbeitenden, dem Grundsatz der Datenminimierung (Art. 5 Abs. 1 Buchstabe c, DSGVO) Rechnung zu tragen. Es besteht die Möglichkeit für benutzerdefinierte automatisierte Workflows zur Entfernung sensibler Datenelemente und interaktive Workbench-Tools zur manuellen Überprüfung und Änderung sensibler Daten. VRE/HDC Projektadministratoren können auch Arbeitsabläufe für den automatisierten import vom Green Room in die Kernzone einrichten, sofern eine Datenminimierung automatisierbar oder nicht erforderlich ist. Beispielsweise können sensible Metadatenfelder automatisiert aus standardisiert strukturierten Daten entfernt werden. Bei nicht standardisierten Daten können Heuristiken eingesetzt werden, wie beispielsweise sogenannte "De-Facing" Algorithmen im Kontext radiologischer Bildgebung, die mittels einer Heuristik Gesichter aus MRT-Daten entfernen. Hier ist jedoch zu beachten, dass obwohl derartige Heuristiken oft sehr robust arbeiten, nichtsdestotrotz selten auftretende Fehler eine manuelle Nachkontrolle erforderlich machen. Für den automatischen Datenimport gelten die gleichen Regeln wie für den manuellen Import: Die Projektadministratoren in ihrer Rolle als Verantwortliche im Sinne der DSGVO sind dafür verantwortlich, dass alle Mitglieder des Projekts, die mit den importierten Daten in Berührung kommen, über die entsprechende Rechtsgrundlage verfügen. Die für die Datenverarbeitung Verantwortlichen und Auftragsverarbeitende sind verpflichtet, identifizierende Informationen insofern es der Verarbeitungzweck erlaubt, zu entfernen. Ein wesentlicher Aspekt hierbei ist, dass selbst nach erfolgter Minimierung Gesundheitsdaten, die mit einer natürlichen, lebenden Person in Verbindung gebracht werden können, weiterhin durch die Datenschutzgesetze geschützt sind, da sie eine besondere Kategorie persönlicher Daten darstellen, die Rückschlüsse auf den Gesundheitszustand des Individuums zulassen. Selbst nach der Entfernung von direkt identifizierenden Informationen wie Patientennamen, Gesichtern, Adressen oder Geburtsdaten (sogenannte Pseudonymisierung) gelten die Daten immer noch als personenbezogene Daten im Sinne der DSGVO, wenn sie durch die Verwendung zusätzlicher Informationen einer natürlichen Person zugeordnet werden könnten (Erwägungsgrund 26 DSGVO) und somit die Schutzanforderungen dennoch gelten. Typische biomedizinische Daten wie radiologische Bilddaten oder genetisches Material enthalten umfangreiche gesundheitsbezogene Informationen und sind deshalb mit dem gleichen Schutz zu behandeln, wie Daten die direkt identifizierende Merkmale enthalten. Eindrucksvolle Beispiele von simulierten und konkreten Datenlecks verdeutlichen wie Daten obwohl pseudonymisiert, später durch Zusammenführung mit anderen Daten zur Re-identifizierung der Teilnehmenden genutzt werden konnten.[7] Beispielsweise konnten Hacker kürzlich die Stammbaumdaten von 6,9 Millionen Menschen erbeuten und Teile der Daten wurden anschließend auf einem Online Schwarzmarkt angeboten mit dem Ziel die ethnische Herkunft der Personen zu identifizieren.[8] Der Green Room bietet daher eine isolierte Umgebung, in der Daten sicher überprüft und sensible Informationen entfernt werden können, bevor die Daten in die Kernzone übertragen werden.

VI. Zugangskontrolle

Ein wesentlicher Grundsatz der DSGVO ist sicherzustellen, dass personenbezogene Daten durch geeignete TOMs vor unrechtmäßigem Zugriff und unrechtmäßiger Verarbeitung geschützt werden, einschließlich dem Schutz vor unbeabsichtigtem Verlust oder unbeabsichtigter Schädigung. Im Kontext von Online-Plattformen betrifft dies neben Maßnahmen zur Verhinderung des Zugriffs auf die physischen Datenverarbeitungssysteme (wie beispielsweise Gebäudesicherung) vor allem die logische Zugangskontrolle, also Maßnahmen zur Verhinderung des unbefugten Zugriffs auf bestimmte Dateisysteme oder Dienste der Software-Plattform. Der Zugang zur VRE/HDC wird durch eine ineinander verzahnte rollen- und projektbasierte Zugangskontrolle verwaltet und durch transparente Nutzungs- und Zugangsrichtlinien geregelt um eine DSGVO-konforme Steuerung und Benutzung der VRE/HDC zu gewährleisten. Die Aufnahme eines neuen Projekts erfolgt nach einem standardisierten Verfahren: Forschende können den Zugang beantragen, indem sie eine Datenschutzfolgeabschätzung (DSFA, Art. 35 DSGVO) der geplanten Verarbeitungstätigkeit erstellen und diese von allen beteiligten Verantwortlichen, Auftragsverarbeitenden und Datenschutzbeauftragten akzeptiert wird. Sobald ein Projekt ein posi-

---

7 Gymrek, Melissa, et al. "Identifying personal genomes by surname inference." Science 339.6117 (2013): 321-324; Rocher, Luc, Julien M. Hendrickx, and Yves-Alexandre De Montjoye. "Estimating the success of re-identifications in incomplete datasets using generative models." Nature communications 10.1 (2019): 1-9.
8 https://www.spiegel.de/netzwelt/web/hacker-erbeuten-stammbaumdaten-von-6-9-millionen-menschen-a-b34b1a4d-779e-4717-9583-dbdf9335bd10; https://www.sec.gov/ix?doc=/Archives/edgar/data/1804591/000119312523287449/d242666d8ka.htm.

tives Votum der beteiligten Datenschutzbeauftragten erhalten hat, erhält zunächst der Projektadministrator Zugang zu dem neu angelegten Projekt. Der Projektadministrator kann dann weitere Nutzer mit verschiedenen Befugnissen zum Zugriff auf die Projektdaten einladen. Die zusätzlichen Rollen „Projektmitarbeiter" bzw. „Projektmitwirkende" ermöglichen eine fein abgestufte Zugriffskontrolle, um den Umfang der Daten, die verschiedenen Nutzenden zugänglich sind, zu minimieren. So kann ein Projektmitarbeiter zwar Daten verarbeiten, die von einem Projektadministrator in der Kernzone bereitgestellt wurden, er kann jedoch keine Dateien aus dem Green Room in die Kernzone kopieren oder Green-Room-Dateien durchsuchen oder herunterladen, die von einem anderen Projektmitglied bereitgestellt wurden. In ähnlicher Weise kann ein Projektmitarbeiter Daten in den Green Room hochladen, aber er kann keine Daten in der Kernzone sehen oder darauf zugreifen. VRE/HDC-Nutzende können Mitglieder mehrerer Projekte sein und in jedem Projekt unterschiedliche Rollen einnehmen, um ein angemessenes Maß an Zugang zu ermöglichen, das den tatsächlichen Anforderungen und rechtlichen Grundlagen der Verarbeitung innerhalb des jeweiligen Projekts entspricht. Die Anmeldung an die VRE/HDC erfordert ein Nutzerkonto innerhalb des Charité Identitätsmanagementsystems, was einer formalisierten Antragsprozedur inklusive der Nennung der letzten sechs Ziffern des Personalausweises bedarf. Das System erfordert sichere Passwörter, die alle 120 Tage geändert werden müssen, um weiterhin Zugang zu erhalten. Die Passwörter werden zentral vom Charité Identitätsmanagementsystem verwaltet. Die Anforderungen an die Komplexität der Passwörter und die Zeitüberschreitung bei Inaktivität reduzieren das Risiko eines unbefugten Zugriffs. Die Identität der VRE/HDC-Nutzenden wird zwischen dem VRE/HDC-Identitäts- und Zugriffsmanagementsystem Keycloak und dem Charité System Microsoft Active Directory zusammengeführt wobei die Authentifizierung durch das Charité System durchgeführt wird und Passwörter nicht im VRE/HDC selbst gespeichert werden. Keycloak wird auch für die Authentifizierung der Kommunikation zwischen dem VRE/HDC-Frontend, dem API-Gateway (das alle Backend-Dienste verbindet) und den Workbench-Tools verwendet, basierend auf dem OpenID Connect Authentifizierungsprotokoll, über das die Dienste digital signierte Zugriffstoken austauschen, um die Authentizität und Zulässigkeit von Anfragen festzustellen. Keycloak bietet auch Single-Sign-On (SSO)-Funktionen für Anwendungen von Drittanbietern, die über das VRE/HDC-Portal bereitgestellt werden (z. B. JupyterHub, XWiki). Charité-Beschäftigte mit bestehendem Nutzerkonto können direkt dem VRE/HDC Testprojekt hinzugefügt werden, während externe Nutzer zunächst ein Registrierungsverfahren durchlaufen und sich mit einem Personaldokument und dem Nachweis eines Vertragsverhältnisses mit der Charité ausweisen müssen, um ein Charité Nutzerkonto zu erhalten.

VII. Verschlüsselung

Bei der Verschlüsselung werden Informationen (Texte, Dateien, usw.) in einen Code umgewandelt, der ohne den richtigen Schlüssel nicht interpretiert werden kann. Dadurch werden Risiken, die durch unerwartete Datenlecks entstehen können verringert, da verschlüsselte Inhalte für Dritte, die nicht im Besitz des richtigen Schlüssels sind, grundsätzlich unlesbar sind, wodurch gespeicherte oder übertragene Daten geschützt werden. Daten, die in die VRE/HDC-Plattform importiert oder exportiert oder innerhalb der VRE/HDC transferiert werden ("data in flight"), sind während der Übertragung verschlüsselt. Darüber hinaus werden Daten, die in der VRE/HDC gespeichert werden ("Daten im Ruhezustand"), durch Hardwareverschlüsselung der Speichermedien und durch Speicherung der sensiblen Daten als verschlüsselte Objekte im VRE/HDC Objektspeicher geschützt. Diese Maßnahmen dienen dazu, das Risiko einer unbefugten Offenlegung zu minimieren, falls die Daten während der Übertragung abgefangen werden oder die Speichermedien physisch aus der IT-Umgebung entfernt werden. Für die Verarbeitung der Daten müssen diese in der Regel entschlüsselt werden und es werden daher in der VRE/HDC für die eigentliche Verarbeitung zusätzliche Sicherheitsmechanismen wie die isolierte Verarbeitung in privaten VMs oder Containern eingesetzt.

VIII. Rechenzentrum

Das VRE/HDC nutzt die generische Big-Data-Infrastruktur einschließlich Rechen- und Speicherressourcen des Geschäftsbereiches IT der Charité Universitätsmedizin Berlin – einer vom Bundesamt für Sicherheit in der Informationstechnik (BSI) zertifizierten kritischen Infrastruktur in Deutschland.

IX. Ethischer, gesellschaftlicher und rechtlicher Governance-Rahmen

Da der Personenbezug oft nicht aus den Gesundheitsdaten entfernt werden kann und dieser das ausdrückliche Ziel der personalisierten Medizin ist, muss die Verarbeitung durch "Datenschutz durch Technik und durch datenschutzfreundliche Voreinstellungen" geschützt werden, um sicherzustellen, dass personenbezogene Daten nicht einer unbestimmten Anzahl natürlicher Personen zugänglich gemacht werden (Art. 25 DSGVO). Angesichts der Notwendigkeit für Datensicherheit und Datenschutz legt VRE/HDC größten Wert auf die Gewährleistung der Vertraulichkeit, Integrität und Verfügbarkeit von Forschungsdaten. Die Plattform hält sich an die Grundsätze der DSGVO und umfasst robuste Verschlüsselungsalgorithmen, Zugriffskontrollen und Anonymisierungstechniken zum Schutz sensibler Daten. Datenschutzvorschriften wie die DSGVO und das britische Datenschutzgesetz stellen bestimmte Anforderungen an den Umgang mit personenbezogenen Daten. Das Hauptziel solcher Rechtsvorschriften besteht darin, dass der Datenschutz bereits in die Gestaltung eines Verarbeitungssystems "eingebaut" wird, so dass personenbezogene Daten zu keinem Zeitpunkt (standardmäßig) einer unbestimmten Anzahl natürlicher Personen zugänglich gemacht werden. Weiterhin regelt die DSGVO, dass die in den Daten abgebildete Person (die betroffene Person) jederzeit die letztendliche Kontrolle über ihre Daten behält. So kann die betroffene Person beispielsweise jederzeit ihre Zustimmung zur Verwendung ihrer personenbezogenen Daten zurückziehen und verlangen, dass alle Kopien oder Replikationen dieser personenbezogenen Daten unverzüglich gelöscht werden. Das Gesetz stellt klar, dass die für die Datenverarbeitung Verantwortlichen (jede Person die über die Zwecke und Mittel der Verarbeitung entscheidet, also beispielsweise eine Professorin die einen Doktorstudenten beauftragt eine Analyse durchzuführen) die Verantwortung dafür tragen, dass sie im Einklang mit dem Gesetz handeln. Hierbei ist es wichtig es zu beachten, dass es in Computersystemen ohne angemessene TOMs üblicherweise unmöglich ist, die Kontrolle über digitale Objekte zu behalten, sobald sie einmal anderen zur Verfügung gestellt wurden. Auch andere Rechte betroffener Personen sind mit einem enormen bürokratischen Aufwand Seitens der Forschenden verbunden, wenn keine angemessene Infrastruktur vorhanden ist die es erlaubt Daten kontrolliert und protokolliert zu verarbeiten. So haben die betroffenen Personen unter anderem das Recht, die Namen und Kontaktdaten aller für die Verarbeitung Verantwortlichen zu erfahren, als auch die Empfänger der personenbezogenen

Daten, den Zeitraum, für den die Daten gespeichert werden, und sogar den Zugang zu diesen Daten zu erhalten. Die DSGVO schreibt daher vor, dass Datenschutz in die Architektur der Verarbeitungstätigkeit eingebettet wird, indem geeignete TOMs getroffen werden, um die Daten jederzeit zu schützen, unabhängig davon, ob sie aktiv verarbeitet werden oder ruhen, und die Verarbeitungstätigkeit im Hinblick auf diese Maßnahmen laufend zu protokollieren. Organisatorische Maßnahmen beziehen sich beispielsweise auf die Datenminimierung und die Begrenzung der Menge personenbezogener Daten auf das für die Verarbeitung erforderliche Maß sowie auf die Löschung von Daten, die nicht mehr benötigt werden. Zu den technischen Maßnahmen gehören nicht nur Maßnahmen zum Schutz der laufenden Vertraulichkeit, wie die Verschlüsselung. Wichtig ist, dass auch Maßnahmen zum Schutz der Integrität, Verfügbarkeit und Widerstandsfähigkeit der Verarbeitungssysteme und -dienste gesetzlich vorgeschrieben sind (Art. 5 und 32 DSGVO). Dazu gehört die Fähigkeit, die Verfügbarkeit und den Zugang zu personenbezogenen Daten im Falle eines physischen oder technischen Vorfalls zeitnah wiederherzustellen, sowie ein Verfahren zum regelmäßigen Nachweis der Wirksamkeit der getroffenen Maßnahmen. Personen, die infolge eines Verstoßes gegen diese Vorschriften einen Schaden erlitten haben, haben das Recht, von den Verantwortlichen oder den Auftragsverarbeitenden Schadenersatz zu erhalten, was zu Geldstrafen von bis zu 20 Millionen Euro oder 4 % des weltweiten Jahresumsatzes des Unternehmens führen kann. Bei mehreren Verantwortlichen und Auftragsverarbeitenden haften zunächst all Verantwortlichen und Auftragsverarbeitenden für den gesamten Schaden, damit ein wirksamer Schadensersatz für die betroffene Person sichergestellt ist (Art. 82 DSGVO). Aus diesem Grund ist es wichtig, dass die Verantwortlichen in der Lage sind, die für die Verarbeitung verwendeten Drittdienste sorgfältig zu überprüfen. Um Schwachstellen zu beseitigen und die Einhaltung der Vorschriften nachzuweisen, hat der VRE/HDC seinen gesamten Quellcode und seine Dokumentation als Open Source (github.com/vre-charite) veröffentlicht und für jedermann zugänglich gemacht. Über ihre technischen Fähigkeiten hinaus fungiert die VRE/HDC-Plattform als Referenzimplementierung für die Forschungsgemeinschaft und verkörpert die besten Praktiken und Standards, die für die Einhaltung der DSGVO und die Erfüllung der EHDS-Anforderungen erforderlich sind. Als Open-Source-Lösung fördert sie die Zusammenarbeit und Mitwirkung und unterstützt so ein lebendiges Ökosystem von Forschern, Entwicklern und Interessenvertretern, die sich für die Förderung wissenschaftlicher Entdeckungen einsetzen und gleichzeitig strenge Vorschriften zum Schutz der Privatsphäre und des Datenschutzes einhalten.

X. Rechtmäßige Grundlage

Die DSGVO verlangt von den Verantwortlichen, dass sie personenbezogene Daten nur auf Basis einer spezifischen Auswahl von Rechtsgrundlagen erheben, speichern und verwenden. Verantwortliche können Gesundheitsdaten im VRE/HDC nur dann verarbeiten, wenn sie eine rechtmäßige Grundlage nach Art. 6 und 9 (DSGVO) für die Verarbeitung besonderer Kategorien personenbezogener Daten besitzen und den Risiken bei der Verarbeitung dieser besonderen Datenkategorie (Daten die Auskunft über die Gesundheit lebender Personen geben) adäquat Rechnung tragen. Im Falle solcher besonderen Datenkategorien ist es notwendig, sowohl eine Rechtsgrundlage für die allgemeine Verarbeitung als auch eine zusätzliche, separate Bedingung für die Verarbeitung dieser besonderen Datenkategorie zu bestimmen (Art. 9 DSGVO). Daten, die sich auf die Gesundheit von Personen beziehen, sind eine besondere Kategorie von Daten (Art. 4 Abs. 15 DSGVO), deren Verarbeitung grundsätzlich verboten ist (Art. 9 Abs. 1 DSGVO), es sei denn, die in den Daten dargestellte Person (die betroffene Person) hat ausdrücklich in die Verarbeitung für einen oder mehrere festgelegte Zwecke eingewilligt (Art. 9 Abs. 2 Buchstabe a DSGVO) oder die Verarbeitung ist für wissenschaftliche Zwecke erforderlich (Art. 9 Abs. 2 Buchstabe j DSGVO), unter der Bedingung, dass das wesentliche Recht auf Datenschutz unter Verwendung von Garantien, die die Einhaltung des Grundsatzes der Datenminimierung gewährleisten, gewahrt wird (Art. 89 Abs. 1 DSGVO). Für eine rechtmäßige Verarbeitung von Gesundheitsdaten im VRE/HDC zu Forschungszwecken ist es daher erforderlich, dass die betroffene Person in die Verarbeitung für einen oder mehrere bestimmte Zwecke eingewilligt hat (Art. 6 Abs. 1 Buchstabe a)) und dass sie ausdrücklich in die Verarbeitung von Gesundheitsdaten für einen oder mehrere festgelegte Zwecke eingewilligt hat (Art. 9 Abs. 2 Buchstabe a)) und dass der zuständige lokale institutionelle Ethikrat die Verarbeitung genehmigt hat. Die Einwilligung als Rechtsgrundlage bringt bestimmte zusätzliche Verpflichtungen mit sich: Die Einwilligung muss freiwillig, ausdrücklich, in Kenntnis der Sachlage und unmissverständlich erteilt werden, und sie muss jederzeit widerrufen werden können. Die Verantwortlichen müssen dabei sicherstellen, dass der Widerruf der Einwilligung genau so einfach ist wie die Erteilung der Einwilligung: es muss für die betroffenen Personen genauso einfach sein, ihre Einwilligung zu widerrufen, wie es für die Verantwortlichen war, die Einwilligung einzuholen. Die ausdrückliche Einwilligung für einen oder mehrere festgelegte Zwecke voraus, dass das Ersuchen um Einwilligung in verständlicher und leicht zugänglicher Form in einer klaren und einfachen Sprache erfolgt und von anderen Sachverhalten klar zu unterscheiden ist. Die ausführliche Dokumentation und die Datenschutzrichtlinien von VRE/HDC helfen dabei, diese Informationen an die betroffenen Personen weiterzugeben und sie adäquat zu informieren. In der VRE/HDC wird daher die rechtmäßige Grundlage vor Beginn der Verarbeitung im Rahmen der DSFA ermittelt, noch bevor ein VRE/HDC-Projekt erstellt wird.

XI. Datenschutz-Folgenabschätzung (Art. 35 DSGVO)

Wenn die Verarbeitung wahrscheinlich ein hohes Risiko für die Rechte und Freiheiten natürlicher Personen mit sich bringt, muss der für die Verarbeitung Verantwortliche eine Abschätzung der Auswirkungen der geplanten Verarbeitungen auf den Schutz personenbezogener Daten vornehmen. Um die Rechtmäßigkeit der Verarbeitung zu gewährleisten, ist daher das Hochladen von personenbezogenen Daten in das VRE/HDC erst nach Durchführung einer DSFA zulässig. Der VRE/HDC unterstützt seine Nutzer durch die Bereitstellung von DSFA-Vorlagen für die Verarbeitung von Gesundheitsdaten. Der Zweck der DSFA ist hierbei die Einhaltung der DSGVO bei der geplanten Verarbeitungstätigkeit nachzuweisen, indem die Zwecke der Verarbeitung, die Art der verarbeiteten Daten, die Zugriffsberechtigten, die Maßnahmen zum Schutz der Daten und der Zeitpunkt der geplanten Löschung angegeben werden. Die DSGVO schreibt die Durchführung einer DSFA vor, wenn die Verarbeitung "voraussichtlich ein hohes Risiko für die Rechte und Freiheiten natürlicher Personen zur Folge" hat (Art. 35). Die Aufnahme eines neuen Projekts im VRE/HDC erfolgt daher erst nachdem die Verantwortlichen eine DSFA der geplanten Verarbeitungstätigkeit erstellt haben und diese von allen beteiligten Verantwortlichen, Auftragsverarbeitenden und Datenschutzbeauftragten akzeptiert wurde. Sollte aus der DSFA hervorgehen, dass die Verarbeitung ein hohes Risiko zur Folge hätte, sofern die Verantwortlichen keine Maßnahmen zur Eindämmung des Risikos treffen (einschließlich der TOMs die durch die VRE/HDC bereitgestellt werden) ist es die Pflicht der Verantwortlichen vor der Verarbeitung die entsprechenden Aufsichtsbehörden zu konsultieren (Art. 36 DSGVO). Die VRE/HDC stellt Verantwortlichen eine detaillierte DSFA-Vorlage zur Verfügung, um diesen Prozess zu erleichtern. Die DSFA-Vorlage enthält allgemeine Verarbeitungsschritte der VRE/HDC für einen typischen Anwendungsfall zur Verarbeitung von Gesundheitsdaten und legt alle TOMs zur Risikominderung explizit dar, um die Anfertigung der DSFA für das Gesamtprojekt, als auch die Kontrolle durch Datenschutzbeauftrage, zu erleichtern. Da die wesentlichen Risiken, Verarbeitungsschritte und TOMs für typische Anwendungsfälle zur Verarbeitung von Gesundheitsdaten vergleichbar sind, kann der DSFA-Prozess für VRE/HDC Projekte erleichtert werden, so dass Verantwortliche lediglich risikorelevante Änderungen mit den Datenschutzbeauftragten diskutieren müssen. Sobald ein Projekt ein positives Votum der beteiligten Datenschutzbeauftragten erhalten hat, erhält zunächst ein/e Verantwortliche/r Zugang als Projektadministrator zu dem neu angelegten Projekt und kann anschließend die spezifizierten weiteren Verantwortlichen oder Auftragsverarbeitenden hinzufügen um die geplante Verarbeitungstätigkeit zu beginnen.

XII. Rechenschaftspflicht und geteilte Verantwortung

Als organisatorische Maßnahme unterscheidet die VRE/HDC spezifische Rollen für verschiedene Nutzerkategorien deren Berechtigungen sich auf die Verantwortlichkeiten der in der DSGVO definierten Rollen beziehen. Die für die Verarbeitung Verantwortlichen werden in der DSGVO definiert als jede Person, Behörde, Einrichtung oder andere Stelle, die allein oder gemeinsam mit anderen über die Zwecke und Mittel der Verarbeitung personenbezogener Daten entscheidet (Art. 4 Abs. 7 DSGVO), während die Auftragsverarbeitenden diese Daten lediglich im Auftrag und auf Anweisung der Verantwortlichen verarbeiten (Art. 4 Abs. 8 DSGVO). Die Verantwortlichen sind rechtlich verpflichtet, die Privatsphäre der personenbezogenen Gesundheitsdaten der betroffenen Personen zu schützen (Art. 24 DSGVO). Der Hauptzweck des VRE/HDC besteht darin, Verantwortliche und Auftragsverarbeitende dabei zu helfen, nachzuweisen, dass die Verarbeitung auf rechtmäßige Weise erfolgt, indem sie die beschriebenen technischen und organisatorischen Maßnahmen für den Datenschutz und die Einhaltung der Rechtsvorschriften umsetzen. Erst nachdem die DSFA und ein Datenverarbeitungsvertrag basierend auf den Standardvertragsklauseln der Europäischen Kommission abgeschlossen wurden und weitere gesetzlich vorgeschriebene Dokumente vorgelegt wurden (z.B. eine Ethikgenehmigung von der zuständigen Ethikkomission entsprechend dem Humanforschungsgesetzes in Verbindung mit den entsprechenden Landesgesetzen), wird von einem Plattformadministrator ein spezifisches VRE/HDC-Projekt erstellt und die gelisteten Verantwortlichen und Auftragsverarbeitenden dem Projekt hinzugefügt. Die für die Verarbeitung Verantwortlichen können dann den in der DSFA spezifizierten Gesundheitsdatensatz importieren, um ihn kontrolliert allen Teammitgliedern für die Erfüllung der beabsichtigten Zwecke der Verarbeitung zur Verfügung zu stellen beziehungsweise ihn vorher entsprechend des Zweckes zu minimieren.

XIII. Datenverarbeitungsvertrag

Die Verarbeitung durch einen Auftragsverarbeiter erfolgt auf der Grundlage eines Vertrags, der den Auftragsverarbeiter in Bezug auf den Verantwortlichen bindet und in dem Gegenstand, Dauer, Art und Zweck der Verarbeitung, die Art der personenbezogenen Daten, die Kategorien betroffener Personen und die Pflichten und Rechte des Verantwortlichen festgelegt sind (Art. 28 DSGVO). Der Vertrag enthält unter anderem die gegenseitige Zusicherung der Beteiligten die Bestimmungen der DSGVO einzuhalten, was einschließt die personenbezogenen Daten zu schützen und nachweisen zu können, dass die jeweiligen Anforderungen in Bezug auf die Verarbeitung und die rechtliche Verantwortung erfüllt sind. VRE/HDC bietet eine Vorlage für Datenschutzvereinbarungen anhand von Standardvertragsklauseln, die von der Europäischen Kommission publiziert wurden und die Vorgaben der DSGVO ausdrücklich niederlegen. Der Datenverarbeitungsvertrag klärt die gemeinsame Verantwortung der Beteiligten und die technischen und organisatorischen Maßnahmen zum Schutz der Verarbeitung. Mit dem Datenverarbeitungsvertrag schließen Verantwortliche für Gesundheitsdaten einen Vertrag mit der Charité – Universitätsmedizin Berlin als Auftragsverarbeiterin und Betreiberin der VRE/HDC. Das Dokument ermöglicht es den Beteiligten Vereinbarungen hinsichtlich der rechtlichen Konformität, Sicherheit und Integrität der Daten, Haftung, Schadensersatz und Durchsetzbarkeit vertraglich festzuhalten und zu überprüfen.

XIV. HPC

Zusätzlich zu den Rechenressourcen, die von den VMs bereitgestellt werden, stellt die HPC-Infrastruktur der Charité Prozesorzeit und Speicher für die Ausführung ressourcenintensiver Aufgaben zur Verfügung. Der VRE Kommandozeilen-Client ermöglicht Nutzern, ressourcenintensive Aufgaben an das Charité IT HPC zu übermitteln. Typische Parameter von HPC-Jobs (wie die Anzahl der parallelen Prozesse oder der jedem Prozess zur Verfügung stehende Speicher) können mit JSON-Dateien konfiguriert werden. Der Befehl ermöglicht auch die Abfrage des Status und Ergebnisses eines eingereichten Jobs sowie Standardfehler- und andere Standardausgaben weiterzuleiten. Darüber hinaus ermöglicht der Befehl die Abfrage von Informationen über die verfügbaren Partitionen sowie die verfügbaren Knoten und ihre Hardwarekonfiguration. Nutzende haben die Auswahl zwischen CPU und GPU Chipsätzen, sowie zwischen Knoten mit hohen Speicheranforderungen oder langer Laufzeit. Der HPC-Dienst ist für die Ausführung von containerisierten Workflows konzipiert, die keine Interaktion erfordern und automatisch ausgeführt werden können, im Gegensatz zu den VMs und JupyterHub, die in erster Linie für interaktive Berechnungen und weniger ressourcenintensive Aufgaben verwendet werden. Benutzer können sich über den VRE Kommandozeilen-Client (CLI) auf einem Projekt-spezifischen remote Desktop VM mit dem HPC-System verbinden, Daten austauschen, Jobs konfigurieren, starten und die Ergebnisse abholen. Die CLI bietet Befehle zur Authentifizierung, zur Übertragung von Daten und Software, zur Konfiguration und Übermittlung von Aufträgen, zur Abfrage des Status eines Auftrags und zur Integration der Ergebnisse zurück in das Projekt. HPC-Aufträge können im JSON-Format konfiguriert werden, wobei Auftragsparameter wie die Anzahl der parallelen Aufgaben, die Namen der HPC-Knoten für die Ausführung, der Speicher pro CPU, die Nutzung der GPU-Ressourcen, Umgebungsvariablen oder E-Mail-Adressen für den Empfang von Benachrichtigungen angegeben werden können.

XV. Versionskontrolle, Integritätsschutz und Herkunftsnachweis

Detaillierte Informationen über die Bearbeitungshistorie (digitale Provenienz) zur Nachverfolgung von Änderungen eines Datensatzes sind für die Wiederverwendung im Sinne der FAIR Prinzipien notwendig, damit Forschende verstehen können wie die Daten erzeugt wurden, in welchen

Zusammenhängen sie wiederverwendet werden können und wie zuverlässig die enthaltenen Informationen sind. VRE/HDC bieten Werkzeuge zur Erzeugung und (Wieder-)Verwendung von Metadatenschemata mittels GUI oder JSON- Dateien. Die bereitgestellten Provenance-Werkzeuge ermöglichen die Beschreibung von Forschungsprodukten mit einer beliebigen Anzahl an Attributen, um die Daten für künftige Forschung *wiederverwendbar* zu machen. Metadatenschemas können flexibel gestaltet und kombiniert werden um Eigenschaften des Datensatzes zu beschreiben, wie beispielsweise Nutzungslizenz, Verweise auf den Rohdatensatz, verwendete Verarbeitungspipelines, Informationen, die für die ordnungsgemäße Nutzung und Interpretation der im Datensatz enthaltenen Informationen und Kenntnisse erforderlich sind, wie z. B. die wissenschaftliche Definition von Variablennamen, physikalischen Einheiten oder die räumliche Lokalisierung von Datenelementen. Jede Datei kann mit anderen Dateien verknüpft werden, aus denen sie zusammen mit den durchgeführten Verarbeitungsschritten abgeleitet wurde, wodurch vollständige Abstammungslinien digitaler Objekte generiert werden können. Dateien, die durch Verarbeitungsschritte erstellt wurden können ihren Quelldateien und Verarbeitungspipelines zugeordnet werden, so dass Provenance-Informationen gespeichert werden können, aus dem die Eingaben und Prozesse hervorgehen, die zur Erstellung jeder Datei verwendet wurden. Eine Abstammungslinie kann verwendet werden, um den Verlauf jeder Datei vom Hochladen bis zu ihrem aktuellen Zustand sowie allen daraus generierten Ergebnissen anzuzeigen, was nützlich ist, um den Lebenszyklus digitaler Objekte zu verstehen und zu reproduzieren. Die Provenance-Historie des Datasets ermöglicht es, Art und Zeitpunkt sowie die bei der Verarbeitung involvierten Nutzende, eindeutig nachzuvollziehen. Die zugehörigen VRE/HDC Dataset-Werkzeuge erlauben unveränderliche "snapshots" von Datensätzen einschließlich verschiedener Versionsnummern anzufertigen und zu teilen. Mit dem zugehörigen Download-Befehl können Nutzende angeben, welche Version eines Datensatzes heruntergeladen werden soll. An einem Dataset vorgenommene Änderungen werden automatisch in Echtzeit verfolgt und können im Dataset Provenance Activity Stream angezeigt werden. Zusätzlich zur automatischen Änderungsverfolgung können Nutzende auch manuell die Erstellung eines Schnappschusses des spezifischen Status eines Datasets zu einem bestimmten Zeitpunkt auslösen. Jede neue Dataset-Version wird dann mit einer eindeutigen Versionsnummer versehen und schreibgeschützt, um sicherzustellen, dass die Daten in ihrem exakten Zustand bleiben. Überarbeitungen, die an einem Datensatz und seinen

Metadaten vorgenommen wurden, werden von VRE/HDC als zusätzliche Metadaten des Datensatzes nachverfolgt und seine Revisionsgeschichte (Provenance) gespeichert.

XVI. Schlussfolgerung

In diesem Beitrag haben wir eine neuartige Open-Source virtuelle Forschungsumgebung für die DSGVO-konforme Verarbeitung von Gesundheitsdaten vorgestellt. Durch die Nutzung von VMs, Kubernetes-Clustern und Containerisierung bietet VRE/HDC eine sichere und skalierbare Umgebung für Biomedizinische Forschung. Mit ihrem Schwerpunkt auf Datensicherheit und FAIRness und ihrem Open-Source Quellcode (https://github.com/vre-charite) fungiert VRE/HDC als Referenzimplementierung um kollaborative Forschung und Innovation zu fördern.

Finanzierungsquellen

Diese Arbeit wurde unterstützt durch die Virtuelle Forschungsumgebung an der Charité Berlin - ein Knotenpunkt der EBRAINS Health Data Cloud. Wir danken außerdem für die Unterstützung durch H2020 Research and Innovation Action Grant Human Brain Project SGA3 945539; H2020 Research and Innovation Action Grant Interactive Computing E-Infrastructure for the Human Brain Project ICEI 800858; H2020 Research and Innovation Action Grant EOSC VirtualBrainCloud 826421; Horizon Europe Research and Innovation Action Grant AISN 101057655; Horizon Europe Research Infrastructures Grant EBRAINS-PREP 101079717; European Innovation Council PHRASE 101058240; Horizon Europe Research Infrastructures Grant EBRAIN-Health 101058516; H2020 European Research Council Grant ERC BrainModes 683049; JPND ERA PerMed PatternCog 2522FSB904; Digital Europe TEF-Health 101100700; Berlin Institute of Health & Foundation Charité; Johanna Quandt Exzellenzinitiative; Deutsche Forschungsgemeinschaft SFB 1436 (Projekt-ID 425899996); Deutsche Forschungsgemeinschaft SFB 1315 (Projekt-ID 327654276); Deutsche Forschungsgemeinschaft SFB 936 (Projekt-ID 178316478)); Deutsche Forschungsgemeinschaft SFB-TRR 295 (Projekt-ID 424778381); Deutsche Forschungsgemeinschaft SPP Computational Connectomics RI 2073/6-1,

RI 2073/10-2, RI 2073/9-1; Deutsche Forschungsgemeinschaft Klinische Forschergruppe BECAUSE-Y (Projekt-ID 504745852).

Herausforderungen an das Datenschutzrecht durch den Einsatz von Künstlicher Intelligenz in der Medizin

Tobias Herbst

I. Einleitung

Der Einsatz von Künstlicher Intelligenz (KI) in der Medizin wirft einige datenschutzrechtliche Fragen und Probleme auf. Je nach konkretem Anwendungsbereich betrifft das insbesondere die Intransparenz des Zustandekommens von Ergebnissen oder den Umfang personenbezogener Daten, die für manche KI-Anwendungen erforderlich sind. Im Folgenden sollen zunächst einige wesentliche Grundsätze des geltenden Datenschutzrechts erläutert werden, die durch den Einsatz von KI in der Medizin berührt werden können. Danach werden Anwendungsbeispiele aus den Bereichen der medizinischen Versorgung und der medizinischen Forschung einschließlich möglicher Kollisionen mit dem geltenden Datenschutzrecht (und deren Vermeidung) erörtert. Ein Fazit beschließt den Beitrag.

II. Wesentliche Grundsätze des geltenden Datenschutzrechts

In der Datenschutzgrundverordnung der EU (DSGVO)[1] fasst Art. 5 „Grundsätze für die Verarbeitung personenbezogener Daten" zusammen; Art. 9 stellt darüber hinaus für sogenannte „besondere Kategorien personenbezogener Daten", zu denen auch für die Medizin relevante Daten zählen können, zusätzliche Anforderungen auf.

---

1 Verordnung (EU) 2016/679 des Europäischen Parlaments und des Rates vom 27. April 2016 zum Schutz natürlicher Personen bei der Verarbeitung personenbezogener Daten, zum freien Datenverkehr und zur Aufhebung der Richtlinie 95/46/EG (Datenschutz-Grundverordnung), ABl. EU Nr. L 119, S. 1.

1. Die Datenschutzgrundsätze des Art. 5 DSGVO

Im Folgenden sollen zunächst die in Art. 5 Abs. 1 DSGVO niedergelegten Datenschutzgrundsätze[2] im Hinblick auf ihre Relevanz für den Einsatz von KI in der Medizin betrachtet werden. Es handelt sich um die Grundsätze der Rechtmäßigkeit, Fairness, Transparenz, Zweckbindung, Datenminimierung, Richtigkeit, Speicherbegrenzung sowie Integrität und Vertraulichkeit.

a) Rechtmäßigkeit

Personenbezogene Daten müssen „auf rechtmäßige Weise" verarbeitet werden. Damit ist gemeint, dass es für die Verarbeitung eine Rechtsgrundlage im Unionsrecht oder im nationalen Recht geben muss, also eine Rechtsnorm, die die konkrete Datenverarbeitung erlaubt.[3] So erlaubt etwa Art. 6 Abs. 1 lit. a DSGVO die Datenverarbeitung, wenn die betroffene Person ihre Einwilligung dazu gegeben hat; werden „besondere Kategorien personenbezogener Daten" verarbeitet, dann muss sich die Einwilligung gemäß Art. 9 Abs. 2 lit. a DSGVO außerdem ausdrücklich hierauf beziehen. Für vertraglich vereinbarte Datenverarbeitungen (z.B. im Rahmen eines Behandlungsvertrages) enthält Art. 6 Abs. 1 lit. b DSGVO eine Rechtsgrundlage. Im medizinischen Kontext jedenfalls theoretisch denkbar ist auch Art. 6 Abs. 1 lit. d DSGVO als Rechtsgrundlage, wonach die Datenverarbeitung zum Schutz lebenswichtiger Interessen erlaubt ist. Für Datenverarbeitungen, die der Erfüllung rechtlicher Verpflichtungen (wie etwa Dokumentationspflichten bei medizinischen Behandlungen) oder der Wahrnehmung von Aufgaben im öffentlichen Interesse dienen (Letzteres trifft in der Regel für medizinische Forschung zu), eröffnen die Regelungen in Art. 6 Abs. 1 lit. c und e in Verbindung mit Art. 6 Abs. 3 DSGVO die Möglichkeit zur Schaffung von Rechtsgrundlagen im nationalen Recht.[4] Insbesondere für KI-basierte Forschung mit großen Mengen von Daten aus dem Behandlungszusammenhang kann das Bestehen einer ausreichenden Rechtsgrundlage fraglich sein; darauf wird bei den Anwendungsbeispielen zurückzukommen sein.

---

2 Vgl. dazu auch *T. Herbst*, in: J. Kühling/B. Buchner (Hrsg.), DS-GVO/BDSG, 4. Aufl., München 2024, Art. 5 Rn. 7 ff.

3 *S. Pötters*, in: P. Gola/D. Heckmann, Datenschutz-Grundverordnung/Bundesdatenschutzgesetz, 3. Aufl., München 2022, Art. 5 Rn. 7.

4 *B. Buchner/T. Petri*, in: Kühling/Buchner (Hrsg.), DS-GVO/BDSG (Fn. 2), Art. 6 Rn. 83 ff., 120 ff.

b) Fairness

Der Grundsatz der Fairness („Verarbeitung nach Treu und Glauben") verlangt im Wesentlichen, dass die betroffene Person bei der Verarbeitung ihrer Daten fair behandelt wird, dass also eine Art Kräftegleichgewicht besteht zwischen ihr und demjenigen, der ihre Daten verarbeitet (dem „Verantwortlichen").[5] Ein Verstoß gegen diesen Grundsatz kann im medizinischen Kontext etwa dann vorliegen, wenn ein Forscher bzw. ein behandelnder Arzt seinen Wissensvorsprung bzw. den Umstand, dass ein Patient auf ihn angewiesen ist, dazu ausnutzt, um (etwa für Forschungszwecke) an Daten zu gelangen. Auch eine Anwendung von KI, die zu diskriminierenden Ergebnissen führt, kann als Verstoß gegen den Grundsatz der Fairness angesehen werden.[6]

c) Transparenz

Nach dem Grundsatz der Transparenz müssen personenbezogene Daten in einer für die betroffene Person nachvollziehbaren Weise verarbeitet werden. Das bedeutet insbesondere, dass die betroffene Person umfassend über die Verarbeitung ihrer Daten zu informieren ist.[7] Im Kontext der Anwendung von KI in der Medizin stellt sich in diesem Zusammenhang die Frage, wie weit die Funktionsweise der KI oder gar das Zustandekommen bestimmter Ergebnisse dem Betroffenen erläutert werden müssen. Darauf wird bei den Anwendungsbeispielen zurückzukommen sein.

d) Zweckbindung

Der Zweckbindungsgrundsatz verlangt, dass bei der Erhebung von Daten der Zweck ihrer Verarbeitung festgelegt wird und dass im Weiteren diese Daten nur entweder zu diesem Zweck oder – bei einer Zweckänderung – zu einem anderen Zweck, der mit dem Erhebungszweck vereinbar ist, verarbeitet werden dürfen.[8] Im Bereich der KI-basierten medizinischen Forschung liegt eine Zweckänderung etwa dann vor, wenn Daten, die

---

5 Vgl. *P. Reimer*, in: G. Sydow/N. Marsch (Hrsg.), DS-GVO/BDSG, 3. Aufl., Baden-Baden 2022, Art. 5 Rn. 14 f.
6 So etwa *P. Vogel*, Künstliche Intelligenz und Datenschutz, Baden-Baden 2022, S. 105.
7 Vgl. *Reimer* (Fn. 5), Art. 5 Rn. 16 f.
8 Dazu ausführlich m.w.N. *Herbst* (Fn. 2), Art. 5 Rn. 20 ff.

zunächst im Behandlungskontext und damit zum Zweck der Behandlung erhoben wurden, im Nachhinein mit KI-Methoden zu Forschungszwecken ausgewertet werden. Eine solche sogenannte Sekundärnutzung solcher Daten ist nur zulässig, wenn der Forschungszweck mit dem ursprünglichen Erhebungszweck vereinbar ist. In diesem Zusammenhang sieht Art. 5 Abs. 1 lit. b DSGVO eine Privilegierung u.a. der Forschung vor: Eine Weiterverarbeitung für wissenschaftliche Forschungszwecke „gemäß Artikel 89 Absatz 1" gilt als vereinbar mit den ursprünglichen Zwecken. Der Verweis auf Art. 89 Abs. 1 DSGVO hat dabei zur Konsequenz, dass nur solche Datenverarbeitungen für Forschungszwecke als vereinbar mit dem ursprünglichen Erhebungszweck gelten, bei denen besondere Vorkehrungen in Gestalt technischer und organisatorischer Maßnahmen getroffen werden; das bedeutet insbesondere, dass die entsprechenden Daten soweit möglich pseudonymisiert oder anonymisiert werden müssen. Werden diese Vorgaben beachtet, dann kann eine Sekundärnutzung medizinischer Daten zu Forschungszwecken dem Zweckbindungsgrundsatz genügen. Allerdings ergibt sich hier noch ein weiteres Problem, denn für die Verarbeitung zu Forschungszwecken ist auch eine geeignete Rechtsgrundlage erforderlich; ein Behandlungsvertrag oder eine Einwilligung in die Datenverarbeitung zu Behandlungszwecken genügt für sich genommen hierfür in der Regel nicht.[9] Als mögliche Rechtsgrundlagen kommen hier Forschungseinwilligungen und besondere „Forschungsklauseln" im nationalen Recht in Betracht. Auf die damit zusammenhängenden Fragen soll bei den Anwendungsbeispielen eingegangen werden.

e) Datenminimierung

Der Grundsatz der Datenminimierung beschränkt die Datenverarbeitung und damit den Umfang der gespeicherten und verarbeiteten personenbezogenen Daten auf das für die jeweils festgelegten Zwecke notwendige Maß.[10]

---

9 In der Literatur wird auch die Meinung vertreten, dass bei einer Zweckänderung, die mit dem Erhebungszweck vereinbar ist, die Rechtsgrundlage der ursprünglichen Datenerhebung ausreicht. Ausführlich zu dieser Kontroverse *Herbst* (Fn. 2), Art. 5 Rn. 48 ff. Die Konferenz der unabhängigen Datenschutzaufsichtsbehörden des Bundes und der Länder (DSK) hat sich inzwischen gegen die Ansicht gewandt, dass hier die Rechtsgrundlage der Datenerhebung ausreiche: *DSK*, Erfahrungsbericht der unabhängigen Datenschutzaufsichtsbehörden des Bundes und der Länder zur Anwendung der DS-GVO, November 2019, S. 13 f.
10 Dazu etwa *Reimer* (Fn. 5), Art. 5 Rn. 32 ff.

Im Unterschied zur Regelung im „alten" Datenschutzrecht (§ 3a BDSG a.F.), das allgemein ein Erfordernis der Datenvermeidung und Datensparsamkeit aufstellte, stellt der Grundsatz der Datenminimierung eine Relation zwischen dem Umfang der Datenverarbeitung und ihrem Zweck her. Für die KI-basierte Auswertung großer Mengen medizinischer Daten bedeutet das, dass sie nun nicht mehr von vornherein als datenschutzrechtlich problematisch anzusehen ist – soweit sich der Zweck der Verarbeitung etwa im Bereich der medizinischen Forschung nur mithilfe der Auswertung großer Datenmengen erreichen lässt, ist dies mit dem Grundsatz der Datenminimierung vereinbar. Ein Problem mit diesem Grundsatz kann sich aber im Fall der Sekundärnutzung ergeben, also dann, wenn medizinische Daten zunächst in einem reinen Behandlungskontext anfallen und erst später für Forschungszwecke verwendet werden sollen. In dieser Situation kann der Grundsatz der Datenminimierung dazu führen, dass Daten, die in einem Forschungskontext wertvoll sein könnten, nicht erhoben bzw. verarbeitet werden (dürfen), weil sie für den Behandlungskontext nicht notwendig sind. Das verringert die Menge der für die Forschung potentiell zur Verfügung stehenden Daten.

f) Richtigkeit

Nach dem Grundsatz der Richtigkeit müssen personenbezogene Daten „sachlich richtig und erforderlichenfalls auf dem neuesten Stand sein". Bei der Anwendung von Techniken des Machine Learning mithilfe neuronaler Netze könnte man hier die Schwierigkeit vermuten, medizinische Daten auf den neuesten Stand zu bringen; nachträgliche Änderungen an einem neuronalen Netz im Sinne einer Aktualisierung einzelner Datensätze, die zu dessen Training verwendet wurden, sind nicht ohne Weiteres möglich. Allerdings gilt das Erfordernis der Aktualität der Daten nur im Hinblick auf die jeweiligen Zwecke ihrer Verarbeitung.[11] Im Bereich der medizinischen Forschung etwa dürfte es für die Erreichung der Zwecke der Verarbeitung in der Regel nicht darauf ankommen, ob es sich um aktuelle oder historische Daten handelt. Der Grundsatz der Richtigkeit verlangt dann nicht nach einer „Aktualisierung" eines neuronalen Netzes.

---

11 *H. Heberlein*, in: E. Ehmann/M. Selmayr (Hrsg.), DS-GVO, 2. Aufl., München 2018, Art. 5 Rn. 24.

g) Speicherbegrenzung

Der Grundsatz der Speicherbegrenzung betrifft die zeitliche Dauer der Verarbeitung personenbezogener Daten: Diese dürfen nur so lange verarbeitet werden, wie es für die Zwecke, für die sie verarbeitet werden, erforderlich ist. Wird allerdings der Personenbezug aufgehoben, indem die Daten anonymisiert werden, dann darf die Verarbeitung über diesen Zeitpunkt hinaus fortgesetzt werden; das ergibt sich schon daraus, dass Daten ohne Personenbezug ohnehin aus dem Anwendungsbereich der DSGVO herausfallen, wird aber auch im Wortlaut des Art. 5 Abs. 1 lit. e DSGVO zum Ausdruck gebracht (eine Identifizierung darf „nur so lange ermöglicht [werden], wie es für die Zwecke, für die sie verarbeitet werden, erforderlich ist"). Eine Auswertung von Daten etwa aus dem medizinischen Behandlungskontext durch KI-basierte Methoden ist also nach einer Anonymisierung dieser Daten auch dann zulässig, wenn die Daten für den ursprünglichen Erhebungszweck (Behandlung) nicht mehr benötigt werden.[12] Bei der Anonymisierung ist aber die Gefahr einer Re-Identifizierung zu beachten, die gerade bei der Auswertung großer Datenmengen durch KI-basierte Methoden besteht; dieser Gefahr muss dann ggf. etwa durch Reduzierung des Informationsgehaltes, z.B. durch die Umwandlung in aggregierte Daten, begegnet werden.

Ähnlich wie beim Grundsatz der Zweckbindung normiert die DSGVO auch bei der Speicherbegrenzung eine Privilegierung u.a. der Forschung: Bei Beachtung der Anforderungen des Art. 89 Abs. 1 DSGVO (also Durchführung technischer und organisatorischer Maßnahmen wie Pseudonymisierung oder Anonymisierung) dürfen Daten auch länger als etwa für ein konkretes Forschungsprojekt erforderlich verarbeitet (und damit gespeichert) werden, so dass sie später auch für weitere Forschungsprojekte zur Verfügung stehen können. Dennoch kann der Grundsatz der Speicherbegrenzung eine Einschränkung der Möglichkeiten der Sekundärnutzung von Behandlungsdaten für die Forschung bewirken; denn sobald solche Daten für den Behandlungskontext nicht mehr erforderlich sind, dürfen sie nicht mehr verarbeitet werden, müssen also gelöscht oder anonymisiert werden. Die Überführung von Behandlungsdaten in pseudonymisierte Forschungsdaten ist daher nur in dem Zeitraum möglich, in dem diese Daten noch für die Behandlung benötigt werden.

---

12 A. *Roßnagel*, in: S. Simitis/G. Hornung/I. Spiecker gen. Döhmann (Hrsg.), Datenschutzrecht, Baden-Baden 2019, Art. 5 Rn. 150 ff.

h) Integrität und Vertraulichkeit

Der Grundsatz der Integrität und Vertraulichkeit verlangt, dass personenbezogene Daten in einer Weise verarbeitet werden, die eine angemessene Sicherheit dieser Daten gewährleistet; das betrifft insbesondere (aber nicht nur) den Schutz vor unbefugtem Zugriff Dritter, also z.B. vor Hackerangriffen.[13] Im Bereich KI-basierter Forschung ist dabei insbesondere zu beachten, dass gerade große Datenmengen besonders attraktiv für solche Angriffe sein können.

2. Besondere Anforderungen an medizinische Daten

Die Regelungen in Art. 9 DSGVO stellen besondere Anforderungen an die Verarbeitung bestimmter besonders „sensibler" Daten – die DSGVO spricht hier von „besonderen Kategorien personenbezogener Daten". Zu diesen Datenarten zählen unter anderem genetische Daten, biometrische Daten zur eindeutigen Identifizierung einer natürlichen Person, Gesundheitsdaten sowie Daten zum Sexualleben und zur sexuellen Orientierung.[14] Medizinisch relevante Daten, also insbesondere Daten, die im Behandlungskontext anfallen, dürften in der Regel jeweils mindestens einer dieser Kategorien angehören. Die Regelungen in Art. 9 DSGVO sind in der Weise strukturiert, dass Art. 9 Abs. 1 zunächst die Verarbeitung solcher Daten generell untersagt, während Art. 9 Abs. 2 dieses allgemeine Verarbeitungsverbot für bestimmte Fallgruppen unter bestimmten Voraussetzungen wieder aufhebt. Für die Thematik dieses Beitrags ist dabei zunächst Art. 9 Abs. 2 lit. a DSGVO relevant, wonach die Verarbeitung entsprechender sensibler Daten zulässig ist, wenn die betroffene Person hierin ausdrücklich einwilligt. Eine solche ausdrückliche Einwilligung hat etwa die Gestalt: „Ich bin auch mit der Verarbeitung von Daten über meine Gesundheit einverstanden".

Außerdem eröffnet Art. 9 Abs. 2 lit. j DSGVO den Mitgliedstaaten der EU die Möglichkeit, in ihrem nationalen Recht die Verarbeitung entsprechender sensibler Daten für Forschungszwecke vorzusehen; dabei müssen aber der Verhältnismäßigkeitsgrundsatz und der Wesensgehalt des Rechts

---

13 Vgl. *Reimer* (Fn. 5), Art. 5 Rn. 48 ff.
14 Dazu und zum Folgenden *T. Petri*, in: Simitis/Hornung/Spiecker gen. Döhmann (Hrsg.), Datenschutzrecht (Fn. 12), Art. 9 Rn. 10 ff.

auf Datenschutz gewahrt und Maßnahmen zur Wahrung der Grundrechte und Interessen der betroffenen Person getroffen werden wie etwa technische und organisatorische Maßnahmen nach Art. 89 Abs. 1 DSGVO.[15] Der Bundesgesetzgeber und die verschiedenen Landesgesetzgeber haben in Deutschland von dieser Möglichkeit in verschiedenen sogenannten „Forschungsklauseln" Gebrauch gemacht (so auf Bundesebene in § 27 BDSG); darauf wird noch bei den Anwendungsbeispielen zurückzukommen sein.

III. Anwendungsbereiche

Beispiele für den Einsatz von KI in der Medizin finden sich in den beiden Bereichen der medizinischen Versorgung und der medizinischen Forschung.

1. Medizinische Versorgung

Als Beispiel für den Einsatz von KI in der medizinischen Versorgung soll im Folgenden eine Gesundheits-App dienen, die Funktionen der Diagnose und Therapie im Bereich der Psychiatrie erfüllen soll. Die App kommuniziert mit dem Anwender mithilfe von Text oder auch gesprochener Sprache und erstellt KI-basiert Diagnosen und Therapieanweisungen (etwa mit Methoden der Verhaltenstherapie). Abgesehen von rechtlichen Problemen, die sich daraus ergeben, dass eine solche App ein Medizinprodukt im Sinne der Medizinprodukteverordnung der EU darstellen kann,[16] stellt auch das Datenschutzrecht Anforderungen an eine solche App.[17]

Solche Anforderungen ergeben sich zunächst aus Art. 22 DSGVO. Diese Vorschrift regelt die Zulässigkeit sogenannter automatisierter Entscheidungen im Einzelfall. Darunter versteht die Regelung eine vollständig automatisiert (also ohne Mitwirkung eines Menschen im Einzelfall) getroffene Entscheidung, die gegenüber einer Person rechtliche Wirkung entfaltet oder sie in ähnlicher Weise erheblich beeinträchtigt.[18] Sofern die eben

---

15 *Petri* (Fn. 14), Art. 9 Rn. 98.
16 Ausführlich dazu Z. *Schreitmüller*, Regulierung intelligenter Medizinprodukte, Baden-Baden 2023, S. 109 ff.
17 Dazu wiederum *Schreitmüller* (Fn. 16), S. 165 ff.
18 Dazu etwa K. v. *Lewinski*, in: H. A. Wolff/S. Brink/A. v. Ungern-Sternberg (Hrsg.), BeckOK Datenschutzrecht, 44. Edition, München 2023, Art. 22 Rn. 14 ff.

dargestellte App Therapieanweisungen vollautomatisiert erstellt, stellen diese Anweisungen möglicherweise automatisierte Entscheidungen im Sinne dieser Vorschrift dar, denn die Therapieanweisungen können – aus welchen Gründen auch immer – anstelle der gewünschten Genesungseffekte auch gesundheitliche Beeinträchtigungen nach sich ziehen und damit den Anwender erheblich beeinträchtigen.

Die Regelungen in Art. 22 DSGVO sind derart strukturiert, dass Art. 22 Abs. 1 zunächst ein generelles Verbot solcher automatisierter Entscheidungen normiert, während Art. 22 Abs. 2 einige Ausnahmen von diesem Verbot regelt. Aufgrund des Umstandes, dass die oben dargestellte App Gesundheitsdaten und damit besondere Kategorien von Daten im Sinne des Art. 9 DSGVO verarbeitet, kommt von diesen Ausnahmen letztlich nur die ausdrückliche Einwilligung der betroffenen Person in Betracht (vgl. Art. 22 Abs. 4 DSGVO mit dem Verweis auf Art. 9 DSGVO). In dem Beispiel müsste also der Anwender der App ausdrücklich darin einwilligen, dass Diagnose und Therapieanweisungen vollständig automatisiert und ohne menschliches Zutun erstellt werden.

Darüber hinaus verlangt Art. 13 Abs. 2 lit. f DSGVO, dass die betroffene Person nicht nur die allgemein bei der Verarbeitung personenbezogener Daten verpflichtenden Informationen erhält, sondern auch spezifische Informationen über die automatisierte Entscheidung im Einzelfall. Die Regelung verlangt dabei, dass der Anwender nicht nur über das Bestehen einer automatisierten Entscheidungsfindung informiert wird, sondern auch „aussagekräftige Informationen über die involvierte Logik sowie die Tragweite und die angestrebten Auswirkungen einer derartigen Verarbeitung" erhält. Während die Aufklärung über die Tragweite und die Auswirkungen der Anwendung der App sich vielleicht noch im Rahmen der ärztlichen Aufklärung im Vorfeld etwa einer Verhaltenstherapie hält, stellt sich die Frage, welche aussagekräftigen Informationen „über die involvierte Logik" bezüglich der eingesetzten KI gegeben werden sollen oder können.

Schon die Verwendung des Ausdrucks „Logik" in dieser Vorschrift deutet darauf hin, dass sich der Gesetzgeber beim Erlass der DSGVO hier eher eine Entscheidungsfindung mithilfe von herkömmlichen Algorithmen im Sinne von klar definierten und vorprogrammierten Rechenschritten vorstellte. Allerdings stellt sich schon bei solchen Algorithmen – jedenfalls ab einer gewissen Komplexität – die Frage, wie sie einem Betroffenen zu erklären wären. Unter der Geltung des früheren Bundesdatenschutzgesetzes (BDSG) hatte der BGH zur Information des Betroffenen über die

Methoden der Berechnung der Kreditausfallwahrscheinlichkeit durch die Schufa geurteilt, dass der Betroffene lediglich einen Anspruch auf Auskunft darüber hat, welche kreditrelevanten Daten in die Berechnung des Wahrscheinlichkeitswertes eingeflossen sind; einen Anspruch auf Information über die abstrakte Methode der Wahrscheinlichkeitsberechnung (Scorewertberechnung) hat der BGH ausdrücklich verneint.[19] Die entsprechende Regelung im früheren BDSG normierte einen Auskunftsanspruch über „das Zustandekommen und die Bedeutung der Wahrscheinlichkeitswerte einzelfallbezogen und nachvollziehbar in allgemein verständlicher Form" (§ 34 Abs. 4 Nr. 4 BDSG a.F.). Bei der Entscheidung des BGH spielte vor allem eine Rolle, dass die Berechnungsmethode aus Sicht der Schufa ein Geschäftsgeheimnis darstellte; in erster Linie ging es also nicht um die Möglichkeit oder Unmöglichkeit der Information des Betroffenen über komplexe Algorithmen.

Jenseits der hier nicht zu beantwortenden Frage, welche Anforderungen die aktuelle Regelung der DSGVO hinsichtlich eines Auskunftsanspruchs des Betroffenen gegenüber der Schufa stellt, ist zu fragen, in welcher Weise nach Art. 13 Abs. 2 lit. f DSGVO über die „involvierte Logik" einer KI aufzuklären ist. Wird etwa ein mit bestimmten Daten trainiertes neuronales Netz verwendet, dann ist es heute selbst für Hersteller und Betreiber eines solchen neuronalen Netzes häufig nicht möglich, das Zustandekommen der verschiedenen Gewichtungen innerhalb des Netzes nachzuvollziehen und zu erklären, auch wenn es hierfür in einzelnen Bereichen Ansätze gibt („Erklärbare KI" oder „Explainable AI").[20] Allerdings genügt es dabei nicht, wie häufig bei Methoden der Erklärbaren KI, im Nachhinein, also nach Vollendung des Verarbeitungsvorganges, das Zustandekommen des Ergebnisses zu erklären, denn Art. 13 Abs. 2 DSGVO verlangt ausdrücklich, dass die betreffenden Informationen der betroffenen Person „zum Zeitpunkt der Erhebung dieser Daten" zur Verfügung gestellt werden müssen. Letztlich wird man sich bei der Information über die KI auf das beschränken müssen, was sinnvoll und möglich ist. Dabei muss aber berücksichtigt werden, welche Informationen dennoch für den Betroffenen relevant sein können.[21] Das können z.B. die fehlende exakte Vorhersehbarkeit der Ergebnisse bzw. die Wahrscheinlichkeit „richtiger" oder „guter" Ergebnisse, die Herkunft

---

19 BGHZ 200, 38 (42 ff.).
20 Vgl. dazu im Überblick *C. Niederée/W. Nejdl*, in: M. Ebers/C. Heinze/T. Krügel/B. Steinrötter (Hrsg.), Künstliche Intelligenz und Robotik, München 2020, § 2 Rn. 123 ff.
21 Ähnlich *Schreitmüller*, Regulierung (Fn. 16), S. 249 f.; *Vogel*, Künstliche Intelligenz (Fn. 6), S. 172 ff.

der Trainingsdaten eines neuronalen Netzes, mögliche Parallelen zwischen den Ergebnissen und den Trainingsdaten (einschließlich eines möglichen schon in den Trainingsdaten vorliegenden, den Betroffenen benachteiligenden Bias) oder etwaige Beschränkungen hinsichtlich der möglichen Ergebnisse (im Beispiel etwa ein „einprogrammierter" Ausschluss bestimmter Therapieanweisungen) sein.

2. Medizinische Forschung

Ein weiterer Anwendungsbereich des Einsatzes von KI in der Medizin ist die medizinische Forschung. Typischerweise geht es hier um die Auswertung großer Datenmengen mit KI-basierten Methoden. Im Folgenden sollen zunächst einige Beispiele aktueller Forschungsprojekte mit großen Datenmengen vorgestellt werden, bei denen auch KI zur Anwendung kommen kann. In datenschutzrechtlicher Hinsicht stellen sich hier vor allem Probleme im Hinblick auf geeignete Rechtsgrundlagen für die Verarbeitung der benötigten großen Datenmengen. Als eine solche Rechtsgrundlage kommt in erster Linie die Einwilligung der Betroffenen in Betracht; entsprechend ist dann auf die einwilligungsbasierte Forschung mit entsprechenden Daten einzugehen. Soweit es an einer Einwilligung der Betroffenen in die Verarbeitung ihrer Daten für Forschungszwecke fehlt, bedarf es für solche Verarbeitungen einer speziellen gesetzlichen Grundlage. Welche gesetzlichen Grundlagen hierfür in Betracht kommen, soll im Anschluss erörtert werden. Schließlich sollen noch einige datenschutzrechtliche Fragen erörtert werden, die sich bei den für die Forschung wichtigen internationalen Kooperationen ergeben können.

a) Beispiele für potentiell KI-basierte medizinische Forschung mit großen Datenmengen

In der vom Bundesministerium für Bildung und Forschung geförderten Medizininformatik-Initiative (MII) haben sich Wissenschaftler aus den deutschen Universitätskliniken zusammengeschlossen, um Patientendaten, die während eines Klinikaufenthaltes im Behandlungskontext entstehen, digital zu vernetzen, so dass mit diesen Daten geforscht werden kann.[22]

Ein anderes Projekt ist die von einem Netzwerk deutscher Forschungseinrichtungen durchgeführte NAKO Gesundheitsstudie. Es handelt sich dabei um eine auf eine Dauer von 20 bis 30 Jahren angelegte Langzeit-Bevölkerungsstudie zur Erforschung der Ursachen für die Entstehung von Volkskrankheiten. Hierzu werden ca. 200.000 zufällig ausgewählte Teilnehmer umfassend und über einen längeren Zeitraum wiederkehrend medizinisch untersucht.[23]

Einen weiteren Forschungskontext mit ggf. großen Datenmengen bilden die insbesondere an vielen Universitätskliniken (in Deutschland und weltweit) eingerichteten Biobanken. Hier werden menschliche Biomaterialproben auf Dauer eingelagert und zugehörige medizinische Daten gespeichert. Proben und Daten können dann für Forschungszwecke unter bestimmten Voraussetzungen zur Verfügung gestellt werden.[24]

b) Einwilligung als Grundlage der KI-basierten Datenverarbeitung

Bei den soeben vorgestellten Projekten der MII und der NAKO beruht die Verarbeitung medizinischer Daten zu Forschungszwecken auf den Einwilligungen der Patienten bzw. Teilnehmer in die Forschung mit ihren Daten. In Biobanken wird ein Teil der Proben und Daten zwar auch im reinen Behandlungskontext aufbewahrt (etwa um spätere Nach- oder Vergleichsuntersuchungen in Bezug auf den betreffenden Patienten durchführen zu können); in den letzten Jahren sind aber jedenfalls die größeren Biobanken bestrebt, auch Forschungseinwilligungen zu erhalten, um auf dieser Grundlage Proben und Daten für künftige Forschungsprojekte zur Verfügung stellen zu können.

Charakteristisch für solche Forschung mit großen Datenmengen ist, dass die mit großem Aufwand gewonnenen Daten nicht nur für ein einzelnes bestimmtes Forschungsthema verwendet werden sollen, sondern über einen längeren Zeitraum für verschiedene zukünftige, zum Zeitpunkt der Datenerhebung oft noch nicht bekannte Forschungsprojekte zur Verfügung

---

22 Vgl. dazu die Internetpräsenz der MII unter https://www.medizininformatik-initiative.de.
23 Vgl. dazu die Internetpräsenz der NAKO unter https://nako.de.
24 Zur Biobank-Forschung vgl. etwa die Internetpräsenz des German Biobank Node https://www.bbmri.de.

stehen sollen. Für einwilligungsbasierte Forschung bedeutet dies, dass die Einwilligung der betroffenen Personen auch solche erst in der Zukunft liegenden Forschungen abdecken muss. Schon aus praktischen Gründen ist es bei großen Datenmengen und langen Zeiträumen oft nicht möglich, für jedes künftige Forschungsprojekt bei den betroffenen Personen nachzufragen und eine erneute Einwilligung einzuholen. Daher wird in diesen Konstellationen angestrebt, schon bei Gewinnung der Daten eine möglichst umfassende Einwilligung zu erlangen, die von vornherein ein breites Spektrum künftiger Forschungsprojekte abdeckt; man spricht hier von einem „broad consent". Eine solche Einwilligung erstreckt sich dann z.B. auf jegliche medizinische Forschung, die die Vorbeugung, Erkennung und Behandlung von Erkrankungen verbessern soll.

Die Zulässigkeit eines solchen broad consent wird manchmal angezweifelt.[25] In datenschutzrechtlicher Hinsicht wird hier etwa verwiesen auf die Legaldefinition der Einwilligung in Art. 4 Nr. 11 DSGVO, wonach zu den Merkmalen einer Einwilligung zählt, dass sie eine Willensbekundung ist, die „für den bestimmten Fall" abgegeben wird. Diese Formulierung wird allerdings durch den auf Zwecke der wissenschaftlichen Forschung bezogenen Erwägungsgrund 33 zur DSGVO relativiert. Dort heißt es:

„Oftmals kann der Zweck der Verarbeitung personenbezogener Daten für Zwecke der wissenschaftlichen Forschung zum Zeitpunkt der Erhebung der personenbezogenen Daten nicht vollständig angegeben werden. Daher sollte es betroffenen Personen erlaubt sein, ihre Einwilligung für bestimmte Bereiche wissenschaftlicher Forschung zu geben, wenn dies unter Einhaltung der anerkannten ethischen Standards der wissenschaftlichen Forschung geschieht."

Die Konferenz der unabhängigen Datenschutzaufsichtsbehörden des Bundes und der Länder („Datenschutzkonferenz") hat im Hinblick auf diesen Erwägungsgrund in einem Beschluss vom 3.4.2019 festgestellt, dass der Ansatz des broad consent zum Tragen kommen kann, wenn das Forschungsvorhaben eine vollständige Zweckbestimmung schlechthin nicht zulässt und wenn bestimmte Vorkehrungen getroffen werden wie etwa ein positives Votum eines Ethikgremiums vor der Nutzung für weitere

---

25 So bezüglich der von der MII verwendeten Mustereinwilligung von *W. Fröhlich/I. Spiecker gen. Döhmann*, Die breite Einwilligung (Broad Consent) in die Datenverarbeitung zu medizinischen Forschungszwecken – der aktuelle Irrweg der MII, GesR 2022, 346 (349 ff.).

Forschungszwecke oder die Einrichtung einer Internetpräsenz, über die sich Teilnehmer über laufende und künftige Studien informieren können.²⁶

Bei Beachtung solcher Vorkehrungen ist demnach ein broad consent datenschutzrechtlich zulässig. Selbstverständlich stellt der broad consent nur dann eine wirksame Einwilligung dar, wenn die betroffenen Personen zuvor klar und unmissverständlich über die Breite der Einwilligung, also das Spektrum möglicher Forschungen, informiert wurden und wenn die späteren Forschungsprojekte sich innerhalb des so abgesteckten Rahmens halten. Soweit es potentiellen Studienteilnehmern auf diese Weise ermöglicht wird, ihre Daten (und ggf. Biomaterialproben) bewusst für medizinische Forschung in einem weiten Sinne zur Verfügung zu stellen, entspricht ein solches Vorgehen dem Gedanken der zu Recht eingeforderten Autonomie von Studienteilnehmern in der medizinischen Forschung; das Gegenargument, mangels konkreter Informationen über künftige Studien liege keine für die Wahrung der Autonomie erforderliche „informierte" Einwilligung vor, greift zu kurz, weil es für die Betroffenen von vornherein die Möglichkeit ausschließt, bewusst ihre Daten für die gesamte medizinische Forschung zur Verfügung zu stellen.²⁷

Beruht die Verarbeitung personenbezogener Daten auf einer Einwilligung, dann hat die betroffene Person nach Art. 7 Abs. 3 DSGVO das Recht, ihre Einwilligung jederzeit zu widerrufen. Das hat nach Art. 17 Abs. 1 lit. b DSGVO zur Folge, dass die betreffenden Daten zu löschen sind, sofern es an einer anderen Rechtsgrundlage für die Verarbeitung fehlt. Gerade bei KI-basierter Forschung stellt sich dann die Frage, wie eine solche Löschung vorgenommen werden kann, wenn die Daten schon in eine Auswertung eingeflossen oder etwa zum Anlernen eines neuronalen Netzes verwendet worden sind.²⁸ In manchen Fällen kann hier eine Anonymisierung des betreffenden zugrunde liegenden Datensatzes (z.B. durch Löschung des Eintrags der widerrufenden Person in der Pseudonymliste) das Löschen bewirken, ohne das Forschungsziel zu gefährden.²⁹ In anderen Fällen greift hier möglicherweise Art. 17 Abs. 3 lit. d DSGVO, wonach die Löschungspflicht nicht besteht, soweit die Erreichung des jeweiligen

---

26 Der Beschluss ist im Bereich „Infothek" des Internetauftritts der DSK abrufbar: https://www.datenschutzkonferenz-online.de.
27 Aus rechtsphilosophischer Sicht *T. Herbst*, Autonomie und broad consent in der medizinischen Forschung, RphZ 2019, 271 (278 ff.).
28 Dazu auch *P. Vogel*, Künstliche Intelligenz (Fn. 6), S. 91 ff.
29 Zur Anonymisierung als Form des Löschens *T. Herbst*, in: Kühling/Buchner (Hrsg.), DS-GVO/BDSG (Fn. 2), Art. 17 Rn. 39, 39a.

Forschungszwecks durch die Löschung unmöglich gemacht oder ernsthaft beeinträchtigt würde. Besteht neben der Einwilligung eine andere Rechtsgrundlage für die Verarbeitung, dann greift ohnehin schon die Löschungspflicht aus Art. 17 Abs. 1 DSGVO nicht, und die Verarbeitung kann dann auf diese andere Rechtsgrundlage gestützt werden; allerdings verlangt hier der Grundsatz der Fairness (Art. 5 Abs. 1 lit. a DSGVO, siehe dazu oben), dass der Betroffene nach Möglichkeit vor Erteilung der Einwilligung auf die Existenz dieser weiteren Rechtsgrundlage hingewiesen wurde.[30] In einigen wenigen spezialgesetzlichen Regelungen im Bereich der medizinischen Forschung finden sich besondere Rechtsgrundlagen für die Weiterverarbeitung von Daten nach einem Widerruf der Einwilligung; ein Beispiel hierfür im Arzneimittelrecht ist die Regelung in Art. 28 Abs. 3 S. 2 CTR[31] (vgl. § 40b Abs. 6 S. 2 Nr. 2 AMG). Im Übrigen kann hier (wie auch in Fällen, in denen eine Einwilligung von vornherein nicht vorhanden ist) auch an die sogenannten Forschungsklauseln in den Datenschutzgesetzen des Bundes und der Länder als Rechtsgrundlage der Verarbeitung gedacht werden; darauf soll im folgenden Abschnitt näher eingegangen werden.

c) Weitere gesetzliche Grundlagen

Fehlt es an einer Einwilligung, dann bedarf die Verarbeitung personenbezogener Daten für Zwecke der medizinischen Forschung einer anderen geeigneten gesetzlichen Grundlage. Hier zeigt sich ein Konstruktionsfehler in der föderalen Kompetenzordnung Deutschlands: Der Bund verfügt nicht über eine umfassende Gesetzgebungskompetenz etwa für die „medizinische Forschung", aufgrund derer er auch Rechtsgrundlagen für entsprechende Datenverarbeitungen schaffen könnte. Durch Bundesgesetz können nur in bestimmten einzelnen Bereichen Regelungen über die medizinische Forschung und die dafür erforderliche Datenverarbeitung geschaffen werden, so etwa im Bereich der Arzneimittel und Medizinprodukte (Art. 74 Abs. 1 Nr. 19 GG) oder in der Versorgungsforschung im Hinblick auf die Gesundheitsdaten der gesetzlich Krankenversicherten (Art. 74 Abs. 1 Nr. 12 GG). Für viele Forschungsprojekte finden sich daher mögliche Rechtsgrundlagen im Landesrecht oder in einer Kombination von Bundes- und Landesrecht,

---

30 Dazu näher *Herbst* (Fn. 29), Art. 17 Rn. 24a.
31 „Clinical Trial Regulation": Verordnung (EU) Nr. 536/2014 des Europäischen Parlaments und des Rates vom 16.4.2014 über klinische Prüfungen mit Humanarzneimitteln und zur Aufhebung der Richtlinie 2001/20/EG, ABl. Nr. L 158, S. 1.

wobei sich zahlreiche Unterschiede im Detail zwischen den verschiedenen landes- bzw. bundesrechtlichen Regelungen finden.[32] Im Landesrecht kommen hier etwa in Betracht die sogenannten Forschungsklauseln in den Landesdatenschutzgesetzen[33] und datenschutzrechtliche Regelungen in den Landeskrankenhausgesetzen.[34]

Diesem rechtlichen Befund steht der Umstand gegenüber, dass moderne medizinische Forschung mit großen Datenmengen in der Regel im Verbund mehrerer oder einer Vielzahl von Einrichtungen durchgeführt wird, die über mehrere Bundesländer verteilt bzw. auch im Ausland ansässig sind. Solche Verbundprojekte müssen ggf. das Datenschutzrecht mehrerer Bundesländer und möglicherweise auch bundesrechtliche Regelungen beachten. Die Notwendigkeit der gleichzeitigen Beachtung der Voraussetzungen einer Vielzahl von unterschiedlichen Rechtsgrundlagen stellt ein – in dieser Form eigentlich unnötiges – Erschwernis für solche Verbundforschung dar.

Auch die durch den Bundesgesetzgeber vor Kurzem neu geschaffene Regelung in § 287a SGB V schafft hier keine Abhilfe.[35] Nach dieser Regelung findet bei „länderübergreifenden Vorhaben der Versorgungs- und Gesundheitsforschung" § 27 BDSG Anwendung, also die Forschungsklausel im BDSG, aufgrund derer Gesundheitsdaten ohne Einwilligung der Betroffenen für Forschungszwecke verarbeitet werden dürfen, wenn das Forschungsinteresse ein Interesse der Betroffenen an einem Ausschluss der Verarbeitung erheblich überwiegt und bestimmte weitere Voraussetzungen (insbesondere die Anwendung der technischen und organisatorischen Maßnahmen des § 22 Abs. 2 BDSG) erfüllt sind. Beim ersten Hinsehen scheint diese Regelung eine Lösung des Problems zu sein: Bei länderübergreifenden Verbundprojekten scheint anstelle der unterschiedlichen landesrechtlichen Regelungen die bundesgesetzliche Forschungsklausel des § 27 BDSG einheitlich Anwendung finden zu können (wobei allerdings die Prüfung, ob das Forschungsinteresse das Interesse des Betroffenen „erheblich überwiegt", einen Unsicherheitsfaktor darstellt, weshalb solche Forschungsklauseln eher zurückhaltend angewendet werden sollten). Bei näherem

---

32 Dieser Befund auch bei *S. v. Kielmansegg*, Gesetzgebung im Windschatten der Pandemie: § 287a SGB V und der Datenschutz in der Gesundheitsforschung, VerwArch 2021, 133 (151 f.).
33 Z.B. in Berlin § 17 BlnDSG.
34 Z.B. in Berlin § 25 LKG.
35 Zu dieser Regelung ausführlich – allerdings im Ergebnis die Möglichkeit einer Abhilfe durch sie jedenfalls nicht ausschließend – *v. Kielmansegg*, Gesetzgebung (Fn. 32), 133 ff.

Hinsehen wird aber deutlich, dass der Anwendungsbereich des § 287a SGB V sehr beschränkt ist. Das ergibt sich zum einen aus dem Regelungsort: Das SGB V, also das Fünfte Buch des Sozialgesetzbuchs, enthält die Regelungen über die gesetzliche Krankenversicherung; schon das spricht dafür, dass § 287a SGB V nur Forschung mit den bei den gesetzlichen Krankenversicherungen vorhandenen Daten erfasst, also nicht etwa sämtliche in Kliniken vorhandenen Behandlungsdaten und auch nicht Daten der privat Versicherten. Für eine solche Beschränkung des Anwendungsbereichs des § 287a SGB V spricht im Übrigen auch die Gesetzgebungskompetenz des Bundes: Dieser hat nach Art. 74 Abs. 1 Nr. 12 GG die Gesetzgebungskompetenz für „die Sozialversicherung" und damit auch für die gesetzliche Krankenversicherung; medizinische Forschung abseits der gesetzlichen Krankenversicherung fällt aber weder unter diesen Titel noch unter den Kompetenztitel „Recht der Wirtschaft" (Art. 74 Abs. 1 Nr. 11 GG) noch unter den Titel „wirtschaftliche Sicherung der Krankenhäuser" (Art. 74 Abs. 1 Nr. 19a GG)[36] und auch nicht unter den erkennbar auf Maßnahmen wie Finanzhilfen beschränkten[37] Titel „Förderung der wissenschaftlichen Forschung" (Art. 74 Abs. 1 Nr. 13 GG).[38] Es bleibt also (leider) vorerst bei der dargestellten föderalen Rechtszersplitterung.

d) Internationale Kooperationen

KI-basierte medizinische Forschung mit großen Datenmengen kann in besonderem Maße von internationalen Kooperationen profitieren. Das betrifft nicht nur den Austausch von Fachwissen über neue Forschungsmethoden, sondern auch die Datenbasis dieser Forschung: Ein internationales Verbundprojekt kann potenziell auf einen größeren Pool von Patienten- oder Probandendaten zurückgreifen als ein auf nationale Partner beschränktes Projekt. Typischerweise werden in solchen Verbundprojekten

---

36 Für die beiden letztgenannten Kompetenztitel im Ergebnis ebenso v. Kielmansegg, Gesetzgebung (Fn. 32), 139 ff.
37 Vgl. nur F. Wittreck, in: H. Dreier (Hrsg.), Grundgesetz-Kommentar, Bd. III, 3. Aufl., Tübingen 2015, Art. 74 Rn. 65, wo lediglich problematisiert wird, inwieweit der Kompetenztitel auch Kontrollmaßnahmen über die Verwendung der Fördergelder umfasst.
38 Die drei letztgenannten Kompetenztitel werden in der Begründung des Gesetzentwurfs genannt: BT-Drs. 19/18111, 26. In Bezug auf die datenschutzrechtlichen Regelungen als „Förderung der wissenschaftlichen Forschung" spricht v. Kielmansegg, Gesetzgebung (Fn. 32), 168 von einer „unorthodoxen Auslegung", ohne diese Auslegung aber gänzlich abzulehnen.

daher zwischen den Partnern Gesundheitsdaten der Patienten bzw. Probanden ausgetauscht. Sobald dabei Partner außerhalb der EU involviert sind, entstehen besondere datenschutzrechtliche Fragen und Probleme. Die DSGVO ist nämlich so strukturiert, dass sie die Übermittlung personenbezogener Daten zwischen den Mitgliedstaaten zwar aufgrund der hier geltenden weitgehend einheitlichen datenschutzrechtlichen Anforderungen ohne besondere zusätzliche Voraussetzungen erlaubt; wegen des möglicherweise niedrigeren Datenschutzniveaus in Ländern außerhalb der EU („Drittländern") regelt die DSGVO aber in einem eigenen Kapitel (Art. 44-50 DSGVO) solche zusätzlichen Anforderungen für derartige Übermittlungen. Welche Fragen und Probleme dadurch aufgeworfen werden, soll im Folgenden anhand des für die medizinische Forschungspraxis besonders relevanten Beispiels der USA erläutert werden.

Weitgehend unproblematisch ist die Datenübermittlung, wenn für das betreffende Drittland ein sogenannter Angemessenheitsbeschluss der EU-Kommission existiert (Art. 45 DSGVO). Mit einem solchen Angemessenheitsbeschluss bescheinigt die Kommission dem betreffenden Drittland gewissermaßen, dass in diesem Land ein der EU vergleichbares Datenschutzniveau besteht. Für die USA existierten in der Vergangenheit zwei solche Angemessenheitsbeschlüsse („Safe Harbor" und „Privacy Shield"), die allerdings beide durch den EuGH (in den Entscheidungen „Schrems I" und „Schrems II") für nichtig erklärt wurden.[39] Der EuGH befand das Datenschutzniveau in den USA vor allem deswegen als nicht ausreichend, weil nach amerikanischem Recht die Möglichkeit besteht, dass die Geheimdienste auf personenbezogene Daten von Ausländern zugreifen, ohne dass die betroffenen Personen ausreichende Rechtsschutzmöglichkeiten dagegen haben. Nach erneuten Verhandlungen mit den USA hat jüngst die Kommission den dritten Angemessenheitsbeschluss erlassen („EU-US Data Privacy Framework").[40] Ob nun dieser Angemessenheitsbeschluss den Anforderungen des EuGH standhält, ist allerdings nicht gewiss, so dass nicht ausgeschlossen ist, dass auch er durch den EuGH für nichtig erklärt werden wird. Ein Angemessenheitsbeschluss ist daher nach den bisherigen Erfahrungen jedenfalls gegenwärtig nicht als dauerhaft sichere Rechtsgrundlage für Übermittlungen in die USA zu betrachten.

---

39 Safe Harbor: EuGH DVBl 2015, 1446 („Schrems I"); dazu *C. Schröder*, in: Kühling/Buchner (Hrsg.), DS-GVO/BDSG (Fn. 2), Art. 45 Rn. 41 ff. Privacy Shield: EuGH DVBl 2020, 1259 („Schrems II"); dazu *Schröder*, ebda., Art. 45 Rn. 44 ff.
40 Angemessenheitsbeschluss der Kommission vom 10.7.2023, Dokument Nr. C(2023) 4745 final.

Fehlt es an einem Angemessenheitsbeschluss, dann bietet Art. 46 DSGVO weitere Instrumente für Übermittlungen in Drittländer. Hier kommen insbesondere die Standarddatenschutzklauseln (auch Standardvertragsklauseln genannt) gemäß Art. 46 Abs. 2 lit. c DSGVO in Betracht. Hierbei handelt es sich um von der Kommission beschlossene Textbausteine, die in einem Kooperationsvertrag mit einem Datenempfänger im Drittland verwendet werden können. Gerade im Hinblick auf die USA hat der EuGH in der Entscheidung „Schrems II" allerdings festgestellt, dass die Verwendung dieser Standarddatenschutzklauseln für sich genommen noch nicht ein ausreichendes Datenschutzniveau garantiert; das liegt vor allem daran, dass durch einen Vertrag zwischen zwei Kooperationspartnern die Zugriffsmöglichkeiten staatlicher Behörden auf Daten nicht wirksam beschränkt werden können. Der EuGH fordert daher bei der Verwendung von Standarddatenschutzklauseln zusätzliche Sicherungsmaßnahmen, wobei aber nicht verbindlich geklärt ist, welche zusätzlichen Sicherungsmaßnahmen letztlich ausreichend sind. Als zusätzliche Maßnahmen im Bereich der KI-basierten medizinischen Forschung ist hier etwa zu denken an die Anonymisierung der Daten, Verwendung synthetischer Daten (also Daten, die zwar – z.B. mit Hilfe von sog. „Generative Adversarial Networks" – künstlich erzeugt sind, aber bei der Auswertung zum selben Ergebnis wie die Originaldaten führen)[41] oder an Techniken wie „differential privacy" (Veränderung der Ausgangsdaten unter Beibehaltung ihrer statistischen Aussagekraft),[42] homomorphe Verschlüsselung (Verschlüsselung der Ausgangsdaten in einer Weise, die eine Auswertung der verschlüsselten Daten ohne Entschlüsselung ermöglicht) oder „code to data" (die Übermittlung von Auswertungssoftware an den Ort, an dem die Daten vorhanden sind, anstelle der Übermittlung der Daten).[43]

Schließlich gibt es auch die in Art. 49 Abs. 1 lit. a DSGVO vorgesehene Möglichkeit, dass die betroffene Person in die Datenübermittlung in das Drittland ausdrücklich einwilligt, nachdem sie über die möglichen Risiken unterrichtet wurde. Hier ist zu beachten, dass die betreffenden Risiken nicht bloß pauschal angesprochen werden, sondern möglichst konkret, so dass die betroffene Person sich eine Vorstellung davon machen kann, was

---

41 Dazu *R. Behrang*, Rechtliche Bewertung synthetischer Daten für KI-Systeme, DuD 2021, 303 (305).
42 Dazu *F. Boenisch*, Privatsphäre und Maschinelles Lernen, DuD 2021, 448 (450 ff.).
43 Vgl. zu solchen Techniken auch *C. Winter/V. Battis/O. Halvani*, Herausforderungen für die Anonymisierung von Daten, ZD 2019, 489 (490 ff.); *Vogel*, Künstliche Intelligenz (Fn. 6), S. 221 ff.

es bedeutet, dass ihre Daten in das betreffende Drittland übertragen werden. Es müsste also etwa darüber informiert werden, dass die Möglichkeit besteht, dass staatliche Behörden auf die Daten zugreifen, ohne dass die betroffene Person ausreichende Rechtsschutzmöglichkeiten dagegen hat.

IV. Fazit

Die obigen Ausführungen haben gezeigt, dass KI-basierte medizinische Forschung mit den Grundsätzen der DSGVO im Wesentlichen vereinbar ist. Die wenigsten Probleme bereiten hierbei Vorgehensweisen, bei denen die Patienten bzw. Probanden in die Verarbeitung ihrer Daten zu Forschungszwecken einwilligen.

Fehlt es an solchen Einwilligungen (was z.B. der Fall sein kann, wenn die betreffenden Daten zunächst in einem Behandlungskontext angefallen sind und erst später ihre Forschungsrelevanz offenbar wird), dann bedarf die Verarbeitung der betreffenden medizinischen Daten einer anderen Rechtsgrundlage. Insbesondere für Verbundprojekte wäre hier jedenfalls für Deutschland eine einheitliche Rechtsgrundlage (anstelle der bestehenden föderalen Vielfalt) wünschenswert. Allerdings fehlt dem Bund hierfür, wie gezeigt, eine umfassende Gesetzgebungskompetenz etwa für die medizinische Forschung. Abhilfe könnte insoweit durch eine Änderung des Grundgesetzes geschaffen werden, die allerdings wegen der erforderlichen verfassungsändernden Mehrheiten in Bundestag und Bundesrat in politischer Hinsicht eine hohe Hürde darstellt. Möglicherweise lässt sich eine solche Änderung in eine umfassendere Neujustierung des Föderalismus einbetten. Eine rechtliche Alternative zur Änderung des Grundgesetzes wäre etwa ein Staatsvertrag, den sämtliche Bundesländer und der Bund abschließen und in dem sich Bund und Länder auf eine einheitliche Regelung zur datengestützten Forschung einigen. Allerdings stellt auch der Abschluss eines solchen Staatsvertrages eine hohe politische Hürde dar.

Arzthaftung im Kontext von KI und Robotik[*]

Jan Eichelberger

A. Einführung

Der Einsatz technischer Systeme bei der medizinischen Behandlung ist seit langem Standard; die moderne Medizin wäre ohne gar nicht denkbar. Auch automatisierte Systeme, d. h. Systeme, die einen ihnen vorgegebenen Ablauf selbsttätig ausführen, sind seit längerem im Einsatz, namentlich in der Chirurgie.[1] Zu einiger Bekanntheit hatte es in den 1990er Jahren „Robodoc" gebracht. Das System unterstützte Chirurgen bei der Implantation von Endoprothesen, indem es ihnen die dafür notwendige Präparation der Oberschenkelschaftröhre abnahm. Der Chirurg musste dazu vor der computergesteuerten Fräsung durch den Robodoc auf Grundlage einer Reihe von CT-Aufnahmen ein 3D-Modell des Knochens am Computer erstellen und eine Prothese auswählen. Das System übernahm dann die Fräsarbeit am Femurschaft.[2] Das System erreichte – richtig programmiert – zwar eine hohe Präzision bei der Präparation.[3] Im praktischen Einsatz zeigten sich jedoch Schwächen. Unter anderem fehlte dem System das Gespür für Abweichungen in der Anatomie oder Ausweichbewegungen des Knochens während des Fräsvorgangs, die einen menschlichen Operateur dazu veranlasst hätten, die Präparation anzupassen.[4] Es kam deshalb zu nicht zufriedenstellenden Operationsergebnissen, so dass schließlich der BGH darüber

---

[*] Der Beitrag ist ebenfalls veröffentlicht in ZfPC 2023, 209 ff.
[1] S. *Federspil/Stallkamp/Plinkert*, Robotik – Ein Evolutionssprung in der operativen Medizin?, Deutsches Ärzteblatt (DÄBl.) 2001, A-2879 ff.; *Caetano da Rosa*, Robodoc. Zukunftsvisionen und Risiken robotisierter Spitzentechnik im Operationssaal, Technikgeschichte 74 (2007), 291, 292 ff.
[2] S. (o.V.) „Robodoc" assistiert bei Hüftgelenksoperationen, DÄBl. 1995, A-2176.
[3] S. (o.V.) „Robodoc" assistiert bei Hüftgelenksoperationen, DÄBl. 1995, A-2176.
[4] S. *Caetano da Rosa*, Robodoc. Zukunftsvisionen und Risiken robotisierter Spitzentechnik im Operationssaal, Technikgeschichte 74 (2007), 291, 300; *Zipper/Püschmann*, Nervenschäden nach robotergestütztem totalen Hüftgelenksersatz: Fallserie mit 29 Patienten, Z Orthop 2005, 399 ff.

zu entscheiden hatte, ob es pflichtwidrig (und damit haftungsbegründend) war, den Robodoc einzusetzen.[5]

Die rasanten Fortschritte im Bereich der sog. „Künstlichen Intelligenz" (KI) eröffnen zunehmend auch in der Medizin neue Perspektiven. So ist es inzwischen denkbar, dass Systeme eigenständig Behandlungsschritte durchführen, ohne dass diese zuvor von einem Menschen im Detail – wie etwa beim Robodoc – programmiert wurden. Dies geht über bloße Automatisierung hinaus; das System handelt in gewisser Weise autonom.

Zwar sind wir derzeit noch nicht so weit, dass ein technisches System arztgleich tätig wird. Die rasanten Fortschritte dürften indes auch (und gerade) vor der Medizin nicht haltmachen und lassen dies durchaus als in absehbarer Zeit erwartbar erscheinen. Beispielsweise gibt es bildverarbeitende Systeme, die mittels maschinellen Lernens in der Lage sind, bösartige Strukturen im Gewebe (etwa der Haut) ebenso gut oder sogar besser als erfahrene Fachärzte zu erkennen.[6]

Das wirft eine Vielzahl von Fragen auf, zum einen medizinische, ethische, gesellschaftliche etc., zum anderen aber auch rechtliche: Zu nennen sind hier etwa das ärztliche Berufsrecht, das Medizinprodukterecht, das Krankenversicherungsrecht und das Datenschutzrecht. Im Folgenden liegt der Fokus auf einigen Fragen des Arzthaftungsrechts beim Einsatz von Robotik und KI bei der medizinischen Behandlung.[7]

B. Künstliche Intelligenz

Eine allgemein anerkannte Definition des Begriffs der Künstlichen Intelligenz zu finden, fällt schwer; Ansätze gibt es gleichwohl viele. Das Europäische Parlament beispielsweise stellt ab auf „die Fähigkeit einer Maschine, menschliche Fähigkeiten wie logisches Denken, Lernen, Planen und Krea-

---

5 BGHZ 168, 103 Rn. 6 = NJW 2006, 2477 – Robodoc.
6 S. etwa *Brinker u.a.*, Deep neural networks are superior to dermatologists in melanoma image classification, European Journal of Cancer 119, 11 ff. (2019). Breit zum Einsatz von KI im Gesundheitswesen s. Pfannstiel (Hrsg.), Künstliche Intelligenz im Gesundheitswesen, 2022.
7 Umfassend dazu mein Kapitel zur Arzthaftung in: Chibanguza/Kuß/Steege (Hrsg.), Künstliche Intelligenz, 2022, § 4 I. (S. 655–674).

tivität zu imitieren".[8] Bitkom e.V. und Deutsches Forschungszentrum für Künstliche Intelligenz e.V. nennen „die Eigenschaft eines IT-Systems, »menschenähnliche«, intelligente Verhaltensweisen zu zeigen".[9] Der Vorschlag der „KI-Verordnung"[10] schließlich definiert „System der künstlichen Intelligenz" ausgesprochen weit[11] als „Software, die mit einer oder mehreren der in Anhang I aufgeführten Techniken und Konzepte entwickelt worden ist und im Hinblick auf eine Reihe von Zielen, die vom Menschen festgelegt werden, Ergebnisse wie Inhalte, Vorhersagen, Empfehlungen oder Entscheidungen hervorbringen kann, die das Umfeld beeinflussen, mit dem sie interagieren." Die referenzierten „Techniken und Konzepte" sind: „a) Konzepte des maschinellen Lernens, mit beaufsichtigtem, unbeaufsichtigtem und bestärkendem Lernen unter Verwendung einer breiten Palette von Methoden, einschließlich des tiefen Lernens (Deep Learning); b) Logik- und wissensgestützte Konzepte, einschließlich Wissensrepräsentation, induktiver (logischer) Programmierung, Wissensgrundlagen, Inferenz- und Deduktionsmaschinen, (symbolischer) Schlussfolgerungs- und Expertensysteme; c) Statistische Ansätze, Bayessche Schätz-, Such- und Optimierungsmethoden."

Für die nachfolgende juristische Beurteilung von KI genügt es indes, sich die zentralen Merkmale solcher Systeme vor Augen zu führen. Im Kern geht es darum, dass KI-Systeme nicht mehr nur fest vorgegebene Algorithmen abarbeiten, sondern selbständig Lösungswege und Lösungen entwickeln, mithin „lernen". Durch das Lernen emanzipiert sich die KI von der ursprünglichen menschlichen Programmierung. Die Ergebnisse sind deshalb nicht mehr (vollständig) deterministisch und sie sind nicht

---

8 Europäisches Parlament, https://www.europarl.europa.eu/news/de/headlines/society/20200827STO85804/was-ist-kunstliche-intelligenz-und-wie-wird-sie-genutzt (1.12.2023).
9 Bitkom e.V. und Deutsches Forschungszentrum für Künstliche Intelligenz e.V., https://www.dfki.de/fileadmin/user_upload/import/9744_171012-KI-Gipfelpapier-online.pdf, S. 28 (1.12.2023).
10 Vorschlag für eine Verordnung des Europäischen Parlaments und des Rates zur Festlegung harmonisierter Vorschriften für Künstliche Intelligenz (Gesetz über künstliche Intelligenz) und zur Änderung bestimmter Rechtsakte in der Union, COM(2021) 206 final.
11 Zur Kritik etwa *Bomhard/Merkle*, Europäische KI-Verordnung, RDi 2021, 276 Rn. 7; *Ebers/Hoch/Rosenkranz/Ruschemeier/Steinrötter*, Der Entwurf für eine EU-KI-Verordnung: Richtige Richtung mit Optimierungsbedarf, RDi 2021, 528 Rn. 6 f.; *Steege*, Definition von Künstlicher Intelligenz in Art. 3 Nr. 1 KI-VO-E, MMR 2022, 926 (928).

mehr ohne weiteres erklärbar (sog. „Opazität").[12] So können beispielsweise Systeme schon sehr genau sagen, *dass* es sich um Hautkrebs handelt, nicht aber *warum*. Mit der Erklärbarkeit von KI-Entscheidungen befasst sich der Forschungszweig „Explainable AI".[13]

C. Robotik oder KI bei der medizinischen Behandlung

I. Zulässigkeit des Einsatzes von Robotik oder KI

Zunächst stellt sich die Frage, ob robotische oder KI-Systeme aus arzthaftungsrechtlicher Perspektive überhaupt zur medizinischen Behandlung eingesetzt werden dürfen und wenn ja, unter welchen Voraussetzungen und welche Besonderheiten es dabei zu beachten gilt.

1. Einsatz von Robotik und KI als Ausprägung der ärztlichen Therapiefreiheit

Im Ausgangspunkt ist die Wahl der im konkreten Fall zu ergreifenden Therapie primär Sache des Arztes (sog. „Therapiefreiheit"),[14] denn häufig gibt es nicht nur die eine „richtige" Behandlungsmaßnahme für den konkreten Behandlungsfall, sondern mehrere, oft mit ganz unterschiedlichen Nutzen-/Risikoprofilen (s. auch § 630e Abs. 1 S. 3 BGB).[15] Unter mehreren medizinisch vertretbaren Behandlungsmethoden kann der Arzt wählen; ihm kommt insoweit ein Beurteilungs- und Ermessensspielraum zu.[16] Wenn robotische und KI-Systeme Eingang in den medizinischen Standard der konkreten Behandlung gefunden haben, ist deren Einsatz mithin von der Therapiefreiheit des Arztes umfasst.

---

12 *Zech*, Entscheidungen digitaler autonomer Systeme: Empfehlen sich Regelungen zu Verantwortung und Haftung? Gutachten A zum 73. Deutschen Juristentag, 2020, A41–A44.
13 Zur Einführung *Holzinger*, Explainable AI (ex-AI), Informatik Spektrum 41:2 (2018), 138 ff., https://doi.org/10.1007/s00287-018-1102-5.
14 BGH NJW 2020, 1358 Rn. 14; BGHZ 172, 254 Rn. 12 = NJW 2007, 2774 – Racz-Katheder; Soergel/*Spickhoff*, 13. Aufl. 2005, § 823 Anh. I Rn. 6, 122; BeckOGK BGB/ *Spindler*, 1.8.2023, § 823 Rn. 858; MüKoBGB/*Wagner*, 9. Aufl. 2023, § 630a Rn. 183.
15 BeckOK BGB/*Katzenmeier*, 68. Ed. 1.11.2023, § 630a Rn. 183, 186.
16 BGH NJW 2020, 1358 Rn. 14; BGHZ 172, 254 Rn. 12 = NJW 2007, 2774 – Racz-Katheder; BeckOK BGB/*Katzenmeier*, 68. Ed. 1.11.2023, § 630a Rn. 183.

Vor diesem Zeitpunkt gelten dagegen die Grundsätze der „Neulandmethode".[17] Neulandmethoden einzusetzen, d.h. die Anwendung eines „nicht allgemein anerkannten, den Korridor des medizinischen Standards verlassenden Behandlungskonzepts", ist nicht per se behandlungsfehlerhaft;[18] wäre das so, gäbe es keinen medizinischen Fortschritt in der Praxis.[19] Neulandmethoden dürfen jedoch nur eingesetzt werden, „wenn eine verantwortliche medizinische Abwägung und ein Vergleich der zu erwartenden Vorteile dieser Methode und ihrer abzusehenden und zu vermutenden Nachteile mit der standardgemäßen Behandlung unter Berücksichtigung des Wohles des Patienten die Anwendung der neuen Methode rechtfertigt"[20]. Höhere Belastungen oder Risiken für den Patienten, insbesondere Risiken aufgrund (noch) fehlender Erfahrung, müssen durch die Besonderheiten des konkreten Falls oder eine günstigere Heilungsprognose aufgewogen werden.[21] Dies ist auch kein einmaliger Abwägungsvorgang, sondern muss stets von Neuem erfolgen, wenn dazu Anlass besteht.[22] Im Ergebnis folgen daraus erhöhte Sorgfaltspflichten beim Einsatz von Neulandmethoden, insbesondere Überwachungspflichten.[23]

---

17 Vgl. *Helle*, Intelligente Medizinprodukte: Ist der geltende Rechtsrahmen noch aktuell?, MedR 2020, 993 (998); *Beck/Faber*, Rechtlicher Rahmen des Einsatzes von KI in der Medizin, in: Buck-Heeb/Oppermann (Hrsg.), Automatisierte Systeme, 2022, Kap. 3.8 Rn. 21.
18 BGH NJW 2020, 1358 Rn. 14; BGH NJW 2017, 2685 Rn. 6; MüKoBGB/*Wagner*, 9. Aufl. 2023, § 630a Rn. 158. – Mit der durch § 630a Abs. 1 Halbs. 2 BGB nunmehr ausdrücklich vorgesehenen Möglichkeit, einen anderen Sorgfaltsstandard zu vereinbaren, wollte der Gesetzgeber den Einsatz neuer Behandlungsmethoden ermöglichen, s. Begr. RegE PatientenrechteG, BT-Drs. 17/10488, S. 20, 52.
19 OLG Hamm MedR 2018, 409 Rn. 35 = BeckRS 2018, 1400 Rn. 27; *Katzenmeier* in: Laufs/Katzenmeier/Lipp, Arztrecht, 8. Aufl. 2021, Kap. X Rn. 91; Staudinger/*Hager*, 2021, § 823 Rn. I 39b; s. auch BGH NJW 2017, 2685 Rn. 6.
20 BGH NJW 2020, 1358 Rn. 15; BGHZ 168, 103 Rn. 6 = NJW 2006, 2477 – Robodoc.
21 BGH NJW 2020, 1358 Rn. 15; BGH NJW 2017, 2685 Rn. 7; BGHZ 168, 103 Rn. 6 = NJW 2006, 2477 – Robodoc.
22 BGHZ 172, 1 Rn. 18 = NJW 2007, 2767 – Medikament gegen Epilepsie; BGHZ 172, 254 Rn. 17 = NJW 2007, 2774 – Racz-Katheder.
23 BGHZ 172, 254 Rn. 17, 19 = NJW 2007, 2774 – Racz-Katheder; BGHZ 172, 1 Rn. 18 = NJW 2007, 2767 – Medikament gegen Epilepsie; MüKoBGB/*Wagner*, 9. Aufl. 2023, § 630a Rn. 158.

2. Aufklärung

Vor jeder medizinischen Maßnahme bedarf es der Aufklärung (§ 630e BGB) und Einwilligung (§ 630d BGB) des Patienten. Aufzuklären ist über „sämtliche für die Einwilligung wesentlichen Umstände" (§ 630e Abs. 1 S. 1 BGB), insbesondere über „Art, Umfang, Durchführung, zu erwartende Folgen und Risiken der Maßnahme sowie ihre Notwendigkeit, Dringlichkeit, Eignung und Erfolgsaussichten im Hinblick auf die Diagnose oder die Therapie" (§ 630e Abs. 1 S. 2 BGB). Außerdem ist auf „Alternativen zur Maßnahme hinzuweisen, wenn mehrere medizinisch gleichermaßen indizierte und übliche Methoden zu wesentlich unterschiedlichen Belastungen, Risiken oder Heilungschancen führen können" (§ 630e Abs. 1 S. 3 BGB). Dem Patient muss eine „allgemeine Vorstellung von der Schwere des Eingriffs und den spezifisch mit ihm verbundenen Risiken" vermittelt werden, so dass er „im Großen und Ganzen" weiß, worin er einwilligt.[24]

Solange das robotische oder das KI-System noch nicht zur Standardmethode im konkreten Behandlungsfall geworden ist, gelten die Grundsätze zur Aufklärung über Neulandmethoden.[25] Das bedeutet, dass über die vorgenannten Umstände hinaus jedenfalls darüber aufzuklären ist, dass es sich um eine (noch) nicht allseits anerkannte Standardmethode handelt und unbekannte Risiken nicht auszuschließen sind.[26] Der Patient soll sorgfältig abwägen können, ob er die in Aussicht gestellten Vorteile der neuen Methode um den Preis der noch nicht in jeder Hinsicht bekannten Gefahren in Kauf nimmt, oder aber nach der herkömmlichen Methode mit bekannten Risiken behandelt werden möchte.[27] Er „muss wissen, auf was er sich einlässt".[28] Willigt der so aufgeklärte Patient daraufhin in die Behandlung ein, begründet es keinen Aufklärungsfehler, wenn ein zunächst unbekanntes Risiko später bekannt wird oder sich gar realisiert.[29] Allerdings muss

---

24　BGH NJW 2023, 149 Rn. 9; BGHZ 90, 103 (106, 108) = NJW 1984, 1397 (1398).
25　Vgl. MüKoBGB/*Wagner*, 9. Aufl. 2023, § 630e Rn. 38; BeckOGK BGB/*Spindler*, 1.8.2023, § 823 Rn. 1079; s. auch BGHZ 168, 103 = NJW 2006, 2477 – Robodoc.
26　BGHZ 168, 103 Rn. 14 = NJW 2006, 2477 – Robodoc; BGHZ 172, 1 Rn. 31 = NJW 2007, 2767 – Medikament gegen Epilepsie; OLG Hamm MedR 2018, 409 Rn. 35 = BeckRS 2018, 1400 Rn. 27.
27　BGHZ 168, 103 Rn. 14 = NJW 2006, 2477 – Robodoc; BGHZ 172, 1 Rn. 31 = NJW 2007, 2767 – Medikament gegen Epilepsie; OLG Hamm MedR 2018, 409 Rn. 35 = BeckRS 2018, 1400 Rn. 27.
28　BGH NJW 2020, 1358 Rn. 19.
29　S. BGHZ 172, 1 Rn. 32 = NJW 2007, 2767 – Medikament gegen Epilepsie.

der Einsatz einer Neulandmethode vom Behandelnden intensiv begleitet,[30] insbesondere jeweils erneut am Maßstab einer Abwägung des potenziellen Nutzens des Einsatzes des Systems mit dessen Risiken hinterfragt werden, sobald neue Erkenntnisse über mögliche Risiken und Nebenwirkungen vorliegen.[31] Nötigenfalls, insbesondere wenn dies neue Erkenntnisse nahelegen, muss die Behandlung abgebrochen werden.[32]

Hat sich das robotische oder das KI-System dereinst zur Standardmethode entwickelt, bedarf es jedenfalls einer Aufklärung nach den üblichen Grundsätzen zu Inhalt und Umfang, das heißt: „im Großen und Ganzen" über Chancen und Risiken der Behandlung. Offen ist jedoch, ob darüber hinaus eine Aufklärung geboten ist über (allein schon) den Umstand, dass ein robotisches oder KI-System zum Einsatz kommen soll. Dafür könnte sprechen, dass (Langzeit-)Erfahrungen beim Einsatz solcher Systeme fehlen, dass möglicherweise derzeit eine allgemeine Erwartung besteht, „herkömmlich" behandelt zu werden und dass möglicherweise eine allgemeine Skepsis gegen „Robotik" und „KI" besteht.[33] Auch könnte eine Parallele zu § 7 Abs. 4 S. 3 MBO-Ä[34] naheliegen.[35] Danach ist eine ausschließliche Beratung oder Behandlung über Kommunikationsmedien (sog. „Fernbehandlung") im Einzelfall erlaubt, „wenn dies ärztlich vertretbar ist und die erforderliche ärztliche Sorgfalt insbesondere durch die Art und Weise der

---

30 *Deutsch/Spickhoff*, Medizinrecht, 7. Aufl. 2014, Rn. 339; MüKoBGB/*Wagner*, 9. Aufl. 2023, § 630a Rn. 159.
31 BGHZ 172, 1 Rn. 18 = NJW 2007, 2767 – Medikament gegen Epilepsie; BGHZ 172, 254 Rn. 17 = NJW 2007, 2774 – Racz-Katheder.
32 BGHZ 172, 1 Rn. 29 = NJW 2007, 2767 – Medikament gegen Epilepsie; BGHZ 172, 254 Rn. 18 = NJW 2007, 2774 – Racz-Katheder.
33 *Eichelberger*, Arzthaftung, in: Chibanguza/Kuß/Steege (Hrsg.), Künstliche Intelligenz, 2022, § 4 I. Rn. 20.
34 Die (Muster-)Berufsordnung für die in Deutschland tätigen Ärztinnen und Ärzte (MBO-Ä) ist freilich keine Rechtsnorm, sondern lediglich eine von der Bundesärztekammer im Interesse möglichst einheitlicher landesrechtlicher Regelungen erstellte Empfehlung. Rechtsnormqualität haben die von den Landesärztekammern als Satzung erlassenen Berufsordnungen (*Scholz*, in: Spickhoff (Hrsg.), Medizinrecht, 4. Aufl. 2022, MBO-Ä Vorbemerkung Rn. 1). Dort finden sich zu § 7 Abs. 4 S. 3 MBO-Ä vergleichbare Regelungen, so etwa § 7 Abs. 4 S. 3 Berufsordnung der Ärztekammer Niedersachsen. – Zur „Fernbehandlung" (§ 7 Abs. 4 S. 3 MBO-Ä a.F./n.F. und § 9 HWG a.F./n.F.) s. *Eichelberger*, Werbung für ärztliche Fernbehandlung, in: Ahrens/Büscher/Goldmann/McGuire (Hrsg.), FS Harte-Bavendamm, 2020, S. 289 ff. sowie *Eichelberger*, Das neugefasste Werbeverbot für Fernbehandlung (§ 9 HWG n. F.) – Doch keine Liberalisierung?, WRP 2022, 679 ff.
35 *Eichelberger*, Arzthaftung, in: Chibanguza/Kuß/Steege (Hrsg.), Künstliche Intelligenz, 2022, § 4 I. Rn. 21.

Befunderhebung, Beratung, Behandlung sowie Dokumentation gewahrt wird *und die Patientin oder der Patient auch über die Besonderheiten der ausschließlichen Beratung und Behandlung über Kommunikationsmedien aufgeklärt wird*" [Herv. nur hier]. Einstweilen sollte deshalb beim Einsatz robotischer und – erst recht – bei KI-Systemen über diesen Umstand aufgeklärt werden, selbst wenn aus diesem Umstand für sich genommen keine gesteigerten Risiken folgen. Sich auf die hypothetische Einwilligung (§ 630h Abs. 2 S. 2 BGB) zu berufen, dürfte regelmäßig nicht helfen, da die „Angst" vor einer „Behandlung durch eine autonome Maschine" regelmäßig einen echten Entscheidungskonflikt begründen dürfte.[36]

3. Einsatz als unzulässige Delegation an Nichtärzte?

Ärztliche Tätigkeit ist nur eingeschränkt delegierbar.[37] Jedenfalls nicht delegierbar sind solche aus dem „Kernbereich ärztlicher Tätigkeit".[38] Bislang ist dies beim Einsatz technischer Systeme unproblematisch, weil dabei am Anfang und am Ende immer ein Arzt steht, indem er die durch das System ausgeführten Schritte vorgibt, plant, auslöst, steuert und überwacht sowie die Ergebnisse kontrolliert; der Arzt „beherrscht" das System, das lediglich ein Werkzeug in seiner Hand ist. Eine Delegation ärztlicher Leistung[39] liegt darin nicht. Mit zunehmender Autonomie technischer Systeme nimmt indes der Einfluss des Arztes auf den konkreten Behandlungsvorgang und damit die „Beherrschung" des Systems ab, bis letztlich die Herrschaft über das Behandlungsgeschehen auf das System übergeht. Man wird dann nicht mehr vom bloßen Werkzeug in den Händen eines Arztes sprechen können. Damit gerät man in den Bereich der „Delegation" ärztlicher Tätigkeit auf einen Nichtarzt. Dies wirft zahlreiche Fragen auf, neben dem Arzthaftungsrecht, auch solche etwa des ärztlichen Berufsrechts oder des Krankenversicherungsrechts.

---

36 Näher *Eichelberger*, Arzthaftung, in: Chibanguza/Kuß/Steege (Hrsg.), Künstliche Intelligenz, 2022, § 4 I. Rn. 26 f.

37 Eingehend dazu *Achterfeld*, Aufgabenverteilung im Gesundheitswesen, 2014; ferner *Spickhoff/Seibl*, Haftungsrechtliche Aspekte der Delegation ärztlicher Leistungen an nichtärztliches Medizinpersonal, MedR 2008, 463 ff.

38 BeckOK BGB/*Katzenmeier*, 68. Ed. 1.11.2023, § 630b Rn. 6; MüKoBGB/*Wagner*, 9. Aufl. 2023, § 630a Rn. 100; *Spickhoff/Seibl*, MedR 2008, 463 (465).

39 Zum Begriff der Delegation s. *Spickhoff/Seibl*, Haftungsrechtliche Aspekte der Delegation ärztlicher Leistungen an nichtärztliches Medizinpersonal, MedR 2008, 643.

Soll der praktische Einsatz gesellschaftlich möglicherweise erwünschter Innovationen nicht schon an diesem Punkt scheitern, bedarf es eines verlässlichen (Rechts-)Rahmens. Eine Lösung könnte sein, autonom behandelnde Systeme zu zertifizieren und damit partiell einem Arzt gleichzustellen, sodass ihr Einsatz nicht schon eine per se unzulässige Delegation an einen Nichtarzt wäre. Der Einsatz solcher Systeme ließe sich dann nach denselben Grundsätzen handhaben, wie die Delegation ärztlicher Tätigkeiten bisher. Die Übertragung der Aufgabe auf ein nicht dafür zertifiziertes System wäre aus denselben Gründen ein Behandlungsfehler oder Organisationsmangel, wie dies bei der Delegation an eine dafür nicht ausreichend qualifizierte Behandlungsperson der Fall wäre.[40] Die Diskussion dieser Problematik steht freilich noch ganz am Anfang.

II. Nichteinsatz eines robotischen oder KI-Systems als Behandlungsfehler?

Sodann stellt sich die Frage, ob ein (verfügbares) robotisches oder KI-System bei der Behandlung eingesetzt werden muss, der Nichteinsatz also gegebenenfalls haftungsbegründendes Zurückbleiben hinter dem gebotenen Behandlungsstandard ist. Die Gründe für den Nichteinsatz können dabei vielgestaltig sein und reichen von der Unkenntnis über fehlende finanzielle Mittel bis zur Ablehnung solcher Systeme.

Solange das System noch als Neulandmethode anzusehen ist, darf der Arzt es zwar im Rahmen seiner Therapiefreiheit und mit entsprechender Aufklärung einsetzen (s. oben). Zum Einsatz einer Neulandmethode verpflichtet ist ein Arzt aber nicht.[41]

Hat sich das robotische oder KI-System hingegen zur Standardmethode entwickelt, bestimmt der geschuldete Sorgfaltsstand, ob es zum Einsatz kommen muss, genauer, ob der Nichteinsatz ein haftungsbegründendes Zurückbleiben hinter dem geschuldeten Sorgfaltsstandard ist. Allgemein gilt bei der Bestimmung des Sorgfaltsstandards, dass das in der konkreten Situation Mögliche und Zumutbare geschuldet ist, nicht das Optimale.[42] Nicht jedes neueste Therapiekonzept muss verfolgt, nicht jede neueste tech-

---

40 S. dazu *Eichelberger*, Arzthaftung, in: Chibanguza/Kuß/Steege (Hrsg.), Künstliche Intelligenz, 2022, § 4 I. Rn. 30–32.
41 BGHZ 102, 17 (24) = NJW 1988, 763 (764 f.); MüKoBGB/*Wagner*, 9. Aufl. 2023, § 630a Rn. 158.
42 MüKoBGB/*Wagner*, 9. Aufl. 2023, § 630a Rn. 166.

nische Ausstattung muss angeschafft werden.[43] Gegebenenfalls ist allerdings eine Aufklärung darüber notwendig, dass – gegebenenfalls andernorts – neue, bessere Therapien zur Verfügung stehen.[44] Insbesondere kommt eine Aufklärungspflicht in Betracht, wenn sich die neue Behandlungsmethode – hier also das robotische oder KI-System – bereits weitgehend durchgesetzt hat und derart entscheidende Vorteile bietet, dass ein Patient „davon erfahren muß, um für sich entscheiden zu können, ob er sich um die Behandlung nach dem neuesten Stand bemühen oder, sofern das möglich ist, mit der Behandlung abwarten will, bis auch der von ihm aufgesuchte Arzt oder seine Klinik über solche Therapiemöglichkeiten verfügen"[45].

D. Haftung für Fehlfunktionen

Es wäre illusorisch zu denken, robotische oder KI-Systeme funktionierten stets fehlerlos. Es stellt sich daher die Frage, wer für Schäden aufgrund einer Fehlfunktion des Systems haftet und ob es Besonderheiten gibt, wenn und weil es sich um „intelligente" Systeme handelt. Dem Zuschnitt des Beitrags entsprechend, wird hier nur die Haftung des Arztes thematisiert.[46]

Arzthaftung ist stets Haftung für Pflichtverletzung.[47] Die Schadensverursachung durch das System muss sich mithin als Pflichtverletzung des Arztes darstellen, entweder als eigene oder als ihm zugerechnete. Die Fehlfunktion eines bei der medizinischen Behandlung eingesetzten Geräts ist deshalb für sich genommen noch kein Sorgfaltsverstoß, denn dies liefe darauf hinaus, dem Arzt eine Garantie für das fehlerfreie Funktionieren des Systems aufzuerlegen und ihn dafür verschuldensunabhängig einstehen zu lassen.[48] Auch der Einsatz eines technischen Geräts bei der medizinischen Behandlung ist nicht ein Sorgfaltsstoß per se. Weite Bereiche der Medizin sind (heute) ohne technische Mittel undenkbar; es wäre – im Gegenteil – häufig

---

43 BGHZ 102, 17 (24) = NJW 1988, 763 (764).
44 BGH NJW 1989, 2321 (2322).
45 BGHZ 102, 17 (26) = NJW 1988, 763 (765).
46 Zur außervertraglichen Haftung für Fehlfunktionen von KI allgemein s. *Eichelberger*, Zivilrechtliche Haftung für KI und smarte Robotik, in: Ebers/Heinze/Krügel/Steinrötter (Hrsg.), Künstliche Intelligenz und Robotik, 2020, § 5 (S. 172–199).
47 Vgl. *Spickhoff*, Das System der Arzthaftung im reformierten Schuldrecht, NJW 2002, 2530 ff.
48 BeckOK BGB/*Katzenmeier*, 68. Ed. 1.11.2023, § 630h Rn. 23; Soergel/*Spickhoff*, 13. Aufl. 2005, § 823 Anh. I Rn. 72.

(gegebenenfalls sogar grob) fehlerhaft, vorhandenes medizinisches Gerät nicht einzusetzen.[49] Ein haftungsbegründender Sorgfaltsverstoß des Arztes kann allerdings darin liegen, dass er bei der Entscheidung über den Einsatz des Systems oder bei dessen Betrieb die gebotene Sorgfalt nicht eingehalten hat.[50] Die gebotene Sorgfalt umfasst dabei unter anderem das Vertrautmachen mit der Funktion und der Bedienung[51] und die sachgerechte Wartung und Überwachung des Geräts[52] sowie die Auswahl und Überwachung beim Betrieb des Geräts eingesetzten Personals.[53] Mit Blick auf die die Neuartigkeit des konstruktionsbedingten „Intelligenzrisikos" dürften freilich insbesondere bei KI-Systemen einstweilen die Sorgfaltspflichten tendenziell höher anzusiedeln sein als beim Einsatz eines herkömmlichen Geräts.[54]

Der im Kontext der Produkt- und Produzentenhaftung des Herstellers „künstlich intelligenter" Systeme bisweilen zu findenden Argumentation, selbstlernende Systeme seien wegen der konstruktiv bedingt fehlenden Vorhersehbarkeit und Beherrschbarkeit ihres Verhaltens per se konstruktionsfehlerhaft und ihr Inverkehrbringen damit generell pflichtwidrig,[55] ist zu widersprechen:[56] Absolute Sicherheit im Sinne völliger Gefahrlosigkeit

---

49 BeckOGK BGB/*Spindler*, 1.8.2023, § 823 Rn. 996.
50 Näher Soergel/*Spickhoff*, 13. Aufl. 2005, § 823 Anh. I Rn. 71; BeckOGK BGB/*Spindler*, 1.8.2023, § 823 Rn. 996-998. – Auch das Medizinprodukterecht begründet insoweit Pflichten. So dürfen Medizinprodukte ua nicht in Betrieb genommen, betrieben oder angewandt werden, wenn der begründete Verdacht besteht, dass das Produkt, selbst wenn es sachgemäß angewendet, instandgehalten und seiner Zweckbestimmung entsprechend verwendet wird, die Sicherheit und die Gesundheit der Patienten, der Anwender oder Dritter unmittelbar oder mittelbar in einem Maß gefährdet, das nach den Erkenntnissen der medizinischen Wissenschaften nicht mehr vertretbar ist (§ 12 MPDG; zuvor vergleichbar in § 4 Abs. 1 Nr. 1 MPG aF). Notwendig ist insoweit eine Nutzen-/Risiko-Abwägung (*Wagner* in: Rehmann/Wagner, MPG, 3. Aufl. 2018, § 4 Rn. 28). Das Verbot ist ein Schutzgesetz iSd § 823 Abs. 2 BGB (OLG Saarbrücken BeckRS 2011, 22010; *Lücker* in: Spickhoff (Hrsg.), Medizinrecht, 4. Aufl. 2022, MPDG § 4 Rn. 2).
51 BGH NJW 1978, 584 (585); Staudinger/*Hager*, 2021, § 823 Rn. I 36.
52 BGH NJW 1978, 584 (585).
53 BGH NJW 1975, 2245 (2246); Soergel/*Spickhoff*, 13. Aufl. 2005, § 823 Anh. I Rn. 71.
54 S. BeckOGK BGB/*Spindler*, 1.8.2023, § 823 Rn. 1082.
55 So *Zech*, Künstliche Intelligenz und Haftungsfragen, ZfPW 2019, 198 (210, 213); *Zech* in: Gless/Seelmann (Hrsg.), Intelligente Agenten und das Recht, S. 163 (191 f.); Staudinger/*Oechsler*, 2021, ProdHaftG § 3 Rn. 128.
56 Ebenso *Wagner*, Produkthaftung für autonome Systeme, AcP 217 (2017), 707 (728 f.); *Wagner*, Verantwortlichkeit im Zeichen digitaler Techniken, VersR 2020, 717 (727); *Thöne*, Autonome Systeme und deliktische Haftung, 2020, S. 207 f.; *Eichelberger*, Zivilrechtliche Haftung für KI und smarte Robotik, in: Ebers/Heinze/Krügel/Steinröt-

ist deliktsrechtlich nicht geschuldet.[57] Vielmehr bedarf es einer Abwägung der mit dem Einsatz verbundenen Risiken nach Art, Umfang und Eintrittswahrscheinlichkeit mit dem zu erwartenden Nutzen des Einsatzes, die selbstverständlich auch gegen ein Inverkehrbringen des Systems durch den Hersteller ausfallen kann.[58] Dementsprechend ginge es zu weit, einen Sorgfaltsverstoß per se mit der Erwägung anzunehmen, ein wegen des immanenten „Intelligenzrisikos" in seiner Funktion strukturell weniger vorhersehbares und beherrschbares Systems sei von vornherein zu unsicher, um bei der medizinischen Behandlung eingesetzt zu werden. Als Ergebniskontrolle mag dienen, dass sich der Arzt bei der Erfüllung seiner Pflichten Dritter bedienen darf und diese ebenfalls mit einem „Intelligenzrisiko behaftet" sind, ohne dass daraus eine strikte Einstandspflicht für deren Fehlverhalten resultierte.[59]

II. „Zurechnung" des Fehlverhaltens des Systems bzw. Einstandspflicht?

Die etablierten Grundsätze zur Verantwortlichkeit von Ärzten beim Einsatz herkömmlicher Technik geraten möglicherweise dort an ihre Grenzen, wo zukünftig „künstliche Intelligenz" zum Einsatz kommt. Den Arzt stets und ohne Ausnahme für aus dem „Intelligenzrisiko" fließendes „Fehlverhalten" des Systems einstehen zu lassen, wurde bereits abgelehnt (s. soeben). Ihn aber unter Verweis auf fehlende Vorherseh- und Beherrschbarkeit von jeglicher Haftung für maschinelles Fehlverhalten freizustellen, würde weder dem Ausgleichsinteresse des Geschädigten gerecht noch setzte es haftungsrechtliche Anreize, solche Risiken zu minimieren.

Bleibt man im Bild der „künstlichen Intelligenz", die anstelle eines Menschen tätig wird, sollte die Verantwortlichkeit aus den vorgenannten Erwägungen zumindest grundsätzlich vergleichbar sein.[60] Der sich menschlicher

---

ter (Hrsg.), Künstliche Intelligenz und Robotik, 2020, § 5 Rn. 23 f.; *Haftenberger*, Die Produkthaftung für künstlich intelligente Medizinprodukte, 2023, S. 157 f.
57 BGH NJW 2009, 1669 Rn. 12 – Kirschtaler; MüKoBGB/*Wagner*, 8. Aufl. 2020, § 823 Rn. 952.
58 BGHZ 181, 253 Rn. 17 = NJW 2009, 2952 – Airbag; *Eichelberger*, Zivilrechtliche Haftung für KI und smarte Robotik, in: Ebers/Heinze/Krügel/Steinrötter (Hrsg.), Künstliche Intelligenz und Robotik, 2020, § 5 Rn. 24.
59 *Eichelberger*, Arzthaftung, in: Chibanguza/Kuß/Steege (Hrsg.), Künstliche Intelligenz, 2022, § 4 I. Rn. 42.
60 Im Ergebnis ebenso *Spindler*, Medizin und IT, insbesondere Arzthaftungs- und IT-Sicherheitsrecht, in: Katzenmeier (Hrsg.), FS Hart, 2020, S. 581 (585 f.).

Hilfspersonen bedienende Arzt (bzw. allgemeiner: der Behandelnde)[61] hat für deren Verhalten nach den allgemeinen vertrags- und deliktsrechtlichen Regelungen, d.h. insbesondere nach § 278 S. 1 BGB sowie nach § 831 Abs. 1 BGB, § 31 BGB und den Grundsätzen der Organisationspflichtverletzung einzustehen.[62]

Ob diese Grundsätze auf den Einsatz von KI-Systemen angewandt werden können, ist bislang noch nicht abschließend geklärt. Bei der Vertragshaftung ist etwa zu fragen, ob das System als „Erfüllungsgehilfe" anzusehen ist und ein „Verschulden" bei der Erfüllung der ihm übertragenen Pflichten an den Tag legen kann, das der Geschäftsherr dann nach § 278 S. 1 BGB „wie eigenes Verschulden" zu vertreten hat.[63] Mit Blick auf den stark objektivierten (einfachen) Fahrlässigkeitsbegriff im Zivilrecht[64] muss dies nicht von vornherein verworfen werden.[65] Selbst der „grobe Behandlungsfehler" (§ 630h Abs. 5 S. 1 BGB) ist nicht mit einem besonderen (subjektiven) Vorwurf an den Arzt verbunden, wie die grobe Fahrlässigkeit, sondern beschreibt ein Fehlverhalten, das „nicht aus subjektiven, in der Person des handelnden Arztes liegenden Gründen, sondern aus objektiver ärztlicher Sicht nicht mehr verständlich erscheint."[66] Deliktsrechtlich liegt es insofern einfacher, als die Frage, ob ein „zu einer Verrichtung" bestelltes KI-System ein Verrichtungsgehilfe im Sinne des § 831 Abs. 1 S. 1 BGB ist, letztlich offenbleiben kann,[67] da es sich bei § 831 Abs. 1 S. 1 BGB lediglich um eine gesetzlich vertypte Verkehrspflicht mit einer Beweislastumkehr handelt, die ihrem Inhalt nach auch unmittelbar unter § 823 Abs. 1 BGB begründet werden könnte.[68] Diskutiert wird ferner, ob der Einsatz eines KI-Systems

---

61 „Behandelnder" ist nicht notwendigerweise die die medizinische Behandlung vornehmende Person (Arzt etc.), sondern derjenige, der die medizinische Behandlung verspricht, beispielsweise im stationären Bereich der Krankenhausträger oder im ambulanten Bereich die Berufsausübungsgemeinschaft (früher „Gemeinschaftspraxis") oder ein MZV (s. BeckOK BGB/*Katzenmeier*, 68. Ed. 1.11.2023, § 630a Rn. 59 ff.).
62 Näher MüKoBGB/*Wagner*, 9. Aufl. 2023, § 630a Rn. 130–132.
63 S. dazu *Klingbeil*, Schuldnerhaftung für Roboterversagen, JZ 2019, 718 ff.
64 S. MüKoBGB/*Grundmann*, 9. Aufl. 2022, § 276 Rn. 54 f.; Staudinger/*Caspers*, 2019, § 276 Rn. 29.
65 *Spindler*, Medizin und IT, insbesondere Arzthaftungs- und IT-Sicherheitsrecht, in: Katzenmeier (Hrsg.), FS Hart, 2020, S. 581 (585).
66 BGH NJW 2011, 3442 Rn. 12; ferner MüKoBGB/*Wagner*, 9. Aufl. 2023, § 630h Rn. 93.
67 *Eichelberger*, Zivilrechtliche Haftung für KI und smarte Robotik, in: Ebers/Heinze/Krügel/Steinrötter (Hrsg.), Künstliche Intelligenz und Robotik, 2020, § 5 Rn. 58.
68 S. Staudinger/*Bernau*, 2022, § 831 Rn. 20; MüKoBGB/*Wagner*, 8. Aufl. 2020, § 831 Rn. 11.

möglicherweise einer Gefährdungshaftung zu unterwerfen ist,[69] etwa analog oder de lege ferenda nach dem Vorbild der Haftung des Tierhalters nach § 833 S. 1 BGB,[70] was freilich von der Europäischen Kommission in dem im September 2022 veröffentlichten Vorschlag einer „Richtlinie über KI-Haftung"[71] (noch)[72] nicht aufgegriffen wurde. Diese sieht stattdessen eine Vermutung der Kausalität einer (nachgewiesenen) Pflichtverletzung zur Fehlfunktion (nicht auch des Schadens) des Systems sowie ein Zugangsrecht zu Beweismitteln aus der Sphäre des Anbieters/Nutzers vor.[73] Schließlich werden auch weitere Möglichkeiten, etwa die Einführung einer E-Person, Fondslösungen, eine Fehlerhaftung etc. diskutiert.[74]

III. Privilegierung nach den Grundsätzen der horizontalen Arbeitsteilung?

Ein Arzt kann sich grundsätzlich darauf verlassen, dass ein bei der Behandlung hinzugezogener Kollege eines anderen Fachgebiets seine Aufgaben sorgfaltsgemäß erfüllt, sofern nicht offensichtliche Qualifikationsmängel

---

69 Zur Diskussion s. *Thöne*, Autonome Systeme und deliktische Haftung, 2020, S. 145 ff.; *Eichelberger*, Zivilrechtliche Haftung für KI und smarte Robotik, in: Ebers/Heinze/Krügel/Steinrötter (Hrsg.), Künstliche Intelligenz und Robotik, 2020, § 5 Rn. 60 ff.
70 *Bräutigam/Klindt*, Industrie 4.0, das Internet der Dinge und das Recht, NJW 2015, 1137 (1139); *Brand*, Haftung und Versicherung beim Einsatz von Robotik in Medizin und Pflege, MedR 2019, 943 (949); *Brunotte*, Virtuelle Assistenten – Digitale Helfer in der Kundenkommunikation, CR 2017, 583 (585); *Sosnitza*, Das Internet der Dinge – Herausforderung oder gewohntes Terrain für das Zivilrecht?, CR 2016, 764 (772); *Lohmann*, Roboter als Wundertüten – eine zivilrechtliche Haftungsanalyse, AJP/PJA 2017, 152 (160 f.) (zum schweizerischen Recht nach Art. 56 OR); *Duffy/Hopkins*, Sit, Stay, Drive: The Future of Autonomous Car Liability, 16 SMU Sci. & Tech. L. Rev. 453 (467 ff.) (2013) (für fahrerlose Kfz zum US-amerikanischen Recht); aus rechtsvergleichender Perspektive *Kelley/Schaerer/Gomez/Nicolescu*, Liability in Robotics: An International Perspective on Robots as Animals, Advanced Robotics 24 (2010), 1861 ff.
71 Vorschlag für eine Richtlinie des Europäischen Parlaments und des Rates zur Anpassung der Vorschriften über außervertragliche zivilrechtliche Haftung an künstliche Intelligenz (Richtlinie über KI-Haftung), COM(2022), 496.
72 COM(2022) 496 final, S. 7.
73 Zum Richtlinienvorschlag *Eichelberger*, Der Vorschlag einer „Richtlinie über KI-Haftung", DB 2022, 2783 ff.
74 Überblick bei *Brand*, Haftung und Versicherung beim Einsatz von Robotik in Medizin und Pflege, MedR 2019, 943 (947 ff.) und *Eichelberger*, Zivilrechtliche Haftung für KI und smarte Robotik, in: Ebers/Heinze/Krügel/Steinrötter (Hrsg.), Künstliche Intelligenz und Robotik, 2020, § 5 Rn. 66 ff.

oder Fehlleistungen erkennbar sind oder werden.[75] Wenn etwa der vom Hausarzt zur Abklärung einer Hautveränderung seines Patienten hinzugezogene Facharzt für Dermatologie behandlungsfehlerhaft den Hautkrebs nicht erkennt, haftet gegebenenfalls der Dermatologe, nicht aber der Hausarzt. Offen ist, ob diese Grundsätze auf die Überantwortung der Behandlung an ein KI-System übertragen werden können, wenn also im genannten Beispiel der Hausarzt nicht einen Dermatologen hinzuzieht, sondern sich auf eine für die Hautkrebserkennung spezialisierte App verlässt, die dann mit ihrer Diagnose falsch liegt.

Hier die Möglichkeit der haftungsrechtlichen Privilegierung nach den Grundsätzen der horizontalen Arbeitsteilung kategorisch auszuschließen, würde wohl weder dem Potential solcher Systeme gerecht noch erschiene dies in jedem Fall sachgerecht.

Denn selbst wenn ein KI-System eine bestimmte Behandlung, beispielsweise eine Diagnostik, besser durchführen kann als ein entsprechender Facharzt, müsste man dem Arzt, der dieser für ihn fachgebietsfremden ärztlichen Leistung im Rahmen der Behandlung seines Patienten bedarf, raten, allein aus haftungsrechtlichen Erwägungen einen Facharzt hinzuziehen, für dessen etwaiges Fehlverhalten er nach den Grundsätzen der horizontalen Aufgabenteilung nicht einzustehen hätte, statt das im Ergebnis „besser behandelnde" System in Anspruch zu nehmen, für dessen Fehlfunktion dann seine Haftung zumindest unklar ist. Der Einsatz eines im medizinischen Outcome überlegenen Systems drohte, allein aus haftungsrechtlichen Erwägungen zu unterbleiben.[76] Abhilfe könnte auch hier – wie bei der Delegation – die partielle Gleichstellung eines zertifizierten Systems mit einem (Fach-)Arzt und sodann die Anwendung der Grundsätze der horizontalen Arbeitsteilung schaffen.

IV. Fehlfunktion eines KI-Systems als vollbeherrschbares Risiko?

Nach § 630h Abs. 1 BGB wird ein Behandlungsfehler vermutet, wenn sich ein allgemeines Behandlungsrisiko verwirklicht hat, das für den Behandelnden voll beherrschbar war und das zur Verletzung des Lebens, des

---

[75] BGH NJW 2020, 2467 Rn. 13; näher BeckOGK BGB/*Spindler*, 1.8.2023, § 823 Rn. 1027 f.; MüKoBGB/*Wagner*, 9. Aufl. 2023, § 630a Rn. 134 f.
[76] *Eichelberger*, Arzthaftung, in: Chibanguza/Kuß/Steege (Hrsg.), Künstliche Intelligenz, 2022, § 4 I. Rn. 47.

Körpers oder der Gesundheit des Patienten geführt hat. Dem liegt die Erwägung zugrunde, dass die Behandlungsseite Risiken, die nicht durch die „Unwägbarkeiten des menschlichen Organismus"[77] geprägt sind, näher steht als der Patient, sodass eine Verlagerung der Beweislast für die Einhaltung der gebotenen Sorgfalt auf die Behandlungsseite sachgerecht erscheint.[78] Vollbeherrschbare Risiken sind insbesondere die bei einer medizinischen Behandlung eingesetzten Geräte.[79] Der Behandelnde muss im Schadensfall beweisen, dass beim Einsatz die gebotene Sorgfalt eingehalten wurde (Wartung, Überprüfung, Einweisung etc.).

Zwar findet § 630h Abs. 1 BGB im Ausgangspunkt auch beim Einsatz von robotischen oder KI-Systemen Anwendung. Zu diskutieren ist aber, ob auch die Verwirklichung des „Intelligenzrisikos" eines KI-Systems ein vollbeherrschbares Risiko in diesem Sinne darstellt.[80] Das Problem dabei ist, dass das Verhalten eines „intelligenten" Systems gerade nicht in vollem Umfang vorhersehbar und beherrschbar ist, soweit das Verhalten auf dieser „Intelligenz" beruht.[81] Es fehlt damit die rechtfertigende Prämisse für die Rechtsfigur des vollbeherrschbaren Risikos. Hier dennoch § 630h Abs. 1 BGB anzuwenden, führte tendenziell zu einer strengeren Arzthaftung beim Einsatz eines KI-Systems und könnte dadurch innovationsfeindlich wirken.[82] Strukturell ähnelt die Verwirklichung des Intelligenzrisikos ohnehin eher den Risiken beim Einsatz menschlichen Hilfspersonals oder menschlicher Mitbehandelnder; von deren intellektuellen Fehlleistungen

---

77 BGH NJW-RR 2016, 1360 Rn. 6.
78 Vgl. *Katzenmeier* in: Laufs/Katzenmeier/Lipp, Arztrecht, 8. Aufl. 2021, Kap. XI Rn. 125; s. auch BGH NJW 1991, 1540 (1541).
79 Begr. RegE PatientenrechteG, BT-Drs. 17/10488, S. 28; BeckOK BGB/*Katzenmeier*, 68. Ed. 1.11.2023, § 630h Rn. 21; MüKoBGB/*Wagner*, 9. Aufl. 2023, § 630h Rn. 30; aus der Rspr. BGH VersR 2007, 1416 = BeckRS 2007, 5472; NJW 1978, 584.
80 Bejahend *Droste*, Intelligente Medizinprodukte: Verantwortlichkeiten des Herstellers und ärztliche Sorgfaltspflichten, MPR 2018, 109 (113); *Jorzig/Sarangi*, Digitalisierung im Gesundheitsweisen, S. 126; verneinend BeckOGK BGB/*Spindler*, 1.8.2023, § 823 Rn. 1084; offen *Beck/Faber*, Rechtlicher Rahmen des Einsatzes von KI in der Medizin, in: Buck-Heeb/Oppermann (Hrsg.), Automatisierte Systeme, 2022, Kap. 3.8 Rn. 23.
81 BeckOGK BGB/*Spindler*, 1.8.2023, § 823 Rn. 1084.
82 Allg. dazu *Wagner*, Verantwortlichkeit im Zeichen digitaler Techniken, VersR 2020, 717 (718 f.); *Eichelberger*, Innovationsrelevante Regeln des allgemeinen Zivilrechts und ihre Innovationswirkung, in: Hilty/Jaeger/Lamping (Hrsg.), Herausforderung Innovation, 2012, S. 45 (52 ff.).

schlösse man aber nicht ohne Weiteres auf eine Sorgfaltswidrigkeit des Einsetzenden.[83]

E. Fazit und Ausblick

Im Beitrag konnten nur ausgewählte Fragen der Arzthaftung angesprochen werden. Viele weitere Fragen bedürfen der Beantwortung. Generell zeigt sich aber, dass grundsätzliche Rechtsanpassungen eher nicht notwendig sind. Vieles lässt sich mit dem geltenden Recht durchaus sachgerecht erfassen, gegebenenfalls nach moderaten Anpassungen im Detail.

---

83 *Eichelberger*, Arzthaftung, in: Chibanguza/Kuß/Steege (Hrsg.), Künstliche Intelligenz, 2022, § 4 I. Rn. 49.

(K)ein Recht auf Behandlung mit KI?
Der Zugang zu intelligenten Medizinprodukten im Lichte
des Medizin-, Sozial- und Verfassungsrechts

*Jonas Botta**

A. Einleitung

In der jüngeren Vergangenheit konnten bei der Entwicklung künstlicher Intelligenz (KI) bahnbrechende Fortschritte erzielt werden.[1] Das lässt auch in der Medizin auf ein neues Zeitalter der Automatisierung und Optimierung hoffen. Diese Hoffnung fußt vornehmlich auf zwei Eigenschaften, die Software als KI auszeichnet.[2] Zum einen kann sie Datenmengen analysieren, die bislang als zu groß und/oder zu komplex galten, um sie effizient auswerten zu können. Zum anderen kann sie auf Grundlage dieser *Big Data* neue Muster und Korrelationen erkennen, was ihr zu einer besonderen Prognosekraft verhilft.

Beide Eigenschaften prädestinieren KI-Systeme dafür, zukünftig in alle Bereiche der Gesundheitsversorgung einzuziehen und sowohl bei der Anamnese und Diagnose als auch bei der Therapie unentbehrlich zu werden.[3] Intelligente Chatbots und Apps können jedem Menschen einen zusätzlichen – stets verfügbaren – Zugang zu medizinischer Hilfe eröffnen, indem sie bspw. bei der psychologischen Behandlung unterstützen.[4] Zudem

---

* Der Verfasser ist Forschungsreferent am Deutschen Forschungsinstitut für öffentliche Verwaltung und Habilitand an der Deutschen Universität für Verwaltungswissenschaften Speyer.
1 Eine technologische Zeitenwende dürfte insbesondere *ChatGPT* eingeläutet haben. In Reaktion auf den intelligenten Chatbot haben sich führende KI-Experten dazu veranlasst gesehen, zum temporären Entwicklungsstopp noch stärkerer KI-Systeme aufzurufen (https://futureoflife.org/open-letter/pause-giant-ai-experiments/ [zuletzt abgerufen am 15.12.2023]).
2 Zum uneinheitlich definierten Begriff der KI weiterführend *J. Botta*, Die Förderung innovativer KI-Systeme in der EU, ZfDR 2022, 391 (393) m.w.N.
3 *D. Roth-Isigkeit*, Unionsrechtliche Transparenzanforderungen an intelligente Medizinprodukte, GesR 2022, 278 (279).
4 *Deutscher Ethikrat*, Mensch und Maschine – Herausforderungen durch Künstliche Intelligenz, Berlin 2023, S. 24.

sind KI-Systeme essentiell für die Fortentwicklung medizinischer Hilfsmittel. Ein Beispiel hierfür sind KI-gestützte Exoskelette, die Menschen mit Gehbehinderungen wieder zu Mobilität verhelfen.[5] Darüber hinaus finden sich KI-basierte Assistenzsysteme in der Erprobung, die während eines chirurgischen Eingriffs mögliche Komplikationen vorhersagen können, was das OP-Management verbessert und Leben retten kann.[6] Bei der Auswertung medizinischer Bildaufnahmen überflügeln KI-Systeme den Menschen sogar bereits. Ärzte müssen nicht mehr stundenlang MRT- und CT-Bilder auf Krebsgewebe untersuchen und dieses entsprechend markieren, sondern können einen Algorithmus nutzen, der mittels korrekt markierter Aufnahmen darauf trainiert ist, die einzelnen Bildpunkte auffälligen Strukturen zuzuordnen.[7] Angesichts dieser Transformationspotenziale für die Gesundheitsversorgung ist es nicht verwunderlich, dass Patienten immer öfter eine medizinische Behandlung mit KI fordern.[8]

Eine Forderung, die mit jeder neuen Einsatzmöglichkeit von KI lauter werden dürfte. Zugleich kann die Verwendung intelligenter Medizinprodukte[9] eine äußerst kostenintensive Entscheidung sein. Außerdem dürfte

---

5 M. Martini/J. Botta, Iron Man am Arbeitsplatz? – Exoskelette zwischen Effizienzstreben, Daten- und Gesundheitsschutz, NZA 2018, 625 f.

6 D. Rivoir et al., Rethinking Anticipation Tasks: Uncertainty-Aware Anticipation of Sparse Surgical Instrument Usage for Context-Aware Assistance, in: A. L. Martel et al. (Hrsg.), Medical Image Computing and Computer Assisted Intervention – MICCAI 2020, Lecture Notes in Computer Science, vol 12263, Basel 2020, S. 752 ff.

7 F. Isensee et al., nnU-Net: a self-configuring method for deep learning-based biomedical image segmentation, Nature Methods 2021, doi: 10.1038/s41592-020-01008-z.

8 Bitkom, Deutschlands Patienten fordern mehr digitale Gesundheitsangebote, Pressemitteilung v. 9.7.2020, https://www.bitkom.org/Presse/Presseinformation/Deutschlands-Patienten-fordern-mehr-digitale-Gesundheitsangebote (zuletzt abgerufen am 15.12.2023).

9 Der Begriff des Medizinprodukts bezeichnet ein Instrument, einen Apparat, ein Gerät, eine Software, ein Implantat, ein Reagenz, ein Material oder einen anderen Gegenstand, das dem Hersteller zufolge für Menschen bestimmt ist und allein oder in Kombination einen oder mehrere spezifische medizinische Zwecke erfüllen soll und dessen bestimmungsgemäße Hauptwirkung im oder am menschlichen Körper weder durch pharmakologische oder immunologische Mittel noch metabolisch erreicht wird, dessen Wirkungsweise aber durch solche Mittel unterstützt werden kann (Art. 2 Nr. 1 MP-VO). Unter die spezielle Definition der Medizinproduktesoftware (*Medical Device Software*) fällt jede Software, die dazu bestimmt ist, allein oder in Kombination für einen medizinischen Zweck i.S.v. Art. 2 Nr. 1 MP-VO verwendet zu werden (*Medical Device Coordination Group*, Guidance on Qualification and Classification of Software in Regulation (EU) 2017/745 – MDR and Regulation (EU) 2017/746 – IVDR, 2019, S. 6). Der Begriff des intelligenten Medizinprodukts ist (noch) nicht näher definiert und bezieht sich nachfolgend auf solche Produkte bzw. Softwares, die auf KI-Methoden –

sie beim medizinischen Personal regelmäßig eine gewisse KI-Expertise voraussetzen, die jedoch nur selten gegeben ist, da *E-Health* in Ausbildung und Studium bislang kaum vorkommt.[10] Insgesamt herrscht im deutschen Gesundheitswesen noch eine große Diskrepanz zwischen dem möglichen und dem tatsächlich vorhandenen Digitalangebot. In der Folge dürften digitalaffine Patienten mit ihrem Wunsch nach KI-Behandlung nicht überall offene Türen einrennen.

B. (K)ein Recht auf Behandlung mit KI?

Vor diesem Hintergrund stellt sich die Frage, ob und wenn ja, inwieweit Patienten ein Recht auf Behandlung mit KI haben.[11]

I. Zum Anspruch gegen den behandelnden Arzt

In Deutschland führt der Zugang zur Gesundheitsversorgung im Regelfall über den Hausarzt (oder einen für die spezielle Erkrankung zuständigen Facharzt). Daher ist er auch der erste Ansprechpartner für eine mögliche Behandlung mit intelligenten Medizinprodukten.

1. Selbstbestimmungsrecht des Patienten vs. ärztliche Therapiefreiheit

Eine Behandlung mit KI setzt zunächst einen Vertragsschluss zwischen Arzt und Patient voraus. Dadurch kommt in der ambulanten Versorgung (auch

---

insbesondere maschinellem Lernen – basieren (*U. M. Gassner*, Intelligente Medizinprodukte – Regulierungsperspektiven und Zertifizierungspraxis, MPR 2021, 41 (42); *Roth-Isigkeit*, Medizinprodukte (Fn. 3), 278; *Z. Schreitmüller*, Regulierung intelligenter Medizinprodukte, Baden-Baden 2023, S. 22). Ein Medizinprodukt darf in der EU nur in den Verkehr gebracht werden, wenn es über eine CE-Kennzeichnung verfügt (vgl. Art. 20 MP-VO).

10 *N. Foadi/C. Koop/M. Behrends*, Welche digitalen Kompetenzen braucht der Arzt?, Deutsches Ärzteblatt 2020, Heft 12, A 596 ff.

11 Vgl. *D. Schneeberger/K. Stöger/A. Holzinger*, The European Legal Framework for Medical AI, in: A. Holzinger et al. (Hrsg.), CD-MAKE: International Cross-Domain Conference for Machine Learning and Knowledge Extraction, Basel 2020, S. 209 (211).

im Krankenhaus) ein Behandlungsvertrag gemäß § 630a BGB zustande.[12] Dass das Rechtsverhältnis zwischen Arzt und Patient vornehmlich zivilrechtlich und nicht öffentlich-rechtlich ausgestaltet ist, ist sowohl Ausdruck des Selbstbestimmungsrechts des Patienten als auch der ärztlichen Therapiefreiheit.

Es ist grundsätzlich dem freien Willen des Patienten überlassen, ob und wenn ja, welche medizinischen Maßnahmen er für sich in Anspruch nehmen möchte.[13] Dieses Entscheidungsrecht ist grundrechtlich durch Art. 2 Abs. 2 S. 1 GG[14] (gegebenenfalls i.V.m. Art. 2 Abs. 1 GG)[15] und einfachgesetzlich durch das Einwilligungserfordernis des § 630d Abs. 1 S. 1 BGB[16] abgesichert. Gleichwohl kann der Patient nicht jede mögliche Behandlungsmethode einfordern. Denn auch der behandelnde Arzt kann sich auf das Grundgesetz – genauer gesagt auf seine Berufsausübungsfreiheit (Art. 12 Abs. 1 GG) – berufen. Er soll nicht zu einer Methode verpflichtet werden können, die seinen medizinischen Kenntnissen und seinem ärztlichen Gewissen widerspricht.[17] Das Selbstbestimmungsrecht gewährleistet daher nur, dass dem Patienten die finale Entscheidung darüber zukommt, ob er den vom Arzt unterbreiteten Behandlungsweg einschlagen will.[18]

In der Folge haben Patienten keinen Anspruch auf eine bestimmte Behandlungsmethode. Dieser Grundsatz gilt auch im System der gesetzlichen Krankenversicherung (GKV).[19] Dort ist die ärztliche Privatautonomie zwar insoweit eingeschränkt, dass grundsätzlich eine Behandlungspflicht

---

12 Insoweit eine stationäre Krankenhausbehandlung erforderlich ist, kommt im Regelfall ein sogenannter totaler Krankenhausaufnahmevertrag mit dem Krankenhausträger zustande. Weiterführend *C. Katzenmeier,* in: W. Hau/R. Poseck (Hrsg.), BeckOK BGB, 68. Ed. (Stand: 1.11.2023), München, § 630a Rn. 72 ff.
13 BVerfG BeckRS 2022, 10780, Rn. 111.
14 BVerfGE 89, 120 (130); BVerfG NJW 1997, 3085; *H. Lang,* in: V. Epping/C. Hillgruber (Hrsg.), BeckOK GG, 56. Ed. (Stand: 15.8.2023), München, Art. 2 Rn. 192.
15 BVerfGE 52, 131 (168); *U. Di Fabio,* in: G. Dürig/R. Herzog/R. Scholz (Hrsg.), GG, Losebl. (Stand: 101. Erg.-Lfg.), München, Art. 2 Abs. 1 Rn. 204.
16 *C. Katzenmeier,* in: W. Hau/R. Poseck (Hrsg.), BeckOK BGB, 68. Ed. (Stand: 1.11.2023), München, § 630d Rn. 1 ff.
17 *B.-R. Kern,* § 3 Die Freiheit des ärztlichen Berufs, in: A. Laufs/B.-R. Kern/M. Rehborn (Hrsg.), Handbuch des Arztrechts, München 2019, Rn. 22; *R. Zuck,* § 2 Verfassungs- und europarechtliche Vorgaben, in: M. Quaas/R. Zuck/T. Clemens (Hrsg.), Medizinrecht, München 2018, Rn. 52.
18 *Zuck,* Verfassungs- und europarechtliche Vorgaben (Fn. 17), Rn. 36.
19 *Kern,* Freiheit des ärztlichen Berufs (Fn. 17), Rn. 35; *F. E. Schnapp/A. Nolden,* § 4 Verfassungsrechtliche Determinanten vertragsärztlicher Tätigkeit, in: F. E. Schnapp/P. Wigge (Hrsg.), Handbuch des Vertragsarztrechts, München 2017, Rn. 60.

zugunsten versicherter Personen besteht.[20] Ein darüber hinausgehender Anspruch gegen den Vertragsarzt existiert aber nicht.

2. KI als medizinischer Standard i.S.v. § 630a Abs. 2 Hs. 1 BGB?

Grenzen findet die ärztliche Therapiefreiheit in den geltenden Sorgfaltspflichten. So hat die Behandlung nach den zum Behandlungszeitpunkt bestehenden, allgemein anerkannten fachlichen Standards zu erfolgen (§ 630a Abs. 2 Hs. 1 BGB). Das Gesetz schweigt sich zwar dazu aus, was als derartiger Standard gilt. Allgemein anerkannt ist aber, dass der sogenannte medizinische Standard den jeweiligen Stand der naturwissenschaftlichen Erkenntnisse und der ärztlichen Erfahrung repräsentiert, der zur Erreichung des ärztlichen Behandlungsziels erforderlich ist und sich in der Erprobung bewährt hat.[21]

Auch wenn es die Vorschrift des § 630a Abs. 2 Hs. 1 BGB nicht zum Ziel hat, medizinische Innovationen auszubremsen, begünstigt sie jedoch aus Gründen des Patientenschutzes den Status quo. Denn sogenannte Neulandbehandlungen müssen sich erst einmal beweisen, bevor sie als Standard gelten können. Der behandelnde Arzt schuldet nur dann das neueste Therapiekonzept, wenn die hergebrachten Behandlungsmethoden als überholt anzusehen sind.[22] Letzteres ist der Fall, wenn neue Methoden risikoärmer sind und/oder bessere Heilungschancen versprechen, in der medizinischen Wissenschaft im Wesentlichen unumstritten sind und deshalb nur ihre Anwendung von einem sorgfältigen und auf Weiterbildung bedachten Arzt verantwortet werden kann.[23] Auch Kosten und Verbreitungsgrad neuer Technologien rechtfertigen einen Rückgriff auf bisherige Behandlungsmethoden.[24] Im absoluten Regelfall folgt aus § 630a Abs. 2 Hs. 1 BGB daher

---

20 *T. Clemens*, § 20 Teilnahme des Vertragsarztes an der vertragsärztlichen Versorgung: Zulassungsvoraussetzungen, -folgen, -verfahren und Ende der Zulassung, in: M. Quaas/R. Zuck/T. Clemens (Hrsg.), Medizinrecht, München 2018, Rn. 92; *G. Steinhilper*, § 29 Status des Vertragsarztes, seine Rechte und Pflichten, in: A. Laufs/B.-R. Kern/M. Rehborn (Hrsg.), Handbuch des Arztrechts, München 2019, Rn. 16.
21 BGH NJW-RR 2014, 1053 (1054); NJW 2016, 713 (714); *Katzenmeier* (Fn. 12), § 630a Rn. 148.
22 BGH NJW 1988, 763 (764); *H.-P. Greiner*, B. Haftung aus Behandlungsfehler, in: K. Geiß/H.-P. Greiner (Hrsg.), Arzthaftpflichtrecht 2022, Rn. 6; *B.-R. Kern/M. Rehborn*, § 96 Die medizinischen Standards. Behandlungsfehler, in: A. Laufs/B.-R. Kern/M. Rehborn (Hrsg.), Handbuch des Arztrechts, München 2019, Rn. 50.
23 Ebenda.
24 BGH NJW 1988, 763 (764 f.).

(noch) keine Pflicht, bei der Behandlung auf KI-Anwendungen zurückzugreifen.[25]

3. Abweichende Individualvereinbarung nach § 630a Abs. 2 Hs. 2 BGB

Stattdessen bleibt der Patient darauf beschränkt, eine gesonderte vertragliche Vereinbarung mit dem Arzt zu schließen (§ 630a Abs. 2 Hs. 2 BGB). Danach sind sowohl eine Über- als auch eine Unterschreitung des Fachstandards zulässig.[26] Es gelten jedoch erhöhte Sorgfaltspflichten.[27] Zudem sind § 138 BGB und § 228 StGB zu beachten.[28] Das Selbstbestimmungsrecht des Patienten gebietet indes, dass eine innovative Behandlungsmethode nicht vorschnell als sittenwidrig anzusehen ist.[29] Ist der Arzt zu keiner Individualvereinbarung bereit, muss sich der Patient einen anderen Arzt suchen (was ihm stets freisteht).

II. Zum Anspruch gegen die Krankenversicherung

Auch wenn ein Arzt die Behandlung mit KI befürwortet, kann der Zugang zu intelligenten Medizinprodukten an ihren Kosten scheitern.

1. Gesetzliche Krankenversicherung (GKV)

Für die Mehrheit der Deutschen ist daher entscheidend, ob die GKV die erbrachten Leistungen vergütet.[30] Im System der GKV hat jeder Versicherte einen Anspruch auf Krankenbehandlung, wenn sie notwendig ist, um eine Krankheit zu erkennen, zu heilen, ihre Verschlimmerung zu verhüten oder Krankheitsbeschwerden zu lindern (§ 27 Abs. 1 S. 1 SGB V). Die Leistungen

---

25 *H. Zech/I. C. Hünefeld*, Einsatz von KI in der Medizin: Haftung und Versicherung, MedR 2023, 1 (3 f.).
26 BGH NJW 1988, 763 (764); *Katzenmeier* (Fn. 12), § 630a Rn. 190; *G. Wagner*, MüKo BGB, 9. Aufl., München 2023, § 630a BGB Rn. 140.
27 BGH NJW 2020, 1358 (1360); *Wagner* (Fn. 26), § 630a BGB Rn. 158.
28 BGH NJW 1991, 1535 (1537); *Katzenmeier* (Fn. 12), § 630a Rn. 191.
29 Vgl. *Wagner* (Fn. 26), § 630a BGB Rn. 67.
30 *Statista Research Department*, Anzahl der Mitglieder und Versicherten in der GKV und PKV bis 2023, 20.9.2023, https://de.statista.com/statistik/daten/studie/155823/umfrage/gkv-pkv-mitglieder-und-versichertenzahl-im-vergleich/ (zuletzt abgerufen am 15.12.2023).

i.S.d. §§ 27 ff. SGB V erbringt freilich nicht die Krankenkasse selbst, sondern der jeweilige Vertragsarzt. Dieser entscheidet aufgrund seiner fachlichen Expertise, auf welche konkrete Behandlungsmethode[31] ein Anspruch besteht.[32] Dabei hat er die Vorgaben der GKV und insbesondere die Richtlinien des Gemeinsamen Bundesausschusses (G-BA) nach § 92 Abs. 1 SGB V zu beachten.[33]

a) Anspruchskonkretisierung durch den Gemeinsamen Bundesausschuss (G-BA)

Der G-BA wird auch als „kleiner Gesetzgeber" im Gesundheitswesen bezeichnet.[34] Seine Richtlinien konkretisieren die Leistungen der §§ 27 ff. SGB V abstrakt-generell.[35] Als untergesetzliche Rechtssätze sind sie außenwirksam und somit für Leistungserbringer, Versicherte und Krankenkassen verbindlich (§ 91 Abs. 6 SGB V). Soweit ersichtlich, finden sich in diesen Richtlinien bislang keine KI-gestützten Behandlungsmethoden.[36] Fehlt es jedoch an einer Anerkennung durch den G-BA, kann eine Leistung grundsätzlich nicht vom Versicherten beansprucht werden.[37]

Für die Zulassung neuer Untersuchungs- und Behandlungsmethoden (NUB) ist zwischen dem ambulanten und dem stationären Bereich zu unterscheiden. Im ambulanten Bereich gilt ein Verbot mit Erlaubnisvorbehalt (§ 135 Abs. 1 SGB V), weshalb der Einsatz intelligenter Medizinprodukte davon abhängt, dass der G-BA ihren Nutzen, ihre medizinische Notwen-

---

31 Unter den Begriff der Behandlungsmethode fällt grundsätzlich auch der Einsatz intelligenter Medizinprodukte. Vgl. *A.-L. Hollo,* in: U. Becker/T. Kingreen (Hrsg.), SGB V, 8. Aufl., München 2022, § 135 Rn. 5.
32 *T. Clemens,* § 18 Das Vertragsarztrecht. Grundlagen und Grundsätzliches, in: M. Quaas/R. Zuck/T. Clemens (Hrsg.), Medizinrecht, München 2018, Rn. 45; *U. Knispel,* in: C. Rolfs/R. Giesen/M. Meßling/P. Udsching (Hrsg.), BeckOK SozR, 70. Ed. (Stand: 1.9.2023), München, § 27 SGB V Rn. 14.
33 Folglich schränkt das Sozialrecht die ärztliche Therapiefreiheit ebenfalls ein (*T. Bristle,* § 17 Zulassung und Rechtsstellung des Vertrags(zahn)arztes, in: H. Sodan (Hrsg.), Handbuch des Krankenversicherungsrechts, München 2018, Rn. 78; *H. Lang,* in: U. Becker/T. Kingreen (Hrsg.), SGB V, 8. Aufl., München 2022, § 27 Rn. 65).
34 *A. Klafki/K. Loer,* Der Gemeinsame Bundesausschuss als machtvoller „kleiner Gesetzgeber" unterhalb des öffentlichen Radars – eine rechts- und politikwissenschaftliche Analyse, VerwArch 108 (2017), 343 ff.
35 *Knispel* (Fn. 32), § 27 SGB V Rn. 35.
36 Es sind zwar bereits digitale Hilfsmittel anerkannt, diese sind aber nicht KI-gestützt.
37 BSG BeckRS 2006, 42899, Rn. 29; *Lang* (Fn. 33), § 27 Rn. 65.

digkeit und ihre Wirtschaftlichkeit anerkennt (§ 135 Abs. 1 S. 1 Nr. 1 SGB V). Nach den Methoden der evidenzbasierten Medizin lässt sich der Nutzen intelligenter Medizinprodukte jedoch oftmals nur unzureichend erfassen.[38] Das gilt insbesondere, wenn randomisierte kontrollierte Studien[39] (RCTs) fehlen, die als Goldstandard in der klinischen Forschung gelten. Deshalb haben KI-gestützte NUB derzeit nur begrenzte Chancen auf eine positive Bewertung des G-BA.

Im stationären Bereich können NUB indes auch ohne Richtlinienanerkennung in Anspruch genommen werden, solange der G-BA sie nicht verbietet (Erlaubnis mit Verbotsvorbehalt nach § 137c Abs. 1 und Abs. 3 SGB V). Der gesetzgeberische Beweggrund für den von § 135 SGB V abweichenden Regelungsansatz ist die höhere Innovationskraft von Krankenhäusern.[40] Um eine Vergütung für NUB zu erhalten, können Krankenhäuser mit der GKV Vereinbarungen treffen (sogenannte NUB-Entgelte nach § 6 Abs. 2 S. 1 Krankenhausentgeltgesetz).[41] Dennoch existieren im stationären Bereich ebenfalls noch keine KI-gestützten NUB,[42] was insbesondere den Anforderungen des § 137c Abs. 3 SGB V bzw. der dazugehörigen Rechtsprechung des Bundessozialgerichts geschuldet sein dürfte. Nach dem Gesetzeswortlaut muss die NUB das Potenzial einer erforderlichen Behandlungsalternative bieten und ihre Anwendung nach den Regeln der ärztlichen Kunst erfolgen, sie also insbesondere medizinisch indiziert und notwendig sein. Darüber hinaus verlangt das Bundessozialgericht, dass im einzelnen Behandlungsfall eine schwerwiegende Erkrankung vorliegt, für die nach dem jeweiligen Behandlungsziel eine Standardtherapie nicht oder nicht

---

38 *F. von Zezschwitz/I. Kley*, Digitale Gesundheitsleistungen, MedR 2021, 868 (869 f.).
39 Dazu *M. Kabisch/C. Ruckes/M. Seibert-Grafe/M. Blettner*, Randomisierte kontrollierte Studien, Deutsches Ärzteblatt 2011, Heft 39, 663 ff.
40 *D. Felix/N.-D. Ullrich*, Paradigmenwechsel in der Methodenbewertung, NZS 2015, 921 (922).
41 Wird für eine NUB, deren technische Anwendung maßgeblich auf dem Einsatz eines Medizinprodukts mit hoher Risikoklasse (dazu B. II. 1. b)) beruht, erstmalig eine Anfrage nach § 6 Abs. 2 S. 3 KHEntgG gestellt (die Voraussetzung für die Vereinbarung eines NUB-Entgelts ist), muss der G-BA ein Bewertungsverfahren durchführen (§ 137h SGB V). Intelligente Medizinprodukte mit hoher Risikoklasse ließen sich mithin auch im stationären Bereich nicht ohne eine Vorabprüfung des G-BA abrechnen.
42 *K. Hiltawsky et al.*, KI-Geschäftsmodelle für die Gesundheit – Innovation stärken, Finanzierung gestalten, Whitepaper der Plattform Lernende Systeme, München 2022, doi: 10.48669/pls_2022-3, S. 31.

mehr verfügbar ist.⁴³ Diese zusätzlichen Voraussetzungen schränken den Anwendungsbereich des § 137c SGB V deutlich ein.⁴⁴

b) Leistungsanspruch auf Digitale Gesundheitsanwendungen (DiGA)

Schon jetzt kann indes ein Leistungsanspruch auf intelligente Medizinprodukte bestehen, wenn es sich um Digitale Gesundheitsanwendungen (DiGA) handelt (§ 33a Abs. 1 S. 1 SGB V⁴⁵).⁴⁶ Mit Beschluss des Digitale-Versorgung-Gesetzes hat der Bundesgesetzgeber einen speziellen Rechtsrahmen für diese Produktkategorie geschaffen. DiGA sind Medizinprodukte, deren Hauptfunktion wesentlich auf digitalen Technologien beruht, insbesondere sogenannte *E-Health* Apps.⁴⁷ Von Bedeutung ist zudem, welcher Risikoklasse sie angehören.

Die Einordnung intelligenter Medizinprodukte in die Risikoklassen niedrig (I oder IIa) bis hoch (IIb oder III) erfolgt nach den Klassifizierungsregeln des Anhangs VIII der Medizinprodukteverordnung (EU) 2017/745 (MP-VO). Für Softwares ist die Regel 11 des Anhangs VIII maßgebend. Danach unterfällt Software grundsätzlich der Risikoklasse I.⁴⁸ Ist sie jedoch dazu bestimmt, Informationen zu liefern, die zu Entscheidungen für diagnostische oder therapeutische Zwecke herangezogen werden, ent-

---

43 BSG BeckRS 2021, 19333, Rn. 40. Zur Kritik an dieser Rechtsprechung siehe *S. Deister*, Killing me softly? Der Anspruch auf Potentialleistungen im Krankenhaus nach der neuen Rechtsprechung des Bundessozialgerichts, NZS 2023, 401 (403) m.w.N.
44 Erfüllt eine NUB weder die Voraussetzungen des § 135 SGB V noch des § 137c SGB V hat der G-BA die Möglichkeit, eine Erprobungsrichtlinie nach § 137e SGB V zu erlassen. Voraussetzung ist, dass die NUB das Potenzial einer erforderlichen Behandlungsalternative bietet, aber ihr Nutzen noch nicht hinreichend belegt ist. Aufgrund einer solchen Richtlinie müssen die Krankenkassen die Behandlungskosten zeitlich befristet übernehmen.
45 Im Gegensatz zu § 33a SGB V folgt aus § 68a SGB V kein Individualanspruch für Versicherte. Stattdessen gestattet diese Norm den Krankenkassen, die Entwicklung digitaler Innovationen zu fördern. Dazu *von Zezschwitz/Kley*, Gesundheitsleistungen (Fn. 38), 873.
46 § 33a Abs. 1 S. 1 SGB V konkretisiert den allgemeinen Leistungsanspruch aus § 27 Abs. 1 S. 2 Nr. 3 SGB V (*P. Kircher*, in: U. Becker/T. Kingreen (Hrsg.), SGB V, 8. Aufl., München 2022, § 33a Rn. 15), ohne ihn jedoch zu verdrängen (§ 33a Abs. 4 S. 1 SGB V).
47 *L. Münkler*, Health-Apps im gesundheitsrechtlichen Regulierungsgefüge, NZS 2021, 41 (43 f.).
48 *M. Wagner/B. Harle*, Digitale Gesundheitsanwendungen und Datenschutz, Gesundheitsrecht.blog Nr. 22, 2023, S. 2.

spricht sie der Risikoklasse IIa. Daher lassen sich viele intelligente Medizinprodukte mindestens der Risikoklasse IIa zuordnen, da sie regelmäßig zur Entscheidungsunterstützung dienen.[49] Können die Entscheidungen einen chirurgischen Eingriff oder eine schwerwiegende Verschlechterung des Gesundheitszustands verursachen, zählt die Software zur Risikoklasse IIb. Auch Software, die zur Kontrolle von vitalen physiologischen Parametern bestimmt ist, gehört zur Risikoklasse IIb, wenn aus einer Parameteränderung eine unmittelbare Gefahr für den Patienten resultieren könnte. Die Risikoklasse III erfasst softwaregestützte Entscheidungen, die eine irreversible Verschlechterung des Gesundheitszustands oder sogar den Tod des Patienten zur Folge haben können. Bis zur Verabschiedung des Gesetzes zur Beschleunigung der Digitalisierung des Gesundheitswesens (DigiG) am 14.12.2023 galten nur Medizinprodukte der Risikoklassen I und IIa als DiGA. Nunmehr können auch intelligente Medizinprodukte der Risikoklasse IIb den Status als DiGA erlangen.

Liegen die Voraussetzungen des § 33a Abs. 1 S. 1 SGB V vor, gilt der Leistungsanspruch unabhängig von einer Anerkennung des G-BA nach § 135 Abs. 1 S. 1 SGB V (§ 33a Abs. 4 S. 2 SGB V). Stattdessen muss das Produkt vom Bundesinstitut für Arzneimittel und Medizinprodukte (BfArM)[50] in das DiGA-Verzeichnis nach § 139e SGB V aufgenommen worden sein (ein maximal drei Monate andauerndes Fast-Track-Verfahren).[51] In dem Verzeichnis findet sich bspw. die KI-gestützte App *deprexis*, ein interaktives Selbsthilfeprogramm zur Therapieunterstützung von Patienten mit Depressionen und depressiven Verstimmungen.[52] Mangels nachweisbarer Versorgungseffekte sind indes viele DiGA nur zur Erprobung für ein Jahr und nicht dauerhaft in das DiGA-Verzeichnis aufgenommen worden.[53] Weitere Anspruchsvoraussetzung ist zudem, dass die DiGA nach Verordnung des behandelnden Arztes oder Psychotherapeuten oder mit Genehmigung der

---

49 L. *Ströbel/R. Grau*, KI-gestützte Medizin-Apps, ZD 2022, 599 (603); *Schreitmüller*, Medizinprodukte (Fn. 9), S. 130.
50 Zu den verfassungsrechtlichen Folgefragen der Einbeziehung einer Bundesoberbehörde in das GKV-Leistungsrecht siehe *P. Axer*, Verfassungsrechtliche Fragen der Erbringung digitaler Gesundheitsanwendungen nach dem SGB V, MedR 2022, 269 ff.
51 Das Verfahren beim BfArM richtet sich vornehmlich nach der Digitale Gesundheitsanwendungen-Verordnung vom 8.4.2020 (BGBl. I S. 768), die zuletzt durch Artikel 3 des Gesetzes vom 20.12.2022 (BGBl. I S. 2793) geändert worden ist.
52 *Hiltawsky et al.*, KI-Geschäftsmodelle (Fn. 42), S. 33.
53 *S. Stoff Ahnis*, Digitale Gesundheitsanwendungen – Das erste Jahr aus Sicht der Gesetzlichen Krankenversicherung, MedR 2022, 285 f.

Krankenkasse angewendet wird (§ 33a Abs. 1 S. 2 SGB V). Stationär lassen sich DiGA mithin nicht verschreiben.

c) Leistungsanspruch in einer notstandsähnlichen Extremsituation

Wenn eine KI-gestützte Behandlungsmethode weder den Segen des G-BA noch des BfArM genießt, kommt ein Leistungsanspruch des Versicherten nur in einer notstandsähnlichen Extremsituation in Betracht. Dafür muss der Versicherte an einer lebensbedrohlichen oder regelmäßig tödlichen Erkrankung oder an einer zumindest wertungsmäßig vergleichbaren Erkrankung (z.B. drohende Erblindung innerhalb eines kürzeren, überschaubaren Zeitraums[54]) leiden, für die eine allgemein anerkannte, dem medizinischen Standard entsprechende Leistung nicht zur Verfügung steht, wenn eine nicht ganz entfernt liegende Aussicht auf Heilung oder auf eine spürbare positive Einwirkung auf den Krankheitsverlauf besteht (§ 2 Abs. 1a SGB V).

d) Wirtschaftlichkeitsgebot

Auch wenn ein Leistungsanspruch auf eine KI-gestützte Behandlung grundsätzlich zu bejahen ist, muss diese ausreichend, zweckmäßig und wirtschaftlich sein und darf nur im notwendigen Umfang in Anspruch genommen werden (§ 2 Abs. 1 S. 1, Abs. 4 und § 12 Abs. 1 S. 1 SGB V)[55].[56] Die Anforderungen dieses sogenannten Wirtschaftlichkeitsgebots müssen kumulativ erfüllt sein.[57] Ihr Vorliegen lässt sich nicht abstrakt bestimmen, sondern hängt vom konkreten Einzelfall ab.[58]

Eine Leistung ist zweckmäßig, wenn sie zum Behandlungserfolg beiträgt und ausreichend, wenn sie gerade dazu genügt, den Behandlungserfolg zu

---

54 BSG NZS 2005, 589 (594).
55 Das Wirtschaftlichkeitsgebot ist selbst in einer notstandsähnlichen Extremsituation zu beachten. Siehe BSG BeckRS 2020, 12163, Rn. 27.
56 Außerdem muss die Behandlung dem allgemein anerkannten Stand der medizinischen Erkenntnisse entsprechen und den medizinischen Fortschritt berücksichtigen (§ 2 Abs. 1 S. 3 SGB V).
57 *J. Joussen*, in: C. Rolfs/R. Giesen/M. Meßling/P. Udsching (Hrsg.), BeckOK SozR, 70. Ed. (Stand: 1.9.2023), München, § 12 SGB V Rn. 2.
58 *R. Wagner*, in: D. Krauskopf (Hrsg.), Soziale Krankenversicherung, Pflegeversicherung, Losebl. (Stand: 119. Erg.-Lfg.), München 2023, § 12 SGB V Rn. 4.

erzielen.⁵⁹ Wirtschaftlich i.e.S. ist eine Behandlung mit KI nur, wenn sie im Vergleich zu herkömmlichen Behandlungsmethoden die beste Kosten-Nutzen-Relation verheißt.⁶⁰ Besonders kritisch dürfte zudem die Notwendigkeit intelligenter Medizinprodukte zu prüfen sein.⁶¹ Denn eine Leistung muss für den Behandlungserfolg erforderlich und nicht ersetzbar sein, um als notwendig gelten zu können.⁶² Leistungen, die nicht notwendig oder unwirtschaftlich sind, können Versicherte aber nicht beanspruchen, dürfen Ärzte und Krankenhäuser nicht erbringen und die Krankenkassen nicht bewilligen (§ 12 Abs. 1 S. 2 SGB V). Technologischer Fortschritt kann daher nicht zu jedem Preis in das System der GKV einziehen.

Für DiGA gilt grundsätzlich keine Ausnahme vom Wirtschaftlichkeitsgebot.⁶³ Im einjährigen Erprobungszeitraum haben es allerdings die Hersteller der DiGA weitgehend selbst in der Hand, den preislichen Rahmen abzustecken, was auf Kritik der GKV gestoßen ist.⁶⁴

e) Verfassungsrechtliche Bewertung

Der derzeit noch sehr begrenzte Leistungsanspruch gegen die GKV auf eine Behandlung mit KI könnte mit den Grundrechten der Patienten kollidieren. Zwar sind die Grundrechte in erster Linie Abwehrrechte gegen den Staat, das Bundesverfassungsgericht hat aus ihnen aber auch staatliche Schutzpflichten und im Ausnahmefall sogar Leistungsrechte abgeleitet.⁶⁵ Sollten die Art. 1 ff. GG ein Recht auf Behandlung mit KI stützen, müssten die einfachgesetzlichen Vorschriften (siehe oben) entsprechend ausgelegt oder durch den Gesetzgeber fortgeschrieben werden.

---

59 *Joussen* (Fn. 57), § 12 SGB V Rn. 4 f.; *K. Scholz*, in: U. Becker/T. Kingreen (Hrsg.), SGB V, 8. Aufl., München 2022, § 12 Rn. 8.
60 Vgl. *Scholz* (Fn. 59), § 12 Rn. 9.
61 Vgl. *R. Waltermann*, in: S. Knickrehm/R. Kreikebohm/R. Waltermann (Hrsg.), Sozialrecht, 7. Aufl., München 2021, § 12 SGB V Rn. 6.
62 *Joussen* (Fn. 57), § 12 SGB V Rn. 9; *Scholz* (Fn. 59), § 12 Rn. 8.
63 *Kircher* (Fn. 46), § 33a Rn. 16.
64 *Stoff Ahnis*, Digitale Gesundheitsanwendungen (Fn. 53), 287 f.
65 *M. Herdegen*, in: G. Dürig/R. Herzog/R. Scholz (Hrsg.), GG, Losebl. (Stand: 101. Erg.-Lfg.), München, Art. 1 Abs. 3 Rn. 13 ff. m.w.N.

aa) Grundrecht auf Gewährleistung eines menschenwürdigen Existenzminimums (Art. 1 Abs. 1 i.V.m. Art. 20 Abs. 1 GG)

Der erschwerte Zugang zu intelligenten Medizinprodukten könnte gegen das Grundrecht auf Gewährleistung eines menschenwürdigen Existenzminimums verstoßen. Das Bundesverfassungsgericht hat dieses Grundrecht aus der Menschenwürde (Art. 1 Abs. 1 GG) i.V.m. dem Sozialstaatsprinzip (Art. 20 Abs. 1 GG) abgeleitet und damit einen unmittelbaren Leistungsanspruch auf diejenigen Mittel geschaffen, die zur Aufrechterhaltung eines menschenwürdigen Daseins unbedingt erforderlich sind.[66]

Für die physische Existenz des Menschen ist insbesondere seine Gesundheit unbedingt erforderlich.[67] Auf welche konkreten Leistungen ein Anspruch besteht, hat das Bundesverfassungsgericht jedoch nicht selbst festgehalten, sondern die Konkretisierung dem Gesetzgeber überlassen; freilich nicht ohne diesem die grundrechtlichen Leitplanken für seinen Gestaltungsspielraum aufzuzeigen. Der Gesetzgeber hat bei der Ermittlung des Anspruchsumfangs die gesellschaftlichen Anschauungen über das für ein menschenwürdiges Dasein Erforderliche, die konkrete Lebenssituation des Hilfebedürftigen und die soziale Wirklichkeit zu berücksichtigen. Letztere prägt insbesondere der technische Fortschritt.[68]

Gemessen an diesen verfassungsgerichtlichen Vorgaben dürfte der Zugang zu einer Behandlung mit KI noch nicht als unbedingt erforderlich anzusehen sein. Im System der GKV gibt es einen Leistungskatalog, der für fast alle Krankheitsfälle herkömmliche Behandlungsmethoden vorsieht, die der jeweilige Arzt anwenden und abrechnen kann.[69] Der Einsatz innovativer Technologien geht daher darüber hinaus, was derzeit für die Mindestversorgung zwingend ist.[70] Nicht ausgeschlossen ist indes, dass

---

66 BVerfGE 125, 175 (222 f.).
67 BVerfGE 125, 175 (223); *C. Hillgruber*, § 100 Schutz der Menschenwürde, in: K. Stern/H. Sodan/M. Möstl (Hrsg.), Das Staatsrecht der Bundesrepublik Deutschland im europäischen Staatenverbund, Band 4, München 2022, Rn. 143.
68 BVerfGE 125, 175 (224).
69 Diese Leistungen entsprechen der medizinischen Mindestversorgung, da sich ihre Erbringung und Kostenübernahme nach den Geboten der Notwendigkeit und Wirtschaftlichkeit richtet. Siehe *V. Neumann*, Das medizinische Existenzminimum, NZS 2012, 393 (394 f.).
70 *D. Felix*, Untersuchung der Bewertungsverfahren für neue Untersuchungs- und Behandlungsmethoden in der gesetzlichen Krankenversicherung im Hinblick auf die Grundsatzfrage des Zugangs neuer Methoden und der damit verbundenen Förderung der Innovationsoffenheit, 2019, S. 15 f.

dies in Zukunft anders zu bewerten ist.[71] Daher muss der Gesetzgeber die technologische Entwicklung dauerhaft im Blick behalten.[72]

bb) Allgemeine Handlungsfreiheit i.V.m. dem Sozialstaatsprinzip (Art. 2 Abs. 1 i.V.m. Art. 20 Abs. 1 GG)

Im Ausnahmefall besteht jedoch schon zum gegenwärtigen Zeitpunkt ein grundrechtlicher Leistungsanspruch auf eine KI-Behandlung, deren Kosten die GKV noch nicht übernimmt. Denn das Bundesverfassungsgericht hat in seinem sogenannten Nikolausbeschluss entschieden, dass schwerkranken Versicherten im System der GKV unter bestimmten Voraussetzungen auch solche Behandlungsmethoden nicht verwehrt werden dürfen, die dem allgemein anerkannten, medizinischen Standard nicht entsprechen.[73] Begründet hat das Bundesverfassungsgericht diesen Anspruch sowohl mit der allgemeinen Handlungsfreiheit (Art. 2 Abs. 1 GG) als auch mit dem Sozialstaatsprinzip. Dabei hat es darauf abgestellt, dass jede gesetzliche Regelung die allgemeine Handlungsfreiheit betrifft, die die Auswahlfreiheit unter Arznei- und Hilfsmitteln im System der GKV einschränkt.[74] Zudem stellt es eine Kernaufgabe des Sozialstaates dar, den Einzelnen im Fall einer Erkrankung zu schützen.[75]

Konkrete Anspruchsvoraussetzungen sind zum einen das Leiden an einer lebensbedrohlichen oder sogar regelmäßig tödlichen Erkrankung, für die etablierte Behandlungsmethoden nicht vorliegen und zum anderen muss die gewünschte Behandlungsmethode eine auf Indizien gestützte, nicht ganz fern liegende Aussicht auf Heilung oder wenigstens auf eine spürbare positive Einwirkung auf den Krankheitsverlauf versprechen.[76] Der verfassungsrechtliche Leistungsanspruch hat mithin einen noch engeren Anwendungsbereich als § 2 Abs. 1a SGB V (siehe oben), den der Gesetzgeber in Reaktion auf den Nikolausbeschluss geschaffen hat.[77]

---

71 Vgl. *E. Paar/K. Stöger*, Medizinische KI – die rechtlichen "Brennpunkte", in: J. Fritz/N. Tomaschek (Hrsg.), Konnektivität, Münster 2021, S. 85 (88).
72 Vgl. BVerfGE 125, 175 (225).
73 BVerfGE 115, 25 (49).
74 BVerfGE 115, 25 (42).
75 BVerfGE 115, 25 (43).
76 BVerfGE 115, 25 (49).
77 BVerfGE 140, 229 (235 ff.); *F. Bockholdt*, Die „Nikolaus-Rechtsprechung" des BVerfG – Eine Bestandsaufnahme, NZS 2017, 569 (576).

cc) Recht auf Leben und körperliche Unversehrtheit (Art. 2 Abs. 2 S. 1 GG)

Auch das Recht auf Leben und körperliche Unversehrtheit verleiht dem Einzelnen keinen umfassenderen Anspruch auf Behandlung mit KI. Das Bundesverfassungsgericht hat bereits in den Anfängen seiner Rechtsprechung festgehalten, dass aus Art. 2 Abs. 2 S. 1 GG kein allgemeiner Leistungsanspruch gegen den Staat folgt.[78] Der Einzelne kann von der GKV nicht die Bereitstellung bestimmter und insbesondere spezieller Gesundheitsleistungen verlangen.[79] Zudem ist die GKV grundgesetzlich nicht verpflichtet, alles zu leisten, was an Mitteln zur Erhaltung oder Wiederherstellung der Gesundheit verfügbar ist.[80] Gleichwohl trifft den Staat eine Schutzpflicht für Leben und körperliche Unversehrtheit.[81] Er muss sich schützend und fördernd vor die Rechtsgüter des Art. 2 Abs. 2 S. 1 GG stellen. Daher hat der Gesetzgeber bei der Regulierung des Zugangs zur Gesundheitsversorgung zu beachten, dass die Erprobung und der Einsatz neuer Behandlungsmethoden möglich sind.[82]

Art. 2 Abs. 2 S. 1 GG schwört den Staat indes nicht einseitig auf ein innovationsoffenes Gesundheitsrecht ein, sondern verpflichtet ihn zugleich dazu, seiner Innovationsverantwortung gerecht zu werden, d.h. die Risiken, die neue Behandlungsmethoden in sich bergen, zu erkennen und zu minimieren.[83] Die großen Hoffnungen, die mit dem Siegeszug der KI verbunden sind, dürfen nicht vergessen lassen, welche Gefahren damit in die Gesundheitsversorgung einziehen. So sind KI-Systeme insbesondere nicht frei von Vorurteilen.[84] Zum einen können die persönlichen Ansichten der Entwickler in die algorithmischen Entscheidungen einfließen. Zum anderen

---

78 BVerfGE 1, 97 (104); *U. Di Fabio*, in: G. Dürig/R. Herzog/R. Scholz (Hrsg.), GG, Losebl. (Stand: 101. Erg.-Lfg.), München, Art. 2 Abs. 2 S. 1 Rn. 94.
79 BVerfG NJW 1997, 3085; *H. Sodan*, § 66 Leistungsrechte, in: K. Stern/H. Sodan/M. Möstl (Hrsg.), Das Staatsrecht der Bundesrepublik Deutschland im europäischen Staatenverbund, Band 3, München 2022, Rn. 33.
80 BVerfGE 115, 25 (46); *U. Steiner*, in: A. Spickhoff (Hrsg.), Medizinrecht, 4. Aufl., München 2022, Art. 2 GG Rn. 18.
81 BVerfGE 115, 25 (45) m.w.N.
82 Vgl. *Felix*, Bewertungsverfahren für neue Untersuchungs- und Behandlungsmethoden (Fn. 70), S. 16 f.; *R. Pitschas*, Innovative Versorgungsstrukturen im Lichte der Grundrechte und verfassungsrechtlichen Kompetenznormen, MedR 2015, 154 (157).
83 Vgl. *Felix*, Bewertungsverfahren für neue Untersuchungs- und Behandlungsmethoden (Fn. 70), S. 17.
84 *Botta*, Förderung innovativer KI-Systeme (Fn. 2), 394; *Schneeberger/Stöger/Holzinger*, Legal Framework for Medical AI (Fn. 11), S. 211.

können in der Datenauswahl Diskriminierungen angelegt sein. Dies zeigt der Blick über den Atlantik. In US-amerikanischen Krankenhäusern erfolgen medizinische Entscheidungen längst auch algorithmengestützt. Eine Softwareanwendung, die bei der Entscheidung darüber, ob Patienten eine spezielle – und damit kostenintensivere – Behandlung bedurften, zum Einsatz kam, benachteiligte nachweislich „schwarze" gegenüber „weißen" Patienten.[85] Der Grund lag darin, dass für die Softwareempfehlung u.a. die früheren Behandlungskosten entscheidend waren. Wer in der Vergangenheit höhere Behandlungskosten hatte, bekam eine höhere Risikobewertung und infolge dessen die Empfehlung einer aufwendigeren Behandlung. Doch „schwarze" US-Amerikaner nehmen medizinische Leistungen – gerade wegen ihrer hohen Kosten – seltener in Anspruch als ihre „weißen" Mitbürger, was die Datenlage erheblich verzerrt. Dieses Anwendungsbeispiel zeigt neben dem Diskriminierungsrisiko zugleich auf, dass die Fortschritte beim maschinellen Lernen nicht darüber hinwegtäuschen dürfen, dass KI nur Korrelationen und keine Kausalitäten zutage fördern kann.[86] Unterbleibt eine kritische Prüfung der erzeugten Ergebnisse, gefährdet dies Gesundheit und Leben der betroffenen Patienten.[87] Von Bedeutung ist außerdem, dass sich die Diskriminierungsfaktoren nicht immer nachvollziehen und erkennen lassen.[88] Vielmehr gilt insbesondere selbstlernende KI als „Blackbox", deren Entscheidungsschritte nicht einmal ihre Programmierer im Einzelnen aufschlüsseln können.[89]

Zudem hängt die Prognosekraft von KI-Systemen maßgeblich vom Umfang der zur Verfügung stehenden Daten ab. Im Regelfall gilt: je mehr Daten vorhanden sind, desto genauer fällt die Prognose aus.[90] Dieser Umstand kann im schlimmsten Fall in einer wahren Datensammelwut enden. Die Schaffung „gläserner Patienten" vertrüge sich jedoch nicht mit dem Recht auf informationelle Selbstbestimmung (Art. 2 Abs. 1 i.V.m. Art. 1

---

[85] *T. Reintjes*, Rassismus im Algorithmus: US-Versicherungssoftware benachteiligt Afroamerikaner, deutschlandfunk.de v. 25.10.2019, https://www.deutschlandfunk.de/rassismus-im-algorithmus-us-versicherungssoftware-100.html (zuletzt abgerufen am 15.12.2023).
[86] *Schreitmüller*, Medizinprodukte (Fn. 9), S. 72 m.w.N.
[87] *Deutscher Ethikrat*, Mensch und Maschine (Fn. 4), S. 149; *Paar/Stöger*, Medizinische KI (Fn. 71), S. 87.
[88] *Roth-Isigkeit*, Medizinprodukte (Fn. 3), 280.
[89] *Botta*, Förderung innovativer KI-Systeme (Fn. 2), 394 m.w.N.
[90] *M. Martini*, Blackbox Algorithmus, Berlin/Heidelberg 2019, S. VI.

Abs. 1 GG), das eine Bildung von Persönlichkeitsprofilen verbietet.[91] Auch wenn ein solches Szenario noch eine reine Zukunftsdystopie ist,[92] wecken die sensiblen Patientendaten bereits jetzt die Interessen Dritter. Daher hat der Gesetzgeber sicherzustellen, dass bei intelligenten Medizinprodukten Datenschutz und Datensicherheit ausreichend gewährleistet sind.[93]

dd) Zwischenfazit

Dass das GKV-Leistungsrecht keinen speziellen Zugang zu KI-gestützten Behandlungsmethoden eröffnet und die Kostenübernahme insbesondere von ihrer Evidenz und Wirtschaftlichkeit abhängig macht, ist mithin grundsätzlich verfassungskonform. Der Gesetzgeber wäre zugleich – unter Beachtung der Risiken neuer Technologien – nicht daran gehindert, intelligente Medizinprodukte stärker zu fördern.[94]

2. Private Krankenversicherung (PKV)

Einen grundsätzlich leichteren Zugang zu einer Behandlung mit KI haben Privatversicherte.[95] Denn GKV und Private Krankenversicherung (PKV) unterscheiden sich insbesondere dadurch, dass letztere nicht an die Entscheidungen des G-BA oder einer vergleichbaren Institution gebunden ist und für sie kein Wirtschaftlichkeitsgebot gilt.

Der Leistungsanspruch aus § 192 Abs. 1 VVG setzt stattdessen vornehmlich zwei Bedingungen voraus: Erstens muss sich die Behandlung auf den Vertragsinhalt, der sich im Regelfall aus den „Musterbedingungen 2009 für die Krankheitskosten und Krankenhaustagegeldversicherung" und den

---

91 BVerfGE 27, 1 (6); BVerfGE 65, 1 (48); *J. Ambrock*, II. Rechtliche Grundlagen, in: S. Jandt/R. Steidle (Hrsg.), Datenschutz im Internet, Baden-Baden 2018, Rn. 18.
92 *M. Martini/M. Hohmann*, Der gläserne Patient: Dystopie oder Zukunftsrealität?, NJW 2020, 3573.
93 Zu den aktuellen Defiziten weiterführend *M. Kolain/J. Lange*, ePA, DiGA, SaMD & Co. – Regulatorische Trends und Entwicklungen einer datengetriebenen Medizin, in: G. Buchholtz/L. Hering (Hrsg.), Digital Health, Berlin 2024 (im Erscheinen).
94 Vgl. *Pitschas*, Innovative Versorgungsstrukturen (Fn. 82), 154.
95 Vgl. *I. Schlingensiepen*, PKV vs. GKV: Unterschiede bei Innovationen, Therapiefreiheit, Evidenz, ÄrzteZeitung Online v. 25.8.2021, https://www.aerztezeitung.de/Politik/PKV-vs-GKV-Unterschiede-bei-Innovationen-Therapiefreiheit-Evidenz-422261.html (zuletzt abgerufen am 15.12.2023).

individuellen Tarifbedingungen zusammensetzt, stützen können. Zweitens muss die Behandlung notwendig sein, was zu bejahen ist, wenn es nach den objektiven medizinischen Befunden und Erkenntnissen im Zeitpunkt der Vornahme der ärztlichen Behandlung vertretbar war, sie als notwendig anzusehen.[96]

C. Fazit und Ausblick

Trotz der großen Verheißungen künstlicher Intelligenz im Gesundheitswesen können sich Patienten gegenwärtig nur sehr eingeschränkt auf ein Recht auf Behandlung mit KI berufen. Je mehr intelligente Medizinprodukte (unter der Bedingung ihrer Qualität und Wirksamkeit sowie Wirtschaftlichkeit) Anerkennung durch den G-BA und das BfArM erfahren werden, umso mehr wird sich dieser „Befund" indes in sein Gegenteil verkehren. Denn die Kostenübernahme der GKV wirkt gleich einem Innovationsmotor:[97] Sie ermöglicht es, neue Technologien auf die Überholspur zu bringen.

Vor diesem Hintergrund sollte der Gesetzgeber den bestehenden Rechtsrahmen – insbesondere § 137c SGB V und das spezielle Regime für DiGA – einer kritischen Prüfung unterziehen. Die bisherigen Reformen haben nicht die gewünschten Innovationseffekte bewirkt. Abzuwarten bleibt, welche Auswirkungen das DigiG haben wird. Es hat nicht nur den Leistungsanspruch des § 33a Abs. 1 S. 1 SGB V um Medizinprodukte der Risikoklasse IIb erweitert, sondern auch eine anwendungsbegleitende Erfolgsmessung eingeführt. Letztere soll in die Preisgestaltung einfließen und dadurch eine leistungsgerechtere Vergütung sicherstellen.[98] Außerdem soll das BfArM die Ergebnisse der Erfolgsmessung veröffentlichen, um die Transparenz über den Einsatz und den Erfolg von DiGA zu erhöhen.

Zugleich muss sich der Gesetzgeber verstärkt den Folgefragen des Einsatzes intelligenter Medizinprodukte stellen (z.B. hinsichtlich des Arztvorbehalts, der ärztlichen Aufklärungspflicht, Datenschutz und Datensicher-

---

96 *J. Eichelberger*, in: Spickhoff (Hrsg.), Medizinrecht, 4. Aufl. 2022, § 192 VVG Rn. 38.
97 Vgl. *Felix*, Bewertungsverfahren für neue Untersuchungs- und Behandlungsmethoden (Fn. 70), S. 4; *von Zezschwitz/Kley*, Gesundheitsleistungen (Fn. 38), 868.
98 Nach dem Regierungsentwurf sollten die Hersteller von DiGA ihren Vergütungsanspruch ganz verlieren, wenn die versicherte Person innerhalb von 14 Tagen nach erstmaliger Nutzung einer DiGA erklärt, diese nicht dauerhaft nutzen zu wollen (BT-Drs. 20/9048, S. 14). Diese Regelung fand jedoch keinen Eingang in die finale Gesetzesfassung.

heit sowie der Haftung bei Behandlungsfehlern).[99] Nur auf diese Weise lassen sich Innovationsförderung und Innovationsverantwortung in einen angemessenen Ausgleich bringen. Beide sind für den Patientenschutz unverzichtbar.

---

99 Siehe dazu bspw. *S. Schulz-Große/A. Genske*, Auswirkungen der neuen KI-Verordnung auf den Behandlungsalltag, GuP 2023, 81 ff.

Smartes Entscheiden in Konstellationen der Triage

Svenja Behrendt

I. Einführung

Gewisse Entscheidungen möchte man niemals treffen müssen. Triage-Entscheidungen – denen im Zusammenhang mit der Corona-Pandemie sowohl in der Fachwelt als auch in der Gesellschaft größere Aufmerksamkeit zuteil wurde – würde man wohl dazuzählen. Ganz falsch ist das sicher nicht, denn im Extremfall kann es um die Entscheidung gehen, wer die überlebensnotwendige Behandlung erhält und wer nicht. Im Zuge der jüngsten Diskussion wurde beispielsweise erörtert, wie man damit umgehen soll, wenn nicht genügend zum Überleben erforderliche Beatmungsgeräte zur Verfügung stehen, die verfügbaren Intensivbetten die Nachfrage überschreiten bzw. das medizinische Personal nicht ausreicht, um die Patient:innen angemessen zu versorgen. Die dann anstehenden Entscheidungen müssen zwar nur von wenigen Personen getroffen (oder kontrolliert) werden, jeder könnte aber in die Lage kommen, einer von den Patient:innen zu werden, zwischen denen entschieden werden muss. Wie Triage-Entscheidungen getroffen werden, ist deshalb von allgemeinem Interesse. Angesichts der Brisanz der Entscheidungen ist es wenig überraschend, dass man nach Orientierung sucht. Die Entscheidungträger in der Medizin suchen nach Hilfe bei der Entscheidungsfindung, nach der (einen) richtigen Antwort. Man möchte schnell, verlässlich und rechtssicher herausfinden, wie sie im konkreten Fall genau lautet. Als Gesellschaftsmitglied möchte man sicher sein, dass die Entscheidung zumindest nicht unberechtigterweise zu Lasten der eigenen Person ausgeht. Vor diesem Hintergrund verwundert es nicht, dass man sich künstlicher Intelligenz (KI) zuwendet. KI gilt vielen als Werkzeug, um Aufgaben schneller und besser zu erledigen. Der Mensch wird als Risikofaktor wahrgenommen – insbesondere, weil menschliches Entscheiden anfällig für kognitive Verzerrungen ist. Die Maschine scheint man zumindest vordergründig als (vergleichsweise) objektiven Entscheider zu verstehen – da KI letzten Endes eine Software ist, verarbeitet sie den Input mathematisch. Selbstverständlich kann der Prozess der maschinellen Datenverarbeitung auch Störungen und Fehler aufweisen, er ist schließlich auch auf das Funktionieren der Technik angewiesen. Das biologische Äquivalent der Software, die neurobiologische Datenverarbeitung, wird hingegen durch derart viele Parameter beeinflusst, dass sie mit der „Reinheit" maschineller Datenverarbeitung nicht mithalten kann. Zugleich würde man aber auch smarte maschinelle Datenverarbeitung nur sehr verzerrt darstellen, wenn man annähme, es gehe allein um Mathematik. Denn im Grunde stellt sich stets die Frage, ob die auf den konkreten Fall angewendete Formel (der jeweilige Algorithmus) den konkreten Sachverhalt auch tatsächlich richtig erfassen und verarbeiten kann.[1] Insbesondere, wenn die KI mit Daten trainiert wurde, die im Zusammenhang mit unmittelbarer/mittelbarer Diskriminierung generiert wurden, kann es gut sein, dass auch der Algorithmus diese Diskriminierung weitertragen wird („garbage in, garbage out").[2] Das ist und bleibt eines der Grundprobleme, welche von der KI nicht „verständig" gelöst werden kann. Die Hinzuziehung von KI bei Triage-Entscheidungen mag zwar auch deshalb reizvoll erscheinen, weil eine KI eine Antwort auswerfen würde, sofern sie darauf ausgerichtet wurde. Ob das konkrete von der KI ausgeworfene Ergebnis auch tatsächlich umgesetzt werden sollte, ist indes eine andere Frage, die letzten Endes vom Menschen beantwortet werden muss. Spätestens an dieser Stelle kommen dann auch wieder die kognitiven Verzerrungen ins Spiel, deretwegen man eigentlich bemüht ist, auf die KI auszuweichen.

Angesichts der jedenfalls partiell-sektoralen Überlegenheit von KI wird es kaum überraschen, dass das Interesse an derartigen Programmen, die nach ihrem Design bei Entscheidungen in der Triage Anwendung finden könnten, zunimmt. In der Diskussion über die Triage lässt sich interessanterweise sowohl eine Überhöhung menschlichen Entscheidens als auch eine Überzeichnung der Leistungsfähigkeit von KI beobachten. Man misstraut der KI und möchte deshalb, dass ein Mensch entscheidet, obgleich dieser auch diskriminierende und schlechte Entscheidungen treffen kann. Soweit deshalb wiederum mehr Hoffnung in den Einsatz von KI gesetzt

---

1 Siehe dazu S. *Behrendt*, Entscheiden im digitalen Zeitalter: Überlegungen zu den Auswirkungen smarter Technologie auf
Verhaltenspflichtbildung und Verantwortlichkeit, in: M. Kuhli/F. Rostalski (Hrsg.), Normentheorie im digitalen Zeitalter (2023), S. 101 (105 ff.).
2 Aus der jüngeren Literatur siehe exemplarisch *R. S. Steiger u.a.*, "Garbage in, garbage out" revisited: What do machine learning application papers report about human-labeled training data?, Quantitative Science Studies 2 (2021), 795.

wird, werden die mit der Funktionsweise von KI verbundenen Schwierigkeiten unterschätzt.

In diesem Beitrag befasse ich mich zunächst mit dem Begriff der Triage und der Struktur der zugrundeliegenden Konstellationen. Bei der medizinischen Triage geht es längst nicht nur um die Entscheidung, wer die zum Überleben notwendige Behandlung erhält und wer nicht. Die dramatische Zuspitzung führt dazu, dass man sich häufig vorschnell auf diese Konstellationen fokussiert. Triage ist jedoch eigentlich ein Begriff, der weiter zu verstehen ist und insbesondere auch eine stark verfahrensbezogene Komponente aufweist. Anschließend thematisiere ich das (sich trotz einer bundesverfassungsgerichtlichen Entscheidung[3] weiterhin stellende) Problem des nach Art. 3 Abs. 3 S. 2 GG gebotenen Schutzes vor Diskriminierung wegen einer Behinderung und komme dann auf die Möglichkeiten zu sprechen, KI hinzuziehen.

II. Der Begriff der Triage und das Problem der Allokation begrenzter Ressourcen

Der Begriff der Triage wurde in der Notfallmedizin geprägt.[4] Man bezeichnet damit Verfahren, mit denen im Falle von nicht ausreichenden Ressourcen Patient:innen in Gruppen mit vorrangiger oder nachrangiger Behandlungspriorität eingeordnet werden.[5] Es geht dann um die Sichtung der Behandlungsbedürftigkeit, die Einschätzung über die Lebensbedrohlichkeit des Zustands und die Frage, wie zeitnah eine Behandlung erfolgen muss. Entsprechend dieser Sichtung werden die Patient:innen dann in unterschiedliche Kategorien eingeordnet.[6] In Notaufnahmen wird Tria-

---

3 BVerfGE 160, 79.
4 Die Ursprünge des Begriffs sind indes etwas unklar. Es wird angenommen, dass der Begriff ursprünglich im Handel und in der Militärmedizin Verwendung fand, s. *H. Nakao/I. Ukai/J. Kotani*, A review of the history of the origin of triage from a disaster medicine perspective, Acute Medicine & Surgery 4 (2017), 379; *J. Zimmermann*, Modellierung von Priorisierungsregeln am Spezialfall der Triage, in: W. Wohlgemuth/ M. H. Freitag (Hrsg.), Priorisierung in der Medizin: Interdisziplinäre Forschungsansätze (2009), S. 218.
5 *Zimmermann*, Modellierung (Fn. 4).
6 Teilweise werden zur Kommunikation dieser Kategorien Farbcodes genutzt. Da die Triage aber im Grunde ein Begriff für eine Methode zur Bewältigung eines Organisationsproblems darstellt, ist der Einsatz von Farbcodes selbstredend kein zwingendes Indiz dafür, dass ein Triage-System zur Anwendung kommt.

ge konstant praktiziert: Die Reihenfolge, nach welcher die Patient:innen behandelt werden, richtet sich in erster Linie nach der prognostizierten gesundheitlichen Gefährdung und nicht nach dem Zeitpunkt ihres Eintreffens.[7]

Die Verfahren der Triage sind als Methode zur Bewältigung des Problems der Allokation begrenzter Ressourcen zu verstehen. Hier lassen sich Konstellation mit *schwacher* Allokationsentscheidung von solchen mit *starker* Allokationsentscheidung unterscheiden. Rechtlich kann man außerdem Konstellationen, die rechtlich von einer berechtigten Bevorzugung des einen Patienten zu Lasten eines anderen Patienten geprägt sind, von Konstellationen, in denen die Patient:innen gleichermaßen gewichtige und gleichermaßen dringliche Behandlungsansprüche haben, *qualitativ* unterscheiden. In der rechtswissenschaftlichen Diskussion differenziert man außerdem zwischen Ex-ante- und Ex-Post-Triage.[8] Diese Diskussion wirkt sich auch auf die Frage aus, bei welchen Szenarien künstliche Intelligenz in welcher Weise und zur Erfüllung welcher Aufgaben hinzugezogen werden kann.

1. Triage-Konstellationen mit schwacher Allokationsentscheidung

Der Grundgedanke der Triage besteht darin, im Dienst einer bestmöglichen Versorgung aller Patient:innen einen möglichst effizienten und effektiven Einsatz der zur Verfügung stehenden Ressourcen zu gewährleisten. Die Triage als Methode kann daher dazu dienen, die Ressourcen so einzusetzen, dass alle Patient:innen die erforderliche Behandlung zum Erhalt des Lebens und zur Abwendung eines irreversiblen oder nur schwer zu behebenden gesundheitlichen Schadens erhalten. Auf diese Weise führt die Triage als Methode dazu, dass alle Patient:innen die für sie erforderliche Behandlung erfahren. Diese Situation lässt sich nur in einem eher schwachen Sinn unter dem Gesichtspunkt der Ressourcenknappheit und dem Erfordernis einer Allokationsentscheidung erfassen, denn es geht pri-

---

7 Die Notaufnahme der Berliner Charité ist beispielsweise nach dem Manchester Triage System organisiert, siehe https://notfallmedizin-sued.charite.de/notfallversorgung/manchester_triage_system/ (letzter Aufruf der Webseite am 03.09.2023).

8 Davon wird die sog. präventive Triage weiter unterschieden. Bei dieser geht es um Fälle, in denen Patient:innen nicht versorgt werden, um Kapazitäten frei zu haben für die Behandlung ggfs. noch eintreffender, dringend behandlungsbedürftiger Patient:innen (mit schwerwiegenderem Gesundheitszustand).

mär um die Frage, *bis wann* die Ressource aufgewendet werden muss, um Schaden abzuwenden. Wenn alle Patient:innen fachgerecht behandelt werden können, dann werden die zur Verfügung stehenden Ressourcen so eingesetzt, dass der Bedarf die zur Verfügung stehenden Ressourcen nicht überschreitet. Dass im Ergebnis alle Patient:innen behandelt werden, ist dann aber ggfs. erst das Resultat der Anwendung der Triage als Methode. Wenn die Patient:innen in der Reihenfolge ihres Eintreffens behandelt werden würden, so würde es deutlich häufiger zu Situationen kommen, in dem einem Patienten eben nicht mehr rechtzeitig geholfen werden kann. Überspitzt dargestellt: Der eine Patient verstirbt an einem Schlaganfall, weil das medizinische Personal mit der Behandlung von alltäglichen Schürfwunden beschäftigt ist.

Selbst in diesen Fällen ist das Verfahren der Triage indes mit der Allokation begrenzter, angesichts der Nachfrage nicht ausreichender Ressourcen verbunden. Das wird deutlich, wenn man den Zeitbezug des Einsatzes der Ressourcen und des Behandlungsbedarfs berücksichtigt. Wenn der Arzt zum Zeitpunkt x Patient x behandelt, dann verbraucht er die Ressource, denn er behandelt zum selben Zeitpunkt nicht zugleich Patient y. Dennoch ist für den Patient y ggfs. nur wichtig, dass er innerhalb eines bestimmten Zeitrahmens behandelt wird, ihm also die erforderlichen Ressourcen (Zeit und Aufmerksamkeit eines Arztes und weitere Ressourcen) irgendwann innerhalb dieses Zeitfenster zuteil werden. Im Rahmen des zuvor angeführten Beispiels würde es also darum gehen, dass dem Patienten y mit der Schürfwunde zuzumuten ist, etwaige Schmerzen, Unwohlsein, und gesundheitliche Beeinträchtigungen, welche durch eine direkte Behandlung abgewendet werden würden, zu erdulden. *Diese* Beeinträchtigungen muss er/sie im überwiegenden Interesse des behandlungsbedürftigeren Patienten x (im Beispiel wäre das der Schlaganfall-Patient) hinnehmen. Die Interessen des Patienten y unterliegen bei der Abwägungsentscheidung darüber, wem die im Zeitpunkt x zur Verfügung stehenden Ressourcen zukommen sollen, da die Behandlung des Patienten x als dringender (und dessen Anspruch als gewichtiger) beurteilt wird.

2. Triage-Konstellationen mit starker Allokationsentscheidung

Nicht immer lässt sich das Patient:innenaufkommen aber auf diese Weise lösen. Es kann dazu kommen, dass eine Situation eintritt, in der die medizinischen Ressourcen nicht ausreichen, um im Ergebnis alle behandlungsbedürftigen Patient:innen rechtzeitig zu versorgen. Dann muss entschieden werden, wer behandelt wird und wer nicht (bzw. wer ggfs. nicht in ausreichendem Maße behandelt werden wird). Es geht nicht mehr darum, in welcher Reihenfolge sinnvollerweise zu behandeln ist, damit jeder die Behandlung erhält, die er benötigt, sondern vielmehr darum, wer *überhaupt* behandelt wird, bevor es für das Eintreten eines irreversiblen Schadens zu spät ist. Dabei kann es sein, dass die Behandlung zwar gleichermaßen dringlich ist, der zu erwartende Schaden aber nicht gleichermaßen schwer wiegt (zum Beispiel könnte zu prognostizieren sein, dass der eine Patient ohne die Behandlung verstirbt, der andere hingegen voraussichtlich gelähmt bleiben wird).[9] In diesem Fall wäre der Behandlungsanspruch des einen Patienten grds. von höherem Gewicht als der des anderen Patienten. Der Behandelnde würde sich grds. rechtswidrig verhalten, wenn er dem gewichtigeren Behandlungsanspruch nicht nachkommt, und den Achtungsanspruch[10] des Patienten mit dem gewichtigeren Behandlungsanspruch verletzen.

Anders verhält es sich bei *gleichermaßen gewichtigen* und *gleichermaßen dringlichen* Fällen: Hier liegt eine Kollision gleichwertiger Verhaltenspflichten vor. Die Konsequenz ist, dass der Rechtsadressat, also der Behandler, den Achtungsanspruch des Patienten, dessen Behandlung er unterlässt, nicht verletzt – unabhängig davon, welchen Patienten er behandelt.[11] In einer solchen Situationen kann die Entscheidung rechtlich gar nicht vorge-

---

9 Dass die Prognose mit einem unterschiedlichen Grad der Gewissheit verbunden sein kann, verkompliziert die Sachlage weiter. Aus Gründen der Komplexitätsreduktion gehe ich hier von demselben Grad der Gewissheit aus.
10 Zum Achtungsanspruch als Gleichrangiger siehe *W. Höfling*, in: Sachs (Hrsg.), GG, Art. 1 Rn. 35 m.w.N.; etwas anders gelagerte Konzeption bei *S. Behrendt*, Entzauberung des Rechts auf informationelle Selbstbestimmung: Eine Untersuchung zu den Grundlagen der Grundrechte (2023), S. 265 ff., zum Verständnis der Menschenwürde und des allgemeinen Persönlichkeitsrechts ebd., S. 315 ff.
11 Ob die Pflichtenkollision entschuldigend oder rechtfertigend wirkt, ist in der strafrechtlichen Literatur umstritten. Umstritten ist auch, in welchen Konstellationen eine Kollision gleichwertiger Pflichten anzunehmen ist. Grds. kann man ohne Weiteres gleichzeitig zur Vornahme einer Handlung und zum Unterlassen einer anderen verpflichtet sein kann – der Rechtsadressat kann beide Pflichten erfüllen, indem er einfach die Handlungspflicht erfüllt. Wenn der Rechtsadressat zur Rettung des einen Patienten einem anderen Patienten indes eine Ressource wegnehmen müsste, dann kann die Handlungspflicht nur unter Verletzung der Unterlassungspflicht erfüllt werden. Es kann also durchaus zu Konstellationen kommen, in denen Handlungs- und Unterlassungspflichten kollidieren.

geben werden, ohne dass die rechtliche Regelung bei einem auf Gleichrangigkeit beruhenden Verständnis der Grundrechte mit einer Grundrechtsverletzung verbunden wäre.[12] Abstrakt-generell vorzugeben, welchem von mehreren (nur alternativ, aber nicht kumulativ erfüllbaren) gleichgewichtigen Verhaltensansprüchen nachzukommen ist, würde den Achtungsanspruch derjenigen verletzen, die das Nachsehen haben – die Gleichrangigkeit wäre nicht gewahrt, weil der Verpflichtete trotz der Gleichwertigkeit der Ansprüche min. einen Anspruch gar nicht erfüllen darf. *Insoweit* von einer rechtlichen Regulierung der materiellen Entscheidung abzusehen, bedeutet daher nicht, dass man sich einer legislatorischen Verantwortung entzöge. Unter welchen Umständen man allerdings eine Pflichtenkollision annehmen kann, wird durch das – auch am Maßstab der Grundrechte zu prüfende – Recht beeinflusst.[13] Eine Situation, in der man nur eine Ressource zu vergeben hat, aber zwei Menschen sie begehren, ist bei Weitem nicht zwingend eine Situation, in der gleichwertige Pflichten kollidieren. Im Diskurs über die Triage, welcher durch die sich im Rahmen der Corona-Pandemie stellenden Fragen nochmal intensiviert wurde, geht manchmal unter, dass die Suche nach handlungsleitenden Kriterien nichts anderes ist, als die Beschäftigung mit der Frage, ob die miteinander konkurrierenden Ansprüche auf Behandlung nicht doch ein unterschiedliches Gewicht haben, weshalb der Behandler einen Patienten dem anderen vorziehen muss.

3. Ex-ante-Triage und Ex-post-Triage

Mit der *Ex-ante-Triage* ist eine Situation gemeint, in der der Entscheidungsträger entscheiden muss, bei welchen von mehreren behandlungsbedürftigen Personen er mit der Behandlung überhaupt beginnt. Hier konkurrieren mehrere potentielle Patienten hinsichtlich der Aufnahme der Behandlung. Den Entscheidungsträger treffen mehrere Handlungspflichten, die er in dem konkreten Zeitpunkt zwar alternativ, aber nicht kumulativ erfüllen kann und er muss nun entscheiden, welchen Handlungspflichten er nachkommt.[14] Die Ex-ante-Triage wird häufig auf Situationen kapriziert, in denen es um die Kollision gleichwertiger Handlungspflichten geht; aber das ist längst nicht immer der Fall – Situationen, in denen der Entscheidungs-

---

12 S. *Augsberg*, Regelbildung für existentielle Auswahlentscheidungen, in: T. Hörnle, S. Huster, R. Poscher (Hrsg.), Triage in der Pandemie (2021), S. 3 (22).
13 *Augsberg*, Regelbildung (Fn. 12).
14 *U. Neumann*, in: NK-StGB, 6. Aufl. 2023, § 34 Rn. 138.

träger zu dem konkreten Zeitpunkt ungleichwertige Verhaltenspflichten zwar alternativ, aber nicht kumulativ erfüllen kann, sind deutlich häufiger. Die Konstellationen der Ex-ante-Triage werden von der sog. *Ex-post-Triage* unterschieden. Hier geht es um die Frage, ob die Behandlung eines Patienten zur Behandlung eines anderen Patienten abgebrochen werden darf.

Die kategorische Trennung ist nach herrschender Ansicht mehr als bloße Deskription unterschiedlicher Situationen. Die Unterschiede seien nicht nur phänomenologischer Natur, auch rechtlich seien die Konstellationen unterschiedlich zu behandeln: Während es bei der Ex-ante-Triage um eine Pflichtenkollision gehen könne, komme bei der Ex-post-Triage grds. nur ein rechtfertigender Notstand in Betracht.[15] Solche Positionen scheinen häufig durch den Gedanken geprägt zu sein, dass das nachträgliche Zurückstellen eines Patienten „schlimmer" sei, als wenn man die Behandlung erst gar nicht aufgenommen hätte. Daran ist richtig, dass mit Aufnahme der Behandlung die Erwartung begründet wird, dass die Behandlung auch zu Ende gebracht und diese Entscheidung nicht noch einmal in Frage gestellt wird. In die Diskussion um die Zulässigkeit der sog. Ex-post-Triage spielt aber jedenfalls auch die grundsätzlichere Frage hinein, ob eine Beeinträchtigung durch aktives Tun bereits für sich genommen gewichtiger ist als eine Beeinträchtigung durch Unterlassen. Herrschend geht man im strafrechtlichen Schrifttum von einem strukturellen Ungleichgewicht aus. Das zeigt sich auch am Beispiel der Kollision einer Handlungs- und einer Unterlassungspflicht. Diese wird nach h.M. nach den Regeln des rechtfertigenden Notstands (und gerade *nicht* nach der rechtfertigenden Pflichtenkollision)[16]

---

15 Siehe exemplarisch *A. Engländer*, Die Pflichtenkollision bei der Ex-ante-Triage, in: T. Hörnle, S. Huster, R. Poscher (Hrsg.), Triage in der Pandemie (2021), S. 111 (118); *W. Perron*, in: Schönke/Schröder, StGB, 30. Aufl. 2019, § 34 Rn. 4. Dafür, dass auch bei der Ex-post-Triage eine Pflichtenkollision vorliegen könne: *I. Coca Vila*, Die Kollision von Verpflichtungsgründen im Strafrecht, ZStW 130 (2018), 959 (976 f.); *K. Gaede/M. Kubiciel/F. Saliger/M. Tsambikakis*, Rechtmäßiges Handeln in der dilemmatischen Triage-Entscheidungssituation, medstra 2020, 129 (134 ff.); *E. Hoven*, Die „Triage-Situation als Herausforderung für die Strafrechtswissenschaft, JZ 2020, 449 (452 ff.); *T. Hörnle*, Ex-post-Triage: Strafbar als Tötungsdelikt?, in: dies./S. Huster/R. Poscher (Hrsg.), Triage in der Pandemie (2021), S. 149 (173, 184); *C. Jäger/J. Gründel*, Zur Notwendigkeit einer Neuorientierung bei der Beurteilung der rechtfertigenden Pflichtenkollision im Angesicht der Corona-Triage, ZIS 2020, 151 (160).

16 Von einer Pflichtenkollision als strafrechtlicher Fachbegriff wird seitens der herrschenden Ansicht nur gesprochen, wenn *Handlungspflichten* kollidieren, siehe *Coca Vila*, Kollision (Fn. 15), 960.

gelöst.[17] Dementsprechend hängt die Rechtfertigung der Verletzung einer Unterlassungspflicht[18] insbesondere davon ab, dass das geschützte Interesse das beeinträchtigte Interesse *wesentlich* überwiegt. Bei gleichem Gewicht der kollidierenden Pflichten und selbst bei einem nur geringfügigen Überwiegen des geschützten Interesses setzt sich die Unterlassungspflicht durch. Der Rechtsadressat darf in diesen Fällen nach h.M. also keinen zu einem tatbestandlichen Erfolg (z.B. den Tod oder die Gesundheitsschädigung) führenden Kausalverlauf durch aktives Tun in Gang setzen. Auch ein Entschuldigungsgrund kommt regelmäßig nicht in Betracht.[19]

Diese Position der herrschenden Ansicht zur Kollision von Handlungs- und Unterlassungspflicht scheint auf zwei Annahmen zu beruhen: Zum einen auf der These, dass aktives Tun und Unterlassen schon unter dem Gesichtspunkt der Verhaltensform nicht gleichwertig sind und dass die aktive Beeinträchtigung (also der Verstoß gegen eine Unterlassungspflicht) per se einen größeren Unrechtsgehalt aufweist als die Beeinträchtigung durch ein Unterlassen (also die Beeinträchtigung durch Verstoß gegen eine Handlungspflicht). Zum anderen wird die Pflicht zur Hinnahme einer Beeinträchtigung eigener Interessen aus Gründen der Solidarität auf Konstellationen beschränkt, in denen das geschützte Interesse das beeinträchtigte wesentlich überwiegt.[20]

a) Tun und Unterlassen

Die zuerst genannte These würde erklären, warum man derart grundsätzlich der Ansicht ist, dass eine rechtfertigende Pflichtenkollision nicht grei-

---

17 Siehe exemplarisch *Engländer*, Pflichtenkollision (Fn. 15), 114 f., 118; *A. Engländer/T. Zimmermann*, „Rettungstötungen" in der Corona-Krise?, NJW 2020, 1398 (1399 f.); *T. Zimmermann*, Rettungstötungen: Untersuchungen zur strafrechtlichen Beurteilung von Tötungshandlungen im Lebensnotstand (2009), S. 117 ff. Zur anderen Ansicht siehe die entsprechenden Nachweise in Fn. 15. Einige nehmen an, dass eine Pflichtenkollision nur entschuldigend wirke, siehe exemplarisch *C. Momsen/L. I. Savic*, in: v. Heintschel-Heinegg (Hrsg.), Beck'scher Online-Kommentar, Strafgesetzbuch, Stand: 01.08.2023, § 34 Rn. 24; *H.-U. Paeffgen/B. Zabel*, in: NK-StGB, 6. Aufl. 2023, Vor § 32 Rn. 174a.
18 Also die Verletzung einer Unterlassungspflicht durch das Befolgen einer Handlungspflicht bzw. das Handeln im eigenen Interesse.
19 *Engländer/Zimmermann*, „Rettungstötungen" (Fn. 17), 1400.
20 Verbreitet wird angenommen, dass der in § 34 StGB geregelte rechtfertigende Notstand auf dem Solidaritätsprinzip beruht, statt vieler *Neumann* (Fn. 14), § 34 Rn. 9, 10.

fen könne. Die dogmatische Handhabung von der Frage abhängig zu machen, was für Verhaltenspflichten miteinander kollidieren, konfrontiert indes mit dem Problem, dass es häufig vom Zufall abhängt, ob eine Verhaltenspflicht ein aktives Tun oder ein Unterlassen erfordert. Dieses Problem versucht man teilweise durch wertende Umdeutungen zu umgehen,[21] dann stellt sich aber die Folgefrage, unter welchen Voraussetzungen eine Umdeutung der Handlungsform rechtlich zulässig ist.[22] Hinzukommt, dass die Grundannahme als solche nicht überzeugen kann. Es ist nicht ersichtlich, warum in dem folgenden Beispielsfall das Unterlassen einer gebotenen Handlung (also das Zuwiderhandeln gegen die Handlungspflicht) schon aus Gründen der Handlungsform weniger Unrecht begründen sollte als ein unterlassungspflichtwidriges aktives Tun. Nehmen wir an, A müsste nur einen Schritt zur Seite gehen, damit ein Freund des A keine Schmerzen erleidet. Das ist – wie A weiß – das Einzige, was seinen Freund vor den Schmerzen bewahren würde; eine anderweitige Abwendung des Erfolges ist ausgeschlossen. Vergleichen wir das mit dem Fall, dass A auf einen Knopf drückt, und dadurch – wie er weiß – demselben Freund die gleichen Schmerzen bereitet. Es scheint so zu liegen, dass man bei dem Zuwiderhandeln gegen die Unterlassungspflicht den gewichtigeren Vorwurf erheben würde, schließlich sind die Schmerzen des Freundes dann das Werk des A. A war es, der den Kausalverlauf in Gang gesetzt hat, welcher dazu führen wird, dass sein Freund Schmerzen erleiden wird. In beiden Fällen hat A es aber in der Hand, ob sein Freund Schmerzen erleiden muss und weiß dies auch. Der einzige Aspekt, der einen Unterschied machen könnte, wäre der Umstand, dass man in dem einen Fall „nur" einen bereits angestoßenen, zur Beeinträchtigung eines Interesses führenden Kausalverlauf nicht unterbrechen würde und in dem anderen Fall durch das Verhalten einen entsprechenden Kausalverlauf überhaupt erst anstößt. Letzteres scheint, sofern das Drücken des Knopfes auf eine autonome, insbesondere nicht erzwungene Entscheidung des A zurückgeht, einen größeren Vorwurf zu

---

21 Es ist beispielsweise wenig überzeugend, das Entfernen der Ernährungssonde (aktives Tun) per se für ein größeres Unrecht zu halten als das Unterlassen der Gabe von Nahrung. Insoweit wird deshalb ein Verhalten, dass sich tatsächlich als aktives Tun darstellt, normativ als ein Unterlassen gewertet, s. BGHSt 55, 191 (201 ff.). Darauf, dass es inkonsequent ist, diese Umdeutung bei dem Abschalten eines Beatmungsgeräts nicht vorzunehmen, weist u.a. *H. Frister*, Strafrecht Allgemeiner Teil, 10. Aufl. (2023), S. 328 hin.

22 Die Abgrenzung von Tun und Unterlassen ist ein vieldiskutiertes Thema in der strafrechtlichen Literatur, siehe dazu exemplarisch *K. Gaede*, in: NK-StGB, 6. Aufl. 2023, § 13 Rn. 4 ff.

implizieren, denn wer würde einem Freund schon freiwillig Schmerzen zufügen? Um die Frage zu beantworten, ob eine Pflichtverletzung durch aktives Tun gegenüber einer Pflichtverletzung durch Unterlassen schon aus Gründen der Handlungsform das größere Unrecht begründet, müsste man indes *sämtliche* sonstigen Faktoren gleich halten – also auch die Rahmenbedingungen der konkreten Entscheidung.

Nehmen wir also an, dass ein beeinträchtigender Kausalverlauf durch das aktive Tun des A nicht erst angestoßen werden würde, sondern bereits im Gange ist und dazu führen würde, dass der Freund des A Schmerzen erleiden wird. Das Betätigen des Knopfes würde diesen Kausalverlauf unterbrechen und einen neuen schaffen. Nehmen wir des Weiteren an, dass der Rechtsadressat nun lediglich die Wahl hat, dem Freund entweder durch Unterlassen des Zurseitetretens oder durch Betätigen des Knopfes Schmerzen zuzufügen – warum soll die Pflicht, schädigendes Handeln zu Unterlassen per sé der Pflicht, zur Abwehr eine Schädigung tätig zu werden, vorgehen? Es ist deutlich überzeugender, nicht von einer strukturellen Ungleichwertigkeit auszugehen, sondern sich die konkrete Sachlage anzuschauen und danach zu fragen, ob die kollidierenden Verhaltenspflichten gleichwertig sind. Die Verhaltensform als solche ist demnach unrechtsneutral. Das bedeutet, dass die Kollision einer Handlungs- und einer Unterlassungspflicht durchaus eine Pflichtenkollision im Rechtssinne darstellen *kann*.[23] Die Differenzierung zwischen Ex-ante- und Ex-post-Triage ist dann zunächst einmal nur phänomenologischer Natur und determiniert nicht die rechtliche Lösung. Wie die konkrete Sachlage rechtlich zu lösen ist, ist vielmehr von dem Gewicht der relevanten Ansprüche und Interessenslagen abhängig. In den Konstellationen der Ex-post-Triage wird man allerdings regelmäßig davon ausgehen können, dass der bereits in Behandlung stehende Patient ein berechtigtes Interesse hat, dass die Behandlung weitergeführt wird, und dass diese Umstände seinem Anspruch auf Behandlung[24] mehr Gewicht verleihen, sodass bei *gleichem* gesundheitlichen Zustand der Anspruch auf (Weiter-)Behandlung des bereits in Behandlung stehenden Patienten überwiegt. Eine Pflichtenkollision liegt hier nicht vor, weil die den Entscheidungsträger treffenden Pflichten (trotz gleicher Behandlungsbedürftigkeit) nicht das gleiche Gewicht haben. Ferner wird zu Recht da-

---

23 Siehe dazu auch die Nachweise in Fn. 15.
24 Der Anspruch stellt sich dann als Anspruch auf Weiterbehandlung dar, sofern man die einzelnen Behandlungsmaßnahmen kumulativ betrachtet und sie als *eine* Handlung wertet.

rauf hingewiesen, dass die nachträgliche Neuverteilung eines Behandlungsplatzes kollektives Systemvertrauen unterminiert.[25]

b) Solidaritätspflichten

Der herrschende Ansatz deutet auf ein bestimmtes Verständnis der Solidaritätspflichten hin, welches keineswegs selbstverständlich ist. Es geht um die Frage, unter welchen Voraussetzungen jemand aus Gründen der Solidarität verpflichtet wäre, eine Beeinträchtigung seiner Interessen hinzunehmen. Würde man die Grenzen zur solidarischen Aufopferung allein auf der Basis eines auf Gleichrangigkeit beruhenden Rechtsverhältnisses bemessen und dabei nicht axiomatisch an die (zufällige) Risikoverteilung des status quo anknüpfen, dann ist nur das relationale Gewicht des jeweiligen Interesses entscheidend dafür, wer im überwiegenden Interesse des anderen inwieweit eine Beeinträchtigung hinnehmen muss.[26] Der eine Betroffene (A) müsste eine Beeinträchtigung seiner Interessen aus Gründen der Solidarität auch dann hinnehmen, wenn die Verhaltensalternative mit einer geringfügig schwerwiegenderen Beeinträchtigung der Interessen des anderen Betroffenen (B) verbunden wäre. Denn da A und B untereinander in einem auf Gleichrangigkeit beruhendem Rechtsverhältnis stehen, entscheidet sich die Frage, wem inwieweit eine Beeinträchtigung seiner Interessen zuzumuten ist, danach, welcher Anspruch gewichtiger ist (und sei es auch nur geringfügig). Das wirkt sich auf die Gewichtung der Pflichten des Entscheidungsträgers (C) aus: Wenn die gegenseitigen Ansprüche das gleiche Gewicht haben, ist keiner gegenüber dem anderen zur solidarischen Aufopferung verpflichtet und der Entscheidungsträger kann wählen, welche der alternativ, aber nicht kumulativ erfüllbaren Ansprüche er erfüllt. Das würde bedeuten, dass es nur auf die Frage ankommt, welches Gewicht dem jeweiligen Anspruch zukommt. Die Begriffe Ex-ante- und Ex-post-Triage wären weiterhin primär zur phänomenologischen Differenzierung geeignet; wie ein Fall rechtlich zu lösen ist, bemisst sich aber allein danach, wie der komplexe Prozess der Gewichtung und Abwägung aller Ansprüche unter Berücksichtigung der Verhaltensoptionen ausgeht: Überwiegen die auf eine bestimmte Verhaltensoption gerichteten Ansprüche, so ist C verpflichtet, sie

---

25 *C. Sowada*, NStZ 2020, 452 (457); *Hörnle*, Ex-post-Triage (Fn. 15) 175.
26 Zu einem solchen Verständnis der Solidaritätspflichten siehe *S. Behrendt*, Entzauberung des Rechts auf informationelle Selbstbestimmung: Eine Untersuchung zu den Grundlagen der Grundrechte (2023), S. 312 ff.

zu realisieren. Soweit das Abwägungsergebnis einen Spielraum belässt, weil dem Rechtsadressaten mehrere Verhaltensoptionen zur Verfügung stehen, kann er innerhalb dessen wählen. So kann er beispielsweise zwar verpflichtet sein, die Ressource A zukommen zu lassen, aber die Art und Weise wie er das macht (zum Beispiel welches Bett, durch wen die Handlung ausgeführt wird, wo ein Kanal gelegt wird etc.), ist *insoweit* nicht festgelegt (was indes nicht bedeutet, dass diese Entscheidungen nicht auch rechtlich reguliert wären und rechtlich beurteilt werden könnten).

Das wäre anders, wenn die Frage, unter welchen Voraussetzungen man zur solidarischen Aufopferung eigener Interessen verpflichtet ist, anders beantwortet wird: So könnte man annehmen, dass man nur dann zur Duldung der Beeinträchtigung eigener Interessen verpflichtet sei, wenn das andernfalls beeinträchtigte Interesse des anderen Betroffenen *wesentlich* schwerer wiegt.[27] Sofern die drohende Beeinträchtigung diesen relativen Grad nicht erreicht, könnte ein solidarisches Opfer nicht verlangt werden. Wenn ein interessensbeeinträchtigender Kausalverlauf zu Lasten des Betroffenen A bereits angestoßen wurde, würde ihm zugemutet werden, die Beeinträchtigung zu erleiden – selbst wenn sein Interesse eigentlich geringfügig überwiegt; der Entscheidungsträger C dürfte den im Interesse des B liegenden Kausalverlauf nicht durch eine Neuverteilung der Ressource zugunsten des A unterbrechen. Wenn A und B hingegen ungefähr gleichermaßen behandlungsbedürftig sind und die Interessen des einen die des anderen nicht wesentlich überwiegen, C aber nur einen von beiden behandeln kann, dann wäre das (bei diesem Verständnis der Solidaritätspflichten) kein Problem, das sich mit der Frage nach den Solidaritätspflichten lösen ließe. Weder A noch B wären aus Gründen der Solidarität dazu verpflichtet, eine Beeinträchtigung ihres Interesses hinzunehmen. Dieses Verständnis von Solidaritätspflichten könnte man nach wie vor so verstehen, dass es auf dem Gedanken der Gleichrangigkeit aufbaut – das Konzept akzeptiert aber die ggfs. zufälligen Verlagerungen von Risiken und unterwirft sie nur der solidarischen Verteilung, sofern sie den einen *wesentlich* schwerer beeinträchtigen als den anderen. Die Ex-post-Triage ließe sich rechtlich grundsätzlich anders als die Ex-ante-Triage behandeln, weil man axiomatisch an den zum Entscheidungszeitpunkt bestehenden status quo anknüpfen würde: Der eine Patient steht im Unterschied zur neu dazukommenden,

---

[27] *Neumann* (Fn. 14), § 34 Rn. 67: „Eine Preisgabe rechtlich geschützter Interessen unter dem Gesichtspunkt der Solidarität kann nur verlangt werden, wo es für den anderen um wesentlich wichtigere Interessen geht als für den Solidaritätspflichtigen".

behandlungsbedürftigen Person bereits in Behandlung, das medizinische Personal hat sich bereits für dessen Behandlung entschieden. Der andere Patient hat das Nachsehen, sofern dessen Interessen nicht ein *wesentlich* höheres Gewicht beizumessen ist. Man könnte sich das Entscheiden in Konstellationen der Ex-post-Triage also leichter machen, weil man einfach auf den status quo verweist – dass dieser status quo Risiken und Chancen ungerecht und ungleich verteilt, läge dann außerhalb des rechtlichen Zugriffs. Für die Ex-ante-Triage wäre das Konzept nur relevant, sofern die Interessen des einen Betroffenen (A) die des anderen (B) wesentlich überwiegen – dann wäre C bereits verpflichtet, A zu behandeln, weil dem B aus Gründen der Solidarität mit A zuzumuten ist, dass B diese konkrete Ressource (Behandlung zum konkreten Zeitpunkt) nicht erhält. Soweit keines der Interessen *wesentlich* überwiegt, würde die rechtliche Behandlung nicht durch den Gedanken der Solidarität beeinflusst werden. Eine solche Konzeption solidarischer Aufopferung unterscheidet sich grundlegend von dem Konzept solidarischer Aufopferung, wie es zuvor beschrieben wurde.

III. Diskriminierungsschutz nach Art. 3 Abs. 3 S. 2 GG bei Triage-Entscheidungen

Bei Triage-Entscheidungen geht es, wie angesprochen, längst nicht nur um Konstellationen, in denen der Entscheidungsträger mit gleichwertigen Verhaltenspflichten konfrontiert wird. Eines der Grundprobleme besteht indes darin, zu determinieren, welche Faktoren rechtlich zur Bewertung der (Un-)Gleichwertigkeit herangezogen werden dürfen. Ich beschränke mich hier thematisch auf den Schutz von Menschen mit Behinderungen und zeige, dass die sich mit der Thematik befassende Entscheidung des Bundesverfassungsgerichts vom Dezember 2021[28] zur Problemlösung wenig beiträgt.

Das Gericht hat entschieden, dass eine Behinderung im Sinne des Art. 3 Abs. 3 GG (und damit auch Faktoren, die implizit auf eine solche zurückgehen) nicht berücksichtigt werden darf – jdfs. sofern es nicht um die

---

28 BVerfGE 160, 79. Zur Kritik seitens der rechtswissenschaftlichen Literatur siehe exemplarisch *S. Jansen/T. Zimmermann*, Triage nach dem Beschluss des BVerfG v. 16.12.2021 - 1 BvR 1541/20, medstra 2022, 139; *D. Kranz/D. Ritter*, Die Triage-Entscheidung des BVerfG und die Folgen, NVwZ 2022, 133; *H. Rosenau*, Triage - Das BVerfG, das Strafrecht und der Gesetzgeber des § 5c IfSG, GA 2023, 121.

Überlebenswahrscheinlichkeit hinsichtlich der konkreten medizinischen Maßnahme geht.[29] Es sah in der medizinischen Praxis das Risiko, dass sich Behandelnde gegen den Patienten mit Behinderung entscheiden könnten. Eine Behinderung kann sich zwar unter Umständen auf die Lebenserwartung auswirken; das ist indes nicht zwingend. Ob und inwiefern sich die Behinderung auf die Wahrscheinlichkeit auswirkt, die konkrete Behandlung zu überleben, ist eine von den Auswirkungen auf die Lebenserwartung zu trennende Frage. Das Bundesverfassungsgericht hält es zwar für verfassungsrechtlich unbedenklich, wenn auf die klinischen Erfolgsaussichten im Sinne des Überlebens der aktuellen Erkrankung abgestellt wird. Es sei aber dennoch zu befürchten, dass Menschen mit Behinderung bei einer Auswahlentscheidung benachteiligt werden würden.[30] Hier geht es u.a. um Risiken, die mit der Bewältigung des Problems epistemischer Ungewissheit sowie kognitiven Verzerrungen zusammenhängen. Nicht zuletzt angesichts der Rahmenbedingungen, unter denen das medizinische Personal Behandlungsentscheidungen treffen muss, besteht die Gefahr, dass das konkretindividuelle Risiko des Patienten falsch eingeschätzt wird oder das rein stereotypisch von einer Behinderung auf eine verkürzte Lebenserwartung und/oder eine schlechtere Überlebensprognose geschlossen wird. Diesen Risiken müsse wirksam begegnet werden; der Gesetzgeber habe dafür zu sorgen, dass ein hinreichend wirksamer Schutz vor einer Benachteiligung wegen einer Behinderung erzielt werde.[31]

Hier gibt es indes diverse Schwierigkeiten. Das verfassungsrechtliche Diskriminierungsverbot schützt (nach dem überzeugenderen, asymmetrisch-materiellen Verständnis) vor materiell nachteiligen Entscheidungen[32] und soll – gewendet auf den medizinischen Kontext – davor schützen, dass Patient:innen wegen einer Behinderung benachteiligt werden.[33] Es ist des-

---

29 BVerfGE 160, 79 (121 f.).
30 Dazu BVerfGE 160, 79 (122 ff.).
31 BVerfGE 160, 79 (119).
32 *S. Baer/N. Markard*, in: v. Mangoldt/Klein/Starck, GG, 7. Auflage, Art. 3 Rn. 418 f.
33 BVerfGE 160, 79 (119): „In einer Rechtsordnung, die auf eine gleichberechtigte Teilhabe behinderter Menschen an der Gesellschaft ausgerichtet ist […], kann eine Benachteiligung wegen einer Behinderung nicht hingenommen werden, der die Betroffenen nicht ausweichen können und die unmittelbar zu einer Gefährdung der nach Art. 2 II 1 GG als überragend bedeutsam geschützten Rechtsgüter Gesundheit und Leben […] führt." Siehe dazu – bezogen auf die abwehrrechtliche Dimension – auch *C. Langenfeld*, in: Dürig/Herzog/Scholz, 100. EL Januar 2023, GG, Art. 3 Abs. 3 Rn. 115 f. Diese ist jdfs. dann einschlägig, wenn es sich um eine Entscheidung handelt, die einem Hoheitsträger zuzurechnen ist; andernfalls stellt sich die Frage

halb grundsätzlich verfassungsrechtlich untersagt, dass eine Entscheidung durch das Bestehen einer Behinderung beeinflusst wird.[34] Vorbehaltlich einer verfassungsrechtlichen Rechtfertigung müsste das Bestehen einer Behinderung für die Entscheidung über die Priorisierung/Posteriorisierung von Patient:innen irrelevant sein – grds. selbst unter dem Gesichtspunkt des Kriteriums der klinischen Erfolgsaussichten im Sinne des Überlebens der aktuellen Erkrankung.[35] Da es mir hier um die Frage geht, inwiefern das Verfassungsrecht bei Triage-Entscheidungen vor einer Diskriminierung wegen einer bestehenden Behinderung schützen kann, können wir es etwas

---

nach der gleichheitsrechtlichen Grundrechtsbindung Privater. Zu dieser Diskussion siehe exemplarisch einerseits *M. Grünberger*, Personale Gleichheit: Der Grundsatz der Gleichbehandlung im Zivilrecht (2013), S. 484 ff., 1007, der für eine Bindung Privater argumentiert, und andererseits *K. F. Gärditz*, Adressaten des Antidiskriminierungsrechts: Staat und Private, in: A. K. Mangold/M. Payandeh (Hrsg.), Handbuch Antidiskriminierungsrecht (2022), S. 171 (173 ff.).

34 Art. 3 Abs. 3 S. 1 und 2 GG sind nach überzeugenderer Ansicht als Anknüpfungsverbote zu verstehen. Nach der Gegenansicht geht es nur um ein Begründungsverbot. Ein Verstoß würde nach der zuletzt genannten Ansicht nur dann vorliegen, wenn die Ungleichbehandlung nicht begründet werden kann, ohne auf das Merkmal zu rekurrieren, zum Streitstand siehe *Baer/Markard* (Fn. 32), Art. 3 Rn. 426; *A. K. Mangold/M. Payandeh*, Antidiskriminierungsrecht – Konturen eines Rechtsgebiets, in: dies. (Hrsg.), Handbuch Antidiskriminierungsrecht (2022), S. 3 (31 f.). Das würde indes bedeuten, dass es verfassungsrechtlich legitim wäre, wenn ein Hoheitsträger nur wegen einer diskriminierenden Berücksichtigung beispielsweise der Behinderung eines Menschen eine bestimmte Entscheidung trifft, sofern er sie nur anders begründen *kann* – und zwar selbst dann, wenn er sich ohne Berücksichtigung dieses Umstands anders entschieden hätte. Das Problem einer anderweitigen Begründbarkeit und der Rationalisierung von Entscheidungen stellt sich bei der nachträglichen Überprüfung einer Entscheidung regelmäßig. Der verfassungsrechtliche Schutz vor Diskriminierung mag in der Praxis aus epistemischen Gründen nicht perfekt sein, das legitimiert es aber nicht, die Problematik einer (verfassungs-)rechtlichen Erfassung und der verfassungsrechtlichen Diskussion zu entziehen.

35 Der Weg, bereits im Tatbestand die Benachteiligung zu verneinen, ist problematisch, soweit es sich um eine bloße Prognose handelt. Sofern klar ist, dass der Patient die Behandlung nicht überleben würde, wäre die Entscheidung, einen anderen Patienten zu behandeln, unproblematisch. Da die Behandlung den Interessen des Patienten mit Behinderung, den Gesundheitszustand wiederherzustellen, nicht herbeiführen wird, erleidet er keinen materiellen Nachteil. Ist es hingegen unsicher und bestehen keine Kenntnisse über die Faktoren, die zur Beurteilung der Überlebenswahrscheinlichkeit verlässlich Auskunft geben und mit dem Bestehen/Nicht-Bestehen der Behinderung nicht zusammenhängen, so wird sich die Berücksichtigung der Behinderung regelmäßig nachteilig auswirken – mangels Kenntnis des konkret-individuellen Risikos wird man regelmäßig versuchen, die Unsicherheit heuristisch zu bewältigen. Ein grundrechtlicher Schutz vor Diskriminierung darf sich dieser Probleme nicht verschließen.

simplifizieren und annehmen, dass ein wirksamer Schutz vor Benachteiligung erfordern würde, dass die Behinderung und damit zusammenhängende Faktoren bei der Allokationsentscheidung *keinerlei* Berücksichtigung finden. Das Kernproblem – das sich verfassungsrechtlich nicht ausräumen lässt – liegt darin, dass die rechtliche Exklusion eines Faktors nicht dazu führt, dass die Entscheidung zwischen den Fällen leichter wäre oder dass Patienten mit Behinderung effektiv vor einer Benachteiligung geschützt werden würden. Der verfassungsrechtliche Schutz vor Diskriminierung hat nur den Effekt, dass bestimmte Merkmale – darunter das Bestehen einer Behinderung – eine Entscheidung nicht beeinflussen dürfen; er reduziert daher die Merkmale, die zur Differenzierung herangezogen werden dürfen. Hat man alle rechtlich zulässigen Kriterien berücksichtigt und gelangt zur Gleichwertigkeit mehrerer Behandlungsansprüche, von denen nicht alle erfüllt werden können – klassisches Beispiel: eine ECMO-Maschine, zwei Patient:innen mit gleichwertigem Behandlungsanspruch – dann ist es rechtlich egal, für welchen der beiden Patient:innen sich der Behandler entscheidet. Erklärt man, dass ein Faktor rechtlich nicht bei der Gewichtung der Ansprüche auf Behandlung berücksichtigt werden darf, dann bedeutet das nicht, dass der Rechtsadressat sich bei einer Gleichwertigkeit nicht genauso verhalten dürfte, wie er es tun würde, wenn er den Faktor berücksichtigen dürfte. Das Verfassungsrecht verbietet eine Ungleichbehandlung und die Berücksichtigung bestimmter Faktoren bei der Determinierung der Frage, ob ungleiche Fälle vorliegen. Es kann jedoch – aus Gründen der Gleichbehandlung – nicht gebieten, dass der Diskriminierungsschutz sich in eine Pflicht zur Bevorzugung der vulnerablen Gruppe wandelt. Dass Art. 3 Abs. 3 S. 2 GG gebietet, dass Maßnahmen zur Förderung von Menschen mit Behinderung ergriffen werden, bleibt davon unberührt. Insoweit geht es aus der Perspektive eines auf Gleichrangigkeit beruhenden grundrechtlichen Rechtsverhältnisses unter Menschen nur um den Gedanken eines Nachteilsausgleichs.[36] Mit dem Gleichrangigkeitsgedanken unvereinbar wäre es aber wiederum, wenn Menschen mit Behinderung per se Menschen ohne Behinderung vorgezogen werden würden. Damit ist nicht gemeint, dass die Entscheidung, einen Menschen mit Behinderung zu bevorzugen, verfassungsrechtlich unzulässig wäre, aber eine solche Entscheidung ist – jenseits des Ausgleichs behinderungsbedingter Nachteile – ver-

---

36 *Baer/Markard* (Fn. 32), Art. 3 Rn. 542.

fassungsrechtlich auch nicht *geboten*.³⁷ Und hier liegt der Hund begraben: Denn die gleiche Partizipation von Menschen mit und ohne Behinderung an den Ressourcen der Gesellschaft lässt sich dann schließlich individualrechtlich nicht effektiv verwirklichen. Weil die Behinderung bei der konkreten Auswahlentscheidung keine Rolle spielen darf, muss der Behandler zwischen zwei Patienten mit gleichgewichtigen Behandlungsansprüchen wählen, das Recht nimmt ihm diese Entscheidung nicht ab – egal, für wen er sich entscheidet, er würde rechtskonform handeln. Deshalb kann das Recht nicht verhindern, dass sich Behandler dennoch für den Patienten ohne Behinderung entscheiden. Der in Art. 3 Abs. 3 S. 2 GG verankerte grundrechtliche Schutz vor einer Diskriminierung wegen Behinderung hat insofern keine Zähne. Erst wenn man die individual-rechtliche Perspektive verlässt und die Aggregation solcher Triage-Entscheidungen zwischen Patient:innen mit und ohne Behinderung in den Blick nimmt, könnte man das Versprechen des antidiskriminierungsrechtlichen grundrechtlichen Schutzauftrags im Wege einer *statistischen* Gleichbehandlung einlösen – indem man alle Fälle erfasst, in denen eine solche Entscheidung getroffen wird. Man müsste einfach-rechtlich vorsehen, dass sich die Fälle, in denen sich der Behandelnde für die Behandlung eines Patienten ohne Behinderung im Sinne des Art. 3 Abs. 3 GG entscheidet, und die Fälle, in denen er sich für die Behandlung eines Patienten mit Behinderung im Sinne des Art. 3 Abs. 3 GG entscheidet, die Waage halten. Über die relevanten Entscheidungen müsste – zur Ermöglichung einer Kontrolle – Buch geführt werden.³⁸

Natürlich ist auch die Lösung über eine statistische Gleichbehandlung mit gewissen Problemen behaftet. Schlussendlich stellt sich die Frage, auf welche Bezugsgröße man diese statistische Gleichbehandlung wendet. Es macht ggfs. einen erheblichen Unterschied, ob man dies am einzelnen Behandler festmacht, an der Notfallambulanz oder, am konkreten Krankenhaus als organisatorischer Einheit, am Bundesland oder in Bezug auf alle Triage-Entscheidungen bundesweit. Stellt man nicht auf eine bundesweite statistische Gleichbehandlung ab, so können unterschiedliche Fallzahlen sich ggfs. aggregieren und dann auf der Basis einer bundesweiten Erfassung zu einer statistischen Ungleichbehandlung führen. Je stärker man

---

37 J. Zinsmeister, Behinderung als Diskriminierungskategorie, in: A. K. Mangold/M. Payandeh (Hrsg.), Handbuch Antidiskriminierungsrecht (2022), S. 387 (414).
38 Die auf Anlass der Entscheidung des Bundesverfassungsgerichts ergangene Reform des Infektionsschutzgesetzes, siehe § 5c IfSG, hat dies versäumt. Das Problem wird auch nicht funktionsäquivalent anderweitig gelöst. Hier sind weitere Probleme vorprogrammiert.

sich jedoch von den konkreten Entscheidungsträgern löst, desto eher läuft man Gefahr, dass der eine Behandler weiterhin Menschen ohne Behinderungen solchen mit Behinderungen vorzieht und der andere es anders macht. In diesem Extremszenario hinge es dann aus Sicht des Patienten davon ab, welcher Behandler über den Fall entscheidet. Da der Diskriminierungsschutz aber schlussendlich individualrechtlich geprägt ist, muss sich die Lösung über die statistische Gleichbehandlung auch bis hin zum konkreten Entscheidungsträger durchziehen; nur wegen der unterschiedlichen Fallzahlen ließe sich dann eine auf der untersten Ebene bestehende statistische Ungleichbehandlung bei einem vergleichenden Blick auf andere Entscheidungsträger ausgleichen. Zudem stellt sich die Frage, wann eine Entscheidung als eine in die statistische Beobachtung einfließende Triage-Entscheidung gilt. Das setzt voraus, dass man die Entscheidungskonstellationen, die mit Blick auf das System als Triage-Entscheidung gelten, gut konturieren müsste.

Die Bewältigung des epistemischen Grundproblems bleibt indes ein Problem, das noch adressiert werden müsste. Denn die Entscheidung gegen die Behandlung eines Patienten, der diese Behandlung – anders als der schlussendlich behandelte andere Patient – nicht überlebt hätte, sollte bei der statistischen Erfassung außen vor bleiben. Diese soll bezwecken, dass Menschen mit und ohne Behinderung gleichermaßen an der Allokation überlebensnotwendiger Ressourcen partizipieren – das Bedürfnis für Partizipation speist sich aber aus dem Interesse, welches durch die Nutzung der Ressource gefördert wird. Wenn sich dieser Nutzen nicht einstellen wird, sondern zu einer Lebensverkürzung führen würde, so ist das Unterlassen des Zurverfügungstellens der Ressource auch nicht zur Interessensrealisierung geboten.[39] Wenn sich dies indes nicht aufklären lässt, muss ein Weg gefunden werden, wie mit dieser Unsicherheit umzugehen ist und was das für die Erfassung bedeuten. Jedenfalls aber müsste nach einer Triage-Entscheidung noch qualitativ geprüft werden, ob die Entscheidung in die statistische Erfassung eingehen sollte.

Ein solches System wäre durchaus komplex und müsste noch genauer ausgearbeitet werden. Es wird auch nicht zu einer perfekten Bewältigung des Diskriminierungsproblems führen – diese kann es schon wegen unausräumbarer, stets bestehender Unschärfen nicht geben.

---

39 Das wird bei der straf- und verfassungsrechtlichen Diskussion derartiger Dilemmata häufig übersehen.

Svenja Behrendt

IV. Der Einsatz von KI bei Entscheidungen in der Triage

Inwiefern kann KI nun bei Entscheidungen in der Triage unterstützen?[40] Die Beantwortung dieser Frage hängt davon ab, um welche Aufgaben es konkret geht, und inwiefern die KI in der Lage ist, bei der Aufgabenerfüllung zu unterstützen. Die Ausführungen zum Begriff und zum Verständnis der Triage haben bereits deutlich gemacht, dass es hier längst nicht nur um die dilemmatische Entscheidung, welche Patient:innen man am Leben erhält und welche man sterben lässt, geht. Vielmehr geht es bei Entscheidungen in der Triage auch um Priorisierungsentscheidungen ganz allgemein. Auch die Zurückstellung der Behandlung des Patienten mit oberflächlicher Schnittverletzung gegenüber dem Patienten mit Herzinfarkt ist eine Triage-Entscheidung, da Triage auch als Oberbegriff zur Zuteilung der Ressourcen nach Dringlichkeit verwendet wird.

Folgende Punkte lassen sich grob auseinanderhalten, auch wenn sie als Teil eines Prozesses sinnhaft miteinander verbunden sind (insbesondere die ersten drei Stichpunkte):

- Sichtbarmachen und Koordination der Ressourcen
- Erhebung der Informationen, die über die Behandlungsbedürftigkeit und die Dringlichkeit sowie etwaige Risikofaktoren Auskunft geben
- Ermittlung der Behandlungsbedürftigkeit
- Ermittlung der Dringlichkeit
- Entscheidung mit existentieller Bedeutung

KI könnte zunächst einmal bei der Verwaltung und Organisation der Ressourcen helfen, beispielsweise durch ein Monitoring der freien Betten und verfügbaren Ressourcen in unterschiedlichen Kliniken in Echtzeit. Das kann Zeit sparen und dadurch Leben retten. Das entspricht dem Vorschlag der Regierungskommission für eine moderne und bedarfsgerechte Kran-

---

40 Naturgemäß stellt sich die Frage, was man überhaupt unter künstlicher Intelligenz versteht. Versteht man den Begriff der Intelligenz recht weit und fordert allein, dass ein Reiz-Reaktions-Mechanismus über Datenverarbeitung stattfindet, so ist die Bandbreite dessen, was als künstlich intelligent bezeichnet werden kann, nahezu grenzenlos. Ich möchte es für die Zwecke dieses Beitrags auch gerne bei diesem breiten Spektrum belassen, weil die real verfügbaren Applikationen auch eine Bandbreite aufweisen.

kenhausversorgung[41] und wird allem Anschein nach auch teilweise bereits praktiziert.

Soweit es um die konkrete Behandlung von Patient:innen geht, müssen zunächst im Wege der Anamnese die Informationen erhoben werden, die über die Behandlungsbedürftigkeit und die Dringlichkeit Auskunft geben. Smarte Technologie kann hier sehr hilfreich sein, soweit es um die Informationserhebung und automatisierte Weiterleitung an die richtigen Stellen geht. Schon bei der Informationserhebung kommt es allerdings entscheidend auf die genaue Ausgestaltung an: Wenn dieser Schritt auf die digitale Erfassung von Daten, die der Patient selbst eingibt, beschränkt wird, wird ggfs. viel übersehen. Wenn der Patient selbst einige der Symptome gar nicht bemerkt oder sie nicht angibt, weil er sie nicht für relevant hält, dann misslingt die Sichtung der Behandlungsbedürftigkeit gegebenenfalls. Hier bietet die Digitalisierung und Technisierung der Medizin einiges an Potential. Eine umfassende Datenerhebung und -zusammenführung im Sinne einer elektronischen Patientenakte ebnet den Weg für eine früherkennende Medizin, führt weg von einer symptomgeleiteten und hin zu einer stärker datenbasierten Medizin.[42] Zugleich kann die Zusammenführung der gesundheitlichen Geschichte des Patienten und die maschinelle Analyse dieser Daten ggfs. Rückschlüsse erlauben, die auch für die Einschätzung des Gesundheitszustandes des Patienten und die Dringlichkeit seiner Versorgung in der Notfallsituation wichtig sind.

---

41 Vierte Stellungnahme und Empfehlung der Regierungskommission für eine moderne und bedarfsgerechte Krankenhausversorgung: „Reform der Notfall- und Akut- versorgung in Deutschland Integrierte Notfallzentren und Integrierte Leitstellen", S. 14. Abrufbar unter https://www.bundesgesundheitsministerium.de/themen/krankenhaus/regierungskommission-krankenhausversorgung.

42 Bislang erfolgt ein Großteil medizinischen Arbeitens symptomgeleitet. Erst bei Auftreten von Symptomen wird nach den Ursachen gesucht. Dem versucht man zwar in Bezug auf gewisse gesundheitliche Risiken durch die – symptomunabhängige – Durchführung von Früherkennungsmaßnahmen entgegenzuwirken, dennoch steht das Symptom regelmäßig am Anfang der Behandlung. In der Notaufnahme ist das nicht anders. Dieser Weg ist indes sehr fehleranfällig, denn zum einen kann das Symptom sich ggfs. erst zu spät zeigen, um den pathologischen Zustand zu beheben. Zum anderen kann ein Symptom ggfs. sehr unspezifisch sein und sehr unterschiedliche Ursachen haben. Welche Ursache im konkreten Fall vorliegt, ist dann schwer zu beurteilen. Wenn die Abklärung der genauen Ursache ressourcenaufwändig ist, kann es sein, dass im Zweifel nur auf die statistische Wahrscheinlichkeit vertraut wird – es kann dann zu den tragischen Fällen kommen, in denen ein gravierender, lebensbedrohlicher Zustand mit tödlichen Folgen unentdeckt bleibt.

Künstliche Intelligenz könnte aber auch anderweitig dabei helfen, weitere Informationen einzuholen, die für die Einschätzung der Behandlungsbedürftigkeit und Dringlichkeit wichtig sind. So könnte smarte Technologie beispielsweise genutzt werden, um gezielter nachzufragen und beispielsweise aufgrund der Fehleinschätzung des Patienten unterlassene Angaben einzuholen, indem die Abfrage dynamisch erfolgt und sich als iterativer Prozess darstellt. KI simuliert auf diese Weise das Arztgespräch, bohrt in Reaktion auf die konkrete Antwort des Patienten tiefer nach. Bei der normalen Anamnese werden schließlich auch erst allgemeine Informationen mit potentieller Relevanz für den Gesundheitszustand des Patienten abgefragt und dann erfolgt die Abklärung des Gesundheitszustandes gewissermaßen schrittweise. Eine Information wird mit Krankheitsbildern abgeglichen und zur Diagnostizierung wird abgefragt, inwiefern es weitere Daten gibt, die mit dem jeweiligen Krankheitsbild übereinstimmen. Das ließe sich jdfs. teilweise auch durch KI reproduzieren.[43] Diagnostik ist außerdem stark wissensbasiert. Das menschliche Gehirn ist jedoch nur begrenzt aufnahme- und speicherungsfähig und der Griff zur Datenbank deshalb sinnvoll. Künstliche Intelligenz kann hier helfen, um diesen Abgleich mit den individuellen Daten des Patienten und potentiellen Krankheitsbildern durchzuführen und zugleich das medizinische Personal zu entlasten.

Der Einschätzung der Dringlichkeit liegen immer Prognosen über den weiteren Verlauf mit und ohne medizinische Hilfe zugrunde. Die Erwartung ist hier, dass maschinelle Prognosen menschliche Prognosen übertreffen. Eine auf maschinellem Lernen beruhende Software soll schneller und besser sein und verlässlichere Prognosen abgeben.[44] Es bestehen indes häufig grundlegende Probleme mit einer auf maschinellem Lernen basierenden Software: So hat eine umfassende Analyse von diversen prognostischen KI-Tools ergeben, dass fast alle untersuchten Modelle ein hohes Risiko von Biases (Verzerrungen) aufweisen, unter sog. Overfitting (Überanpassung) leiden, also auch auf irrelevante Parameter abstellen und die Vorhersageleis-

---

43 Solche Systeme gibt es bereits, siehe https://klinikhealthcaresolutions.com/how-ai-driven-online-triage-is-transforming-general-practice/. KI kann außerdem grds. bei der Verständigung mit nicht deutsch- oder englischsprechenden Patient:innen helfen.
44 Vgl. *Helbing u.a.*, Triage 4.0: On Death Algorithms and Technological Selection. Is Today's Data-Driven Medical System Still Compatible with the Constitution?, Journal of European CME 10 (2021), 1989243, 1 (2), https://doi.org/10.1080/21614083.2021.1989243; *H. Overweg u.a.*, Interpretable Outcome Prediction with Sparse Bayesian Neural Networks in Intensive Care, https://arxiv.org/abs/1905.02599.

tung übertrieben ist.[45] Die Tools arbeiten ggfs. im Trainingsszenario gut, in realen Anwendungsszenarien sei jedoch zu befürchten, dass dem nicht so sei. Von dem vorschnellen Einsatz der untersuchten Modelle wurde daher abgeraten.[46]

Schwierig wird es insbesondere, soweit KI bei der Prognose eingesetzt wird, ob der Patient überleben wird. Die Überlebenswahrscheinlichkeit ist bei „existentiellen" Triage-Entscheidungen (also denen, bei denen hinsichtlich der überlebensnotwendigen Ressource eine Auswahlentscheidung getroffen werden muss) zentral und – soweit es um die Wahrscheinlichkeit des Überlebens der konkret vorzunehmenden Maßnahme geht – auch ein vom Bundesverfassungsgericht gebilligtes Kriterium.[47] Da das Bundesverfassungsgericht es aber zugleich für unzulässig hält, die weitere Lebenserwartung zu berücksichtigen[48] – dies wäre mit dem Leitprinzip der Lebenswertindifferenz[49] unvereinbar – stellen sich Abgrenzungsschwierigkeiten. Wenn die Durchführung der Maßnahme bei dem Patienten mit Behinderung eine Ursache dafür setzt, dass dieser im Zusammenwirken mit gesundheitlichen Faktoren, die durch die Behinderung negativ beeinflusst werden, kurz nach Beendigung der Maßnahme versterben wird, hat er dann die konkrete Maßnahme „überlebt", solange er nur nach Abschluss der Arbeiten noch am Leben ist? Wie ist es, wenn es eine Woche dauert? Ein Monat? Ein Jahr? Die verfassungsrechtliche Unzulässigkeit der Berücksichtigung der Behinderung – sofern es nicht um das Überleben der konkret in Rede stehenden Maßnahme geht – wirkt sich auch auf die Frage aus, inwiefern KI bei existentiellen Triage-Entscheidungen eingesetzt werden kann. Denn soweit KI mit Daten trainiert wird, die eine unzulässige Diskriminierung enthalten, dann führt das auch zu einem Model, dass diese Diskriminierung bei der Bewertung des konkreten Falles weitergibt. Und das Training mit diskriminierungsfreien Daten wird auch durch die genannte Abgrenzungsschwierigkeit erschwert. Es ist zu befürchten, dass ein KI-Modell Patient:innen mit Behinderung eine schlechtere Überlebenswahrscheinlichkeit auch hinsichtlich der konkreten Maßnahme attestiert, weil es das durch Korrelationen in den Trainingsdaten so „gelernt" hat. Das

---

45 L. Wynants u.a., Prediction models for diagnosis and prognosis of covid-19: systematic review and critical appraisal, BMJ 2020;369:m1328; http://dx.doi.org/10.1136/bmj.m1328.
46 Ibid.
47 BVerfGE 160, 79 (121 f.).
48 BVerfGE 160, 79 (122).
49 Exemplarisch Augsberg, Regelbildung (Fn. 12), 12 ff.

beschränkt sich nicht auf eine Diskriminierung wegen einer Behinderung. Empirisch belegt ist beispielsweise racial discrimination im (US-amerikanischen) System der Gesundheitsversorgung.[50]

Das verstärkt eines der Kernprobleme, denn KI wird häufig plausibel erscheinende Prognosen auswerfen. Im Anwendungsfall wird eine menschliche Plausibilitätskontrolle in der Regel die Probleme der maschinellen Prognose nicht entdecken können. Eine substantiellere Kontrolle ist angesichts der Intransparenz der maschinellen Prozesse nicht möglich. Das liegt nicht nur daran, dass der Algorithmus in der Regel nicht offengelegt wird, denn mit der Kenntnis des Algorithmus – und selbst der konkreten Parameter des Einzelfalls – ist nicht viel gewonnen. Man müsste vielmehr verstehen können, inwiefern die maschinelle Datenverarbeitung den ontologischen Sachverhalt überhaupt erfassen und den Kausalverlauf zutreffend beurteilen kann. Davon sind wir noch weit entfernt. Sog. Ankereffekte[51] bzw. ein sogenannter Automation Bias[52] sind deshalb im Grunde unausweichlich. Allerdings werden Algorithmen teilweise auch eine gewisse Skepsis entgegengebracht. Das wird unter dem Stichwort „algorithm aversion" diskutiert. Das stößt aber im Grunde auf spiegelbildliche Bedenken, denn dann wird ggfs. das maschinell ausgeworfene Ergebnis verworfen, obwohl es tatsächlich eine gute Entscheidungsgrundlage darstellen würde. Wir befinden uns in einer Zwickmühle. Verwenden wir KI zur Ermittlung von Kriterien, die ein prognostisches Element beinhalten, tragen wir systemische Diskriminierungen und anderweitige Diskriminierungen in eine Entscheidung hinein, die andernfalls nicht zwingend durch diese Diskriminierung kontaminiert wäre. Verzichten wir auf die Hinzuziehung von KI zur Ermittlung von Kriterien, die ein prognostisches Element beinhalten, wird das länger dauern und es ist keineswegs sicher, dass die Behandlungsentscheidung „die richtige" sein wird. Einen Weg „zwischen Skylla und Charybdis" könnte ggfs. darin bestehen, bei der Entwicklung von KI-Modellen stärker auf eine interdisziplinäre Kollaboration zu setzen und die Übersetzungsfähig-

---

50 Siehe https://www.verywellhealth.com/black-health-experience-survey-5219151.
51 Grundlegend zu Ankereffekten: *A. Tversky, D. Kahneman*, Jugment under Uncertainty: Heuristiscs and Biases, Science 185 (1974), 1124.
52 Allgemein zum Thema des Automation Bias siehe *L. J. Skitka u.a.*, Int. J. Human-Computer Studies (1999), 1006. Eine jüngere Studie plausibilisiert, dass die Gefahr eines automation bias auch bei einem human-in-the-loop-System bei Triage-Entscheidungen durchaus gegeben ist, *B. van der Stigchel u.a.*, Intelligent decision support in medical triage: are people robust to biased advice?, Journal of Public Health 45 (2023), 689–696.

keit bei algorithmischen Systemen zu stärken. Bei der Hinzuziehung von KI bei Behandlungsentscheidungen könnte letzteres ggfs. auch durch speziell ausgebildetes Personal geleistet werden.

Die Beantwortung der Frage, unter welchen Bedingungen KI bei „existentiellen Triage-Entscheidungen" eingesetzt werden kann, hängt auch von den oben behandelten rechtlichen Grundfragen ab. Die These, dass die Ex post Triage von vorneherein dem Regime des rechtfertigenden Notstands unterworfen werden soll, stößt auf einige grundlegende Bedenken (s.o.); nimmt man sie ernst, so bedeutet das, dass die konkrete Entscheidung über die Zuteilung einer Ressource komplexer ist, als sie nach herrschender Ansicht wäre. Das müsste bei der Entwicklung und Anwendung von KI-Systemen beachtet werden.

V. Schluss

Schlussendlich ist es meines Erachtens nicht ratsam, maschinelle Entscheidungshilfen kategorisch abzulehnen, viele vorbereitende Schritte, die für Triage-Entscheidungen relevant sind, lassen sich durchaus technisch unterstützen. Bedenken hinsichtlich eines Einsatzes von KI bei dem Echtzeit-Monitoring von Ressourcen bestehen beispielsweise nicht. Problematisch wird indes der Einsatz von KI bei Prognoseentscheidungen. Hier bräuchte es jedenfalls eines Bewusstseins über die Fallstricke von diskriminierenden Entscheidungen und welche Probleme sich daraus mit Blick auf Allokationsentscheidungen ergeben.

Regulierung im Bereich KI-Medizin (AI Act)

Alexandra Jorzig und Luis Kemter

Das Thema künstliche Intelligenz (KI) erlangt immer größere Aufmerksamkeit in der Öffentlichkeit. Das aktuellste Beispiel ist die Nutzung von ChatGPT – ein Programm, das mittlerweile wohl den meisten bekannt sein dürfte – von fast allen Altersgruppen. Das Bundesministerium für Wirtschaft und Energie gab zudem bereits vor knapp drei Jahren an, dass künstliche Intelligenz eine der entscheidenden Schlüsseltechnologien sei.[1] Daher verwundert es nicht, dass künstliche Intelligenz mittlerweile in den verschiedensten Sektoren eingesetzt wird, mitunter auch im medizinischen Bereich. Dort soll deren Einsatz beispielsweise dazu beitragen, auf schnellem und einfachem Wege die Plazenta bei Schwangeren zu vermessen oder aber Zelltypvorhersagen zu treffen, was bei der Entdeckung von Blutkrebs helfen kann; als weitere Einsatzmöglichkeit ist die Mitwirkung von künstlicher Intelligenz bei der Krebsbehandlung mittels Bildanalyse zu nennen.[2] Insofern erweist sich der Einsatz von künstlicher Intelligenz nicht nur für die jeweiligen Ärzte als gewinnbringend, indem diese u.a. zu einer Verringerung der Arbeitsbelastung beitragen kann, sondern ebenso für die Patienten.

Der Einsatz von künstlicher Intelligenz bedarf dabei allerdings genauer Regelungen. Gerade in der Medizin können Fehler von eingesetzten Maschinen nämlich zu einer nicht nur unerheblichen Gefährdung von Menschenleben führen.

Aufgrund dessen soll im Folgenden eine Auseinandersetzung mit dem von der EU geplanten „AI Act"[3], einem Regelungswerk für die Anwendung von künstlicher Intelligenz, unter konkreter Berücksichtig des medizinischen Sektors erfolgen.

---

1 Bundesministerium für Wirtschaft und Energie, Einsatz von Künstlicher Intelligenz in der Deutschen Wirtschaft (2020), S. 2 (https://www.bmwk.de/Redaktion/DE/Publika tionen/Wirtschaft/einsatz-von-ki-deutsche-wirtschaft.pdf?__blob=publicationFile& v=8).
2 Helmholtz, Maschinelles Lernen. Wie KI die Medizin revolutioniert, 2023 (URL: https://www.helmholtz.de/newsroom/artikel/wie-ki-die-medizin-revolutioniert/).
3 COM/2021/206 final.

I. Aktuelle Regelungslage

Derzeit besteht noch kein einheitliches europäisches Regelungswerk, dass sich speziell mit dem Einsatz von künstlicher Intelligenz beschäftigt. Zwar gibt es europäische Vorschriften, welche u.a. die Produkthaftung betreffen und dem Grunde nach auf selbstständig arbeitende Maschinen anwendbar sind. Diese Regelungen sind aber knapp 40 Jahre alt und daher nicht mehr zeitgemäß.[4] Darüber hinaus existieren zwar auch in den Mitgliedsstaaten nationale Haftungsregelungen. Diese gehen aber teilweise auf die veralteten EU-Vorschriften zurück und sind im Ländervergleich unterschiedlich ausgestaltet. Dessen ungeachtet regeln diese Vorschriften schließlich nur die Haftung, sodass eine Regelungslücke hinsichtlich der konkreten Durchführung gerade von künstlicher Intelligenz besteht.

Aus diesen Gründen ist es zu begrüßen, dass sich die EU-Kommission mit dem geplanten Artificial Intelligence Act (AI Act) in Form einer Verordnung mit der komplexen Frage der Regulierung von künstlicher Intelligenz auseinandersetzt.[5] Ziel ist es nach Angaben der EU-Kommission, Risiken, die sich aus der spezifischen Nutzung von künstlicher Intelligenz ergeben, durch ergänzende, verhältnismäßige und flexible Vorschriften zu bewältigen.[6]

Wann der AI Act tatsächlich in Kraft treten wird, ist noch nicht abschließend geklärt. Von Seiten der EU heißt es aber, dass mit einer Anwendbarkeit der finalen Regelungen ab der zweiten Jahreshälfte in 2024 zu rechnen sei.[7] Unabhängig vom tatsächlichen Inkrafttreten werden die Regelungen ab diesem Zeitpunkt noch nicht bindend sein. Vielmehr wird es einen Übergangszeitraum geben, der es den Betroffenen ermöglicht, die neuen Vorgaben entsprechend umzusetzen und mögliche Prozesse anzu-

---

4 Europäische Kommission, Neue Haftungsvorschriften für Produkte und künstliche Intelligenz zum Schutz der Verbraucher und zur Förderung von Innovation (URL: https://ec.europa.eu/commission/presscorner/detail/de/ip_22_5807).
5 Geminn, Die Regulierung Künstlicher Intelligenz. Anmerkungen zum Entwurf eines Artificial Intelligence Act. ZD 2021, 354 – 359 (354).
6 Europäische Kommission (2022), Ein europäischer Ansatz für künstliche Intelligenz (URL: https://digital-strategy.ec.europa.eu/de/policies/european-approach-artificial-intelligence).
7 European Commission, Regulatory framework proposal on artificial intelligence (https://digital-strategy.ec.europa.eu/en/policies/regulatory-framework-ai)

passen. Gleiches war beispielsweise bei der Datenschutzgrundverordnung (DSGVO)[8] der Fall.

II. Anwendungsbereich AI Act

In dem geplanten AI Act findet sich ein sehr weites Verständnis von Systemen, die unter dem Einsatz von künstlicher Intelligenz arbeiten (KI-Systeme) und die demnach von dem Anwendungsbereich erfasst sein sollen. So heißt es in Art. 3 Nr. 1, dass ein KI-System eine Software ist, *„die mit einer oder mehreren der in Anhang I aufgeführten Techniken und Konzepte entwickelt worden ist und im Hinblick auf eine Reihe von Zielen, die vom Menschen festgelegt werden, Ergebnisse wie Inhalte, Vorhersagen, Empfehlungen oder Entscheidungen hervorbringen kann, die das Umfeld beeinflussen, mit dem sie interagieren".* Anhang I, auf den Bezug genommen wird, gibt insgesamt drei Techniken und Konzepte vor. Zu diesen gehören (i) Konzepte des maschinellen Lernens, einschließlich des tiefen Lernens (Deep Learning) (ii) Logik und wissensgestützte Konzepte und (iii) statistische Ansätze, Bayessche Schätz-, Such- und Optimierungsmethoden.

Ausdrücklich ausgenommen von dem AI Act sind aber beispielsweise KI-Systeme, die ausschließlich für militärische Zwecke genutzt werden.[9]

Aufgrund dieser weiten Begriffsdefinition fallen nach derzeitigem Stand wohl auch sämtliche KI-Systeme, die in der Medizin zum Einsatz kommen, in den Anwendungsbereich des AI Acts.

Die Regelungen des AI Acts richten sich an unterschiedliche Adressaten. Betroffen sind nämlich sowohl die Anbieter als auch die Nutzer der genannten KI-Systeme.

Anbieter von KI-Systemen sind stets diejenigen, die ein KI-System entwickeln oder dieses entwickeln lassen, um es unter ihrem Namen oder ihrer Marke in den Verkehr zu bringen oder in Betrieb zu nehmen. Dies kann sowohl entgeltlich als auch unentgeltlich erfolgen.[10] Dabei gilt stets das Marktortprinzip. Daher kommt es für die Anwendbarkeit der Regelungen

---

8 Verordnung (EU) 2016/679 des Europäischen Parlaments und des Rates vom 27. April 2016 zum Schutz natürlicher Personen bei der Verarbeitung personenbezogener Daten, zum freien Datenverkehr und zur Aufhebung der Richtlinie 95/46/EG (Datenschutz-Grundverordnung), ABl. Nr. L 119, S. 1.
9 Art. 2 Abs. 3 AI Act.
10 Art. 3 Nr. 1 AI Act.

nicht darauf an, wo die Anbieter ihren Sitz haben. Entscheidend ist vielmehr, dass die KI-Systeme in der EU in Verkehr gebracht oder in Betrieb genommen werden. Daneben reicht es aber bereits auch aus, wenn nur das von den KI-Systemen hervorgebrachte Ergebnis in der EU verwendet wird.[11] Somit sind Hersteller von KI-basierten Medizinprodukten zugleich als Anbieter im Sinne des AI Acts anzusehen.

Nutzer sind hingegen diejenigen, die das KI-System in eigener Verantwortung verwenden, es sei denn, die Verwendung erfolgt im Rahmen einer persönlichen und nicht beruflichen Tätigkeit.[12] Nach dieser Definition sind etwa Kliniken oder Praxen, in denen KI-Systeme zum Einsatz kommen, als Nutzer anzusehen, sodass die nachfolgenden Regelungen auch für diese gelten.

III. Regelungen des AI Acts

Welche Regelungen des AI Acts auf das konkrete KI-System anwendbar sind und welche Pflichten für die Anbieter und Nutzer gelten, ergibt sich anhand der Risikoeinordnung des KI-Systems. So klassifiziert der AI Act die KI-Systeme nämlich in verschiedene Risikogruppen, an die jeweils unterschiedliche Anforderungen gestellt werden. Dabei gilt, dass die einzuhaltenden Anforderungen an die KI-Systeme umso strenger sind, je höher das Risiko ist.

Die erste Risikogruppe betrifft die KI-Systeme, mit denen kein oder nur ein minimales Risiko einhergehen. Hierzu gehören etwa Spam-Filter. KI-Systeme mit besonderen Transparenzpflichten, wie es beispielsweise bei Chatbots anzunehmen ist, fallen in die zweite Risikogruppe („limited Risk"). Darüber hinaus gibt es noch eine dritte Risikogruppe, welche die KI-Systeme mit einem hohen Risiko erfasst („high-risk"). Sofern mit dem KI-System eine eindeutige Bedrohung für die Sicherheit, den Lebensunterhalt und die Rechte von Menschen einhergehen oder wenn diese Social Scorings von Regierungen zum Gegenstand haben, sind diese der letzten Risikogruppe („unacceptable risk") zuzuordnen. Von letzterer Risikogruppe soll auch Spielzeug mit Sprachassistenz erfasst sein, das zu einem gefähr-

---

11 Art. 2 Abs. 1 AI Act.
12 Art. 3 Nr. 4 AI Act.

lichen Verhalten anregt.[13] Der Einsatz entsprechender KI-Systeme, die dem „unacceptable risk" zuzuordnen sind, wird von dem AI Act untersagt.

Mit Blick auf den medizinischen Sektor ist insbesondere die dritte Risikogruppe („high-risk") von Bedeutung. Dieser Risikogruppe sind alle KI-basierten Medizinprodukte zuzuordnen, die der Klasse IIa oder höher angehören und durch eine benannte Stelle zertifiziert werden müssen. Diese Voraussetzung erfüllen aber nahezu alle in Betracht kommenden Medizinprodukte, die mit künstlicher Intelligenz zum Einsatz kommen können. Das bedeutet zugleich, dass an sämtliche KI-basierten Medizinprodukte nach dem AI Act besonders strenge Anforderungen gestellt werden. Über einige dieser speziellen Regelungen soll im Folgenden ein Überblick verschafft werden.

IV. Anforderungen an die Medizinprodukte

Die Anforderungen, welche an die Hochrisiko-KI-Systeme gestellt werden, werden im Wesentlichen im zweiten Kapitel des AI Acts angegeben.

Artikel 9 gibt zunächst vor, dass für das KI-System ein Risikomanagement eingerichtet, angewandt, dokumentiert und aufrechterhalten werden muss. Dieses Risikomanagement muss während des gesamten Lebenszyklus eines KI-Systems bestand haben. Zugleich muss das Risikomanagement stets aktuell gehalten werden, was eine regelmäßige Aktualisierungspflicht zur Folge hat. Bei der Implementierung eines solchen Risikomanagements gilt es eine Vielzahl von vorgeschriebenen Schritten einzuhalten, zu denen mitunter die Abschätzung und Bewertung möglicher Risiken bedeutet. Übertragen auf ein KI-System aus dem Medizinsektor müsste somit u.a. ermittelt werden, welche Auswirkungen das System auf einen Patienten oder generell auf dessen weitere Behandlung haben könnte, wobei mögliche vorhersehbare Fehlfunktionen in die Ermittlung der Auswirkungen miteinbezogen werden müssen.

Artikel 11 stellt für Hochrisiko-KI-Systeme verschärfte Anforderungen an die technische Dokumentation. So muss die technische Dokumentation erstellt werden, bevor das System in Verkehr gebracht oder in Betrieb genommen wird. Auch hier besteht die Pflicht, die technische Dokumentation stets aktuell zu halten. Im Zusammenhang mit den technischen Do-

---

13 European Comission, Shaping Europe's digital future (URL: https://digital-strategy.ec.europa.eu/en/policies/regulatory-framework-ai).

kumentationspflichten stehen die in Artikel 12 näher geregelten Aufzeichnungspflichten. Demnach muss während des Betriebs eine Protokollierung erfolgen, anhand derer die Ausführungen über die gesamte Lebensdauer des Systems rückverfolgbar sind.

Eine weitere nennenswerte Regelung ist die in Artikel 14 geregelte Pflicht der menschlichen Aufsicht. Diese soll der Verhinderung bzw. Minimierung von Risiken u.a. der Gesundheit dienen. Die menschliche Aufsicht soll durch entsprechende Vorkehrungen der Anbieter gewährleistet werden. Art. 14 Abs. 3 schreibt dafür u.a. vor, dass die menschliche Aufsicht, sofern technisch machbar, in das Hochrisiko-KI-System eingebaut werden muss. Dies könnte beispielsweise zur Folge haben, dass das KI-System nur dann arbeitet, wenn in regelmäßigen Abständen bestimmte Eingaben durch einen Menschen erfolgen, etwa durch das Drücken gewisser Knöpfe. Dies kann allerdings selbstredend nicht für Maschinen gelten, bei denen die Gesundheit von Menschen gefährdet wird, sollten die Maschinen mangels menschlicher Rückmeldung ihre Arbeit augenblicklich einstellen. Diesbezüglich sind die Hersteller entsprechender KI-Systeme wohl angehalten, neue Lösungsvorschläge zu entwickeln.

Kritik an dieser Regelung kommt aber insbesondere deshalb auf, weil noch ungeklärt sei, was genau unter der „menschlichen Aufsicht" zu verstehen ist. Eine Überwachung in Echtzeit erweise sich nämlich teilweise als unrealistisch, etwa bei Systemen, bei denen im Regelbetrieb automatisiert Steuerungen vorgenommen werden, wie z.B. automatisierte Adaptionen von Maschinenparametern in der Fertigung oder Konfiguration von Medizinprodukten.[14]

Sofern mit der Anwendung des KI-Systems eine biometrische Identifizierung und Kategorisierung von Personen erfolgt, gilt zudem, dass der Nutzer keine Maßnahmen oder Entscheidungen alleine aufgrund des vom System hervorgebrachten Identifizierungsergebnisses treffen darf. Die Entscheidung darf gemäß Artikel 14 Absatz 5 schließlich erst dann erfolgen, wenn das Ergebnis von mindestens zwei natürlichen Personen überprüft und bestätigt wurde.

Als letzte Vorschrift aus den erhöhten Anforderungen an Hochrisiko-KI-Systeme ist Artikel 15 zu nennen. Dieser hat die verschärften Anforderungen an Genauigkeit, Robustheit und die Cybersicherheit der KI-Systeme zum Gegenstand. So muss die Genauigkeit des Systems in Form von sog.

---

14 Haimerl, Anmerkungen zum Vorschlag für die EU-Verordnung zur künstlichen Intelligenz vom 21. April 2021, S. 8.

„Genauigkeitszahlen" in der beigefügten Gebrauchsanweisung angegeben werden. Zugleich muss das KI-System widerstandsfähig gegen unbefugtes Eingreifen sein.

Sofern das KI-System den genannten Voraussetzungen entspricht, kann dieses grundsätzlich in Verkehr gebracht bzw. in Betrieb genommen werden. Das bedeutet allerdings nicht, dass die Anbieter von weiteren Pflichten entbunden werden. So sieht Artikel 61 weiter vor, dass Anbieter ein System zur Beobachtung nach dem Inverkehrbringen des KI-Systems einrichten müssen, das im Verhältnis zu der Art der KI-Technik und zu den Risiken des KI-Systems steht. Mittels eines solchen Systems soll der Anbieter u.a. zur fortdauernden Einhaltung der zuvor beschriebenen und speziell für Hochrisiko-KI-Systeme vorgesehenen Regelungen imstande sein.

V. Rechtsfolgen bei Verstößen

Der AI Act sieht bei Verstößen gegen die Verordnung Geldbußen von bis zu 30.000.000 Euro oder – sofern es sich um ein Unternehmen handelt und dieser Betrag höher sein sollte – eine Geldbuße von bis zu sechs Prozent des gesamten weltweiten Jahresumsatzes des vorangegangen Geschäftsjahres vor. Die Zahlung dieses Höchstbetrages kann allerdings nur angeordnet werden, sofern entweder ein KI-System zur Anwendung kommt, das nach dem AI Act dem Grunde nach verboten ist, oder aber wenn das KI-System nicht den in Art. 10 des AI Acts beschriebenen Konformitätsanforderungen entspricht. Sofern dies nicht zutrifft, ist aber dennoch eine Geldbuße von 20.000.000 Euro oder von bis zu vier Prozent des gesamten weltweiten Jahresumsatzes des vorangegangenen Geschäftsjahres möglich. Darüber hinaus verpflichtet Artikel 71 die Mitgliedsstaaten der EU, dass diese Vorschriften für Sanktionen erlassen, die bei Verstößen gegen den AI Act zur Anwendung kommen, etwa in Form von Geldbußen.

VI. Verhältnis zur EU-Medizinprodukteverordnung (MDR)[15]

Wie eingangs bereits erläutert, fallen aufgrund des weiten Begriffsverständnisses des AI Acts von einem „KI-System" nahezu alle Systeme, die in der Medizin unter Zuhilfenahme von künstlicher Intelligenz zum Einsatz kommen, in den Anwendungsbereich des AI Acts. Daraus folgt jedoch ein nicht zu unterschätzendes Problem: Die medizinischen KI-Systeme unterliegen in vielen Fällen zugleich den Regelungen der bereits existenten EU-Medizinprodukteverordnung (MDR). Dies liegt daran, dass die Definition des „Medizinproduktes" in der MDR ebenfalls sehr weit gefasst ist. So heißt es in Art. 2 Nr. 1 u.a.: *„‚Medizinprodukt' bezeichnet ein Instrument, einen Apparat, ein Gerät, eine Software (...) oder einen anderen Gegenstand, das dem Hersteller zufolge für Menschen bestimmt ist und allein oder in Kombination einen oder mehrere der folgenden spezifischen medizinischen Zwecke erfüllen soll: (...) und dessen bestimmungsgemäße Hauptwirkung im oder am menschlichen Körper weder durch pharmakologische oder immunologische Mittel noch metabolisch erreicht wird, dessen Wirkungsweise aber durch solche Mittel unterstützt werden kann".*

Sofern also ein medizinisches KI-System sowohl unter die Definition in Art. 3 Nr. 1 des AI Acts als auch unter die in Art. 2 Nr. 1 MDR fällt, stellt sich die Frage nach dem Verhältnis dieser Regelungswerke. Dass diese Frage einer endgültigen Klärung bedarf, wird insbesondere mit Blick auf die sich teilweise überschneidenden Regelungen deutlich:

Sowohl von dem AI Act als auch von der MDR werden Nachmarktkontrollen vorgeschrieben. Daher stellt sich hier die Frage, ob nunmehr eine doppelte Nachmarktkontrolle vorgesehen ist. Der Bundesverband Medizintechnologie sieht eine solche doppelte Nachmarktkontrolle jedenfalls als sachlich nicht gerechtfertigt an und fordert zugleich, solchen doppelten Aufwendungen der Hersteller entgegenzuwirken.[16]

Zugleich regeln sowohl der AI Act als auch die MDR die Voraussetzungen, unter denen Behörden eingreifend tätig werden. Auffällig ist dabei,

---

15 Verordnung (EU) 2017/745 des Europäischen Parlaments und des Rates vom 5. April 2017 über Medizinprodukte, zur Änderung der Richtlinie 2001/83/EG, der Verordnung (EG) Nr. 178/2002 und der Verordnung (EG) Nr. 1223/2009 und zur Aufhebung der Richtlinien 90/382/EWG und 92/42/EWG des Rates, ABl. EU Nr. L 117, S. 1.

16 BVMed-Stellungnahme zum „Artificial Intelligence Act" (AIA) der EU-Kommission: „Überregulierung vermeiden, Datenzugang ermöglichen" (https://www.bvmed.de/de/bvmed/presse/pressemeldungen/bvmed-stellungnahme-zum-artificial-intelligence-act-aia-der-eu-kommission-ueberregulierung-vermeiden-datenzugang-ermoeglichen).

dass die Eingriffshürden unterschiedlich hoch angesetzt sind. So setzt die MDR mitunter voraus, dass ein Produkt ein „unvertretbares Risiko für die Gesundheit oder Sicherheit der Patienten, Anwender oder anderer Personen oder für andere Aspekte des Schutzes der öffentlichen Gesundheit darstellen kann". Der AI Act lässt hingegen ein Risiko für Aspekte des Schutzes öffentlicher Interessen ausreichen. Insofern liegt die Befürchtung nahe, dass die hohen Eingriffsvoraussetzungen der MDR durch die Anwendung des AI Acts umgangen werden können.

Neben den genannten Aspekten sind auch noch weitere Dopplungen in den Regelungswerken zu erkennen. Dies betrifft u.a. die Cybersicherheit des Systems, das Risikomanagement oder das Meldesystem.

Die Eingangs aufgeworfene Frage nach dem Verhältnis von AI Act und MDR ist bislang noch nicht geklärt. Da dies jedoch bereits mehrfach Gegenstand von Kritik war, ist eine Klarstellung vor Inkrafttreten des AI Acts zu erwarten.

Eine Möglichkeit zur Lösung des Problems wäre dabei, die speziell auf Medizinprodukte ausgelegte MDR hinsichtlich sich überschneidender Regelungen als vorrangig anzusehen. Beispielsweise könnte in Art. 2 des AI Acts, der dessen Anwendungsbereich bestimmt, eine Regelung aufgenommen werden, welche den Vorrang der MDR zum Gegenstand hat. Insofern würden die Regelungen des AI Acts nur dann zur Anwendung gelangen, wenn die MDR keine den Themenbereich betreffende Regelung für medizinische KI-Systeme enthält. Hierzu zählt beispielsweise der oben erwähnte Aspekt der menschlichen Aufsicht.

VII. Fazit

Im Hinblick auf die sich immer weiter entwickelnden KI-Systeme und deren zunehmenden Nutzung ist die Einführung einheitlicher europäischer Regelungen hinsichtlich der Anforderungen, die solche Systeme erfüllen müssen, als durchaus notwendig anzusehen. Der AI Act umfasst aufgrund des weiten Begriffsverständnisses eines KI-Systems auch nahezu jede Form der künstlichen Intelligenz. Kritisch zu betrachten ist jedoch, dass nahezu jedes KI-basierte Medizinprodukt unter die Kategorie der Hochrisiko-Systeme fällt und damit besonders strengen Regelungen unterliegt. Dies kann mitunter dazu führen, dass es zu einem geringeren Einsatz von künstlicher Intelligenz im medizinischen Sektor kommt. Aufgrund der enormen Fortschritte, die gerade in der Medizin mit verschiedenen KI-Systemen erreicht wurden bzw. noch erreicht werden können, kann dies aber gerade nicht das Ziel eines neues Regelungswerkes sein. Dieses Problem könnte vermieden werden, indem der AI Act der MDR den Vorrang einräumt und nur ergänzend für medizinische KI-Systeme gilt. Insofern bleibt jedoch abzuwarten, inwiefern das erkannte, aber dennoch noch nicht abschließend gelöste Problem des Konkurrenzverhältnisses von AI Act und MDR auf europäischer Ebene gelöst wird.

Autorenverzeichnis

Dr. Svenja Behrendt, Postdoktorandin Abteilung Öffentliches Recht, Max-Planck-Institut zur Erforschung von Kriminalität, Sicherheit und Recht, Freiburg.

Dr. Jonas Botta, Forschungsreferent am Deutschen Forschungsinstitut für öffentliche Verwaltung (Themenbereich „Digitalisierung"), Speyer.

Prof. Dr. Jan Eichelberger, LL.M.oec., Institut für Rechtsinformatik, Lehrstuhl für Bürgerliches Recht, Immaterialgüterrecht und IT-Recht. Kontakt: www.jan-eichelberger.de

Prof'in Dr. Susanne Hahn, außerplanmäßige Professorin, Institut für Philosophie, Heinrich-Heine-Universität Düsseldorf und Principal Investigator ELSI (Ethical, Legal, and Social Issues) am Center for Advanced Internet Studies (CAIS) in Bochum.

Prof. Dr. Tobias Herbst, Professor für Staatsrecht und Europarecht an der Hochschule für Polizei und öffentliche Verwaltung NRW, Mitglied der Ethikkommission der Charité - Universitätsmedizin Berlin, Mitglied der Arbeitsgruppe Biobanken und der Arbeitsgruppe Grundsatzfragen im Arbeitskreis Medizinischer Ethik-Kommissionen in der Bundesrepublik Deutschland e.V.

Prof'in Dr. Alexandra Jorzig, Rechtsanwältin/Fachanwältin für Medizinrecht, Inhaberin von und Professur für Sozial- und Gesundheitsrecht/Digital Health, IB Hochschule für Gesundheit und Soziales, Berlin.

Luis Kempter, Wissenschaftlicher Mitarbeiter, JORZIG Rechtsanwälte, Düsseldorf/Berlin.

Prof. Dr. Rainer Mühlhoff, Professor für Ethik der Künstlichen Intelligenz, Institut für Kognitionswissenschaft, Universität Osnabrück

Autorenverzeichnis

Prof.'in Dr. med. Petra Ritter, Berlin Institute of Health at Charité, Universitätsmedizin Berlin; Department of Neurology with Experimental Neurology, Charité, Bernstein Focus State Dependencies of Learning and Bernstein Center for Computational Neuroscience, Einstein Center for Neuroscience Berlin, Einstein Center Digital Future.

Prof'in Dr. Hannah Ruschemeier, Professur für Öffentliches Recht mit Schwerpunkt Datenschutzrecht und Recht der Digitalisierung, FernUniversität in Hagen.

Dr. Michael Schirner, Msc.Berlin Institute of Health at Charité, Universitätsmedizin Berlin; Department of Neurology with Experimental Neurology, Charité, Bernstein Focus State Dependencies of Learning and Bernstein Center for Computational Neuroscience, Einstein Center for Neuroscience Berlin, Einstein Center Digital Future.

Prof. Dr. Björn Steinrötter, Juniorprofessur für IT-Recht und Medienrecht, Universität Potsdam.